4° Z
E SENNE
1911

RÉPUBLIQUE FRANÇAISE

LIBERTÉ — ÉGALITÉ — FRATERNITÉ

VILLE DE PARIS

L'ÉCOLE J.-B. SAY

PARIS

LIBRAIRIES-IMPRIMERIES RÉUNIES

MOTTEROZ, DIRECTEUR

7, rue Saint-Benoît, 7

1899

RÉPUBLIQUE FRANÇAISE

LIBERTÉ — ÉGALITÉ — FRATERNITÉ

VILLE DE PARIS

L'ÉCOLE J.-B. SAY

PARIS

LIBRAIRIES-IMPRIMERIES RÉUNIES

MOTTEROZ, DIRECTEUR

7, rue Saint-Benoît, 7

1899

RAPPORT

Présenté par M. LÉVÊQUE

DIRECTEUR

Au Comité de Patronage

DE L'ÉCOLE JEAN-BAPTISTE SAY

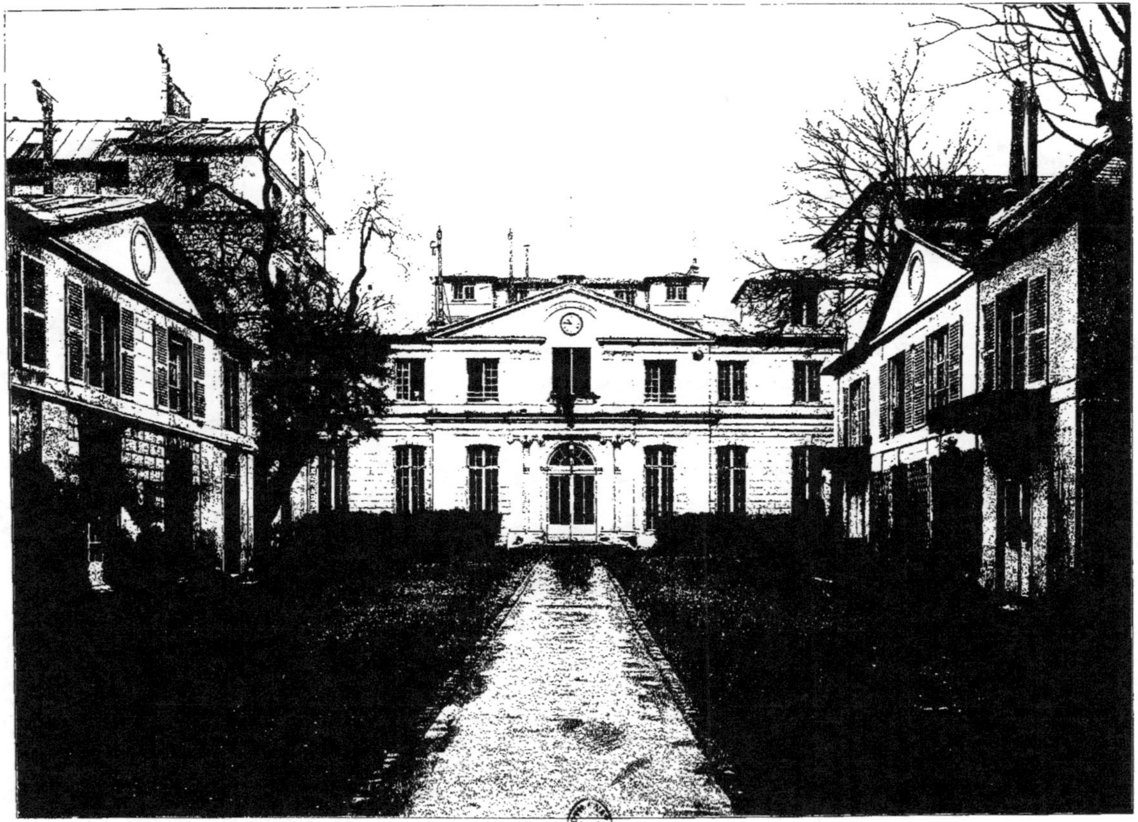

LA COUR D[illegible]NNEUR.

B.F.

L'ÉCOLE J.-B. SAY

L'École J.-B. Say donne l'enseignement primaire et l'enseignement primaire supérieur avec les développements qu'il comporte à Paris. Elle est la seule des Écoles supérieures de la Ville qui reçoive à la fois des pensionnaires, des demi-pensionnaires, des externes payants et des externes gratuits.

L'établissement offre, en dehors des langues mortes, une instruction complète. En effet, il relève de l'enseignement primaire élémentaire par ses classes primaires ; de l'enseignement primaire supérieur par ses trois années normales d'études ; puis, il renferme dans la 4e année des cours supplémentaires pour le développement des études industrielles et commerciales et une section d'enseignement général, qui établit la transition entre l'enseignement primaire supérieur et l'enseignement secondaire moderne et abaisse ainsi la barrière qui semble séparer ces deux ordres d'enseignement.

Enfin il possède des divisions ayant un caractère professionnel pour les carrières qui exigent la connaissance des mathématiques, du dessin technique et du travail manuel. L'École J.-B. Say peut donc être considérée comme un collège d'enseignement primaire supérieur de plein exercice.

En 1871, M. Gréard, l'éminent recteur de l'Académie de Paris, alors directeur de l'enseignement primaire de la Seine, chargea M. Marguerin, administrateur des Écoles primaires supérieures de Paris, de visiter la propriété sise à Auteuil et connue sous le nom d'Institution Notre-Dame d'Auteuil, en vue d'y établir une École normale. Après avoir étudié la situation de la propriété au point de vue de l'hygiène, de l'étendue, des moyens de communication avec Paris pour les professeurs et avec les parties les plus pittoresques des environs pour les élèves, M. Marguerin apporta cette conclusion que l'établissement offrait une rare et heureuse réunion des conditions favorables pour une École normale.

La propriété, dont nous indiquerons plus loin l'origine et les transformations, était destinée à contenir un groupe scolaire qui était comme un résumé de l'enseignement primaire et devait comprendre : l'École normale de la Seine et deux Écoles annexes, une École primaire élémentaire et une École primaire supérieure. Celle-ci, superposée à une École élémentaire, aurait agrandi pour les élèves-maîtres le cercle de leur apprentissage pratique et multiplié pour eux les occasions de s'exercer à l'enseignement dans l'École élémentaire et au maniement des élèves dans l'École supérieure.

1872.
L'École municipale d'Auteuil annexée à l'École normale. M. Menu de Saint-Mesmin, directeur du groupe.

La direction du groupe scolaire fut confiée à M. Menu de Saint-Mesmin. L'École normale et l'École élémentaire annexe furent inaugurées à la fin de l'année 1872 et l'École primaire supérieure, quelques mois plus tard, en 1873, sous le nom d'École municipale supérieure d'Auteuil, annexée à l'École normale.

Elle fut organisée sur le modèle de l'École Turgot. Mais, tandis que celle-ci ne recevait que des externes, l'École municipale d'Auteuil fut autorisée à admettre le régime de l'internat et du demi-pensionnat. C'était évidemment une condition d'existence et de vitalité pour un établissement éloigné de tout centre d'industrie et de commerce. L'École répondait si bien aux besoins de la population parisienne qu'elle se trouva bientôt envahie et qu'elle obtint son autonomie en 1875.

1876.
L'École J.-B. Say. M. Marguerin, directeur.

Elle fit alors retour à l'Administration municipale, prit le nom d'École J.-B. Say (arrêté préfectoral du 10 juin 1876) et fut placée sous la direction de M. Marguerin. Il y introduisit les méthodes d'enseignement, les procédés disciplinaires et le système de surveillance qu'il avait expérimentés à l'École Turgot depuis 1852. Ce que M. Marguerin apportait surtout à l'École, c'était le sens profond de l'éducation, le dévouement entier à son œuvre, l'amour de l'enfant, et avec cela, le don d'entraîner ses professeurs et ses répétiteurs, d'obtenir d'eux un travail considérable et de provoquer chez tous la passion de bien faire.

Le principe de l'organisation adoptée par M. Marguerin peut se résumer ainsi :

Dans les divisions des 1re, 2e, 3e et 4e années, l'enseignement est confié aux professeurs, la surveillance aux répétiteurs ;

Dans la division préparatoire, une part de l'enseignement est confiée aux professeurs, l'autre part de l'enseignement et la surveillance aux répétiteurs.

Dans l'organisation telle que la concevait M. Marguerin, le répétiteur avait un rôle considérable, et c'est grâce à son concours que les professeurs dirigeaient alors dans les Écoles municipales supérieures des divisions dont l'effectif nous paraît aujourd'hui exagéré. Nous nous arrêterons seulement sur un point qui nous paraît important. Dans la plupart des établissements d'instruction, l'élève externe n'est admis que pendant la durée des classes. Dans le système de M. Marguerin, l'externe reste à l'École toute la journée et assiste à tous les exercices : classes, études et récréations. Cette surveillance continue de l'élève, cette obligation pour lui de remplir chaque jour, à l'heure marquée, ses différents devoirs, lui imprime ces habitudes d'ordre, d'exactitude, de régularité, qui ont toujours recommandé nos élèves dans le monde du commerce et de l'industrie. Considérées en elles-mêmes, ces habitudes sont déjà un enseignement et comme l'apprentissage de la vie d'employé de commerce. D'ailleurs c'est un puissant moyen d'éducation que de multiplier ainsi l'action de l'École sur l'élève en lui enlevant les distractions souvent périlleuses de la rue.

Malgré le régime de l'internat, M. Marguerin voulut maintenir ce système de surveillance sur les externes. C'était une hardiesse et une nouveauté. Au point de vue de l'éducation sociale, le résultat ne peut être qu'excellent, il suffit que la discipline ne soit pas un vain mot.

M. Marguerin prit sa retraite en 1880. Il fut remplacé par M. Coutant, professeur d'histoire au collège Chaptal et à l'École J.-B. Say. L'École comprenait alors : une division préparatoire, deux divisions de 1ʳᵉ année, une division de 2ᵉ, une de 3ᵉ et une de 4ᵉ année partagée en deux sections.

Malgré l'autonomie de l'École J.-B. Say, ses services restaient installés à côté de ceux de l'École normale et de l'École élémentaire annexe, pendant toute la durée de la construction de l'École normale de la Seine. Cette situation prit fin en 1882. L'École normale et l'École élémentaire annexe occupèrent alors les locaux édifiés par le Département, et l'École J.-B. Say, désormais seule en possession des bâtiments de l'ancienne institution privée, devint absolument indépendante et se développa rapidement.

La division préparatoire, semblable à celle des autres Écoles primaires supérieures, était destinée aux enfants qui n'avaient pas reçu une instruction suffisante pour suivre les cours de l'enseignement primaire supérieur. Les cours de cette division étaient dirigés par les répétiteurs et les maîtres d'études, à l'exception de quelques cours spéciaux. C'est seulement dans ces divisions préparatoires que M. Marguerin avait associé les répétiteurs à l'enseignement. A l'époque de l'établissement de la gratuité, la division préparatoire fut supprimée dans les Écoles primaires supérieures d'externes, qui devaient désormais recruter leurs élèves exclusivement par voie de concours. Mais l'École J.-B. Say n'était pas une École supérieure semblable à celles de Paris qui sont pour tous leurs élèves la continuation des Écoles primaires. Elle ne pouvait limiter le cercle de ses études aux trois ou quatre années de l'enseignement primaire supérieur. L'internat lui imprimait un caractère particulier et exigeait impérieusement qu'elle pût recevoir avant l'âge de treize à quatorze ans les enfants de la clientèle payante. Le Directeur le comprit et obtint cette création de classes primaires, qui intéressait au plus haut degré la prospérité de l'École et répondait en même temps au désir des familles.

De nouvelles divisions furent créées dans chacune des trois années normales de l'enseignement primaire supérieur. Le nombre des divisions de 1ʳᵉ année fut porté à cinq et celui des divisions de 2ᵉ année à trois. A l'École J.-B. Say, comme dans les Écoles supérieures d'externes, les élèves qui se destinaient aux Écoles d'Arts et Métiers suivaient les cours de 2ᵉ année et complétaient leur préparation par des conférences de mathématiques, des exercices de dessin et de travail manuel. Mais le nombre des candidats, d'abord fort restreint, augmenta sensiblement et justifia en 1882 la création d'une section spéciale préparatoire aux Écoles d'Arts et Métiers.

La division de 3ᵉ année fut dédoublée en deux sections : l'une industrielle, l'autre commerciale. A cette époque, l'emploi du temps était semblable dans ces deux sections, mais le caractère des cours était bien différent et approprié aux besoins des élèves.

Enfin la 4ᵉ année compta une section de plus. Une section commerciale recevait les élèves de la section de même nom de 3ᵉ année. Une autre avait un programme qui aboutissait à la préparation aux diplômes de l'enseignement secondaire spécial et au baccalauréat ès sciences. La troisième section, qui pouvait être considérée comme une 5ᵉ année d'études, comprenait le cours de mathématiques spéciales et était réservée aux candidats à l'École polytechnique et à l'École centrale. Plusieurs de ces sections avaient des cours communs. Quelques conférences complémentaires permettaient à des élèves d'élite de préparer le concours d'admission à quelques Écoles, telles que l'École de Saint-Cyr, l'École navale.

L'organisation pédagogique avait été modifiée en 1882 par la transformation en professeurs généraux de tous les répétiteurs, qui, en échange de la surveillance des études et des récréations, avaient été chargés de quelques heures d'enseignement. De là résultait un nouvel emploi du temps où la durée du séjour des externes se trouvait limitée aux heures de classe.

En se développant depuis les classes primaires jusque dans les sections de la 4ᵉ année, l'École J.-B. Say était restée fidèle au plan d'études de l'enseignement primaire supérieur. Cependant, le maintien dans les sections de 4ᵉ année de candidats à l'École polytechnique, à l'École militaire de Saint-Cyr et à l'École navale, c'est-à-dire à des Écoles qui exigent des études classiques, donnait cette impression que l'École J.-B. Say devenait, en apparence du moins, un établissement d'enseignement secondaire.

<table><tr><td>

1888.
M. Lévêque, directeur.

</td><td>

L'admission de quelques élèves aux grandes Écoles du Gouvernement n'empêchait pas l'École J.-B. Say de rester dans l'esprit des programmes de l'enseignement primaire supérieur de Paris. Les Écoles primaires supérieures d'externes préparaient déjà, dans la 4ᵉ année d'études, les candidats au concours d'admission à l'École centrale, et ce concours est toujours considéré comme le couronnement des études industrielles. Il était naturel que l'École J.-B. Say, qui reçoit des internes, des boursiers de la Ville et du Département, eût, dans sa 4ᵉ année d'études, des sections assez fortement organisées pour offrir à l'élite de ses élèves tous les moyens de développer leurs aptitudes et de terminer leur instruction. Nous ne prétendons pas traiter ici la question des préparations dans les sections de la 4ᵉ année.

</td></tr></table>

Nous reconnaissons seulement que les admissions à certaines Écoles, telles que l'École polytechnique et l'École de Saint-Cyr, avaient l'inconvénient de masquer aux yeux des familles le but réel de l'École J.-B. Say.

En 1889, une Commission municipale dite de reconstruction fut jointe à la Commission de surveillance pour étudier les conditions de reconstruction de l'École

J.-B. Say et fixer l'orientation qu'il convenait d'imprimer à la nouvelle École. La Commission décida, à l'unanimité, que l'École J.-B. Say ne devait pas être un établissement d'enseignement secondaire. Il fut question de la transformer en une École purement commerciale. Le Directeur fit remarquer que, pour répondre complètement aux besoins de la clientèle parisienne, l'École J.-B. Say devait conserver son caractère d'École primaire supérieure. Définitivement il fut entendu qu'il fallait revenir aux traditions anciennes, en y apportant les modifications inspirées par le progrès de la pédagogie, et que la Direction s'attacherait à donner à la nouvelle École un caractère commercial et industriel.

Depuis cette époque, deux questions principales ont constamment sollicité l'attention de l'Administration et de la Commission de surveillance ; d'une part, la reconstruction de l'École, d'autre part, la modification de l'organisation pédagogique et l'orientation de l'enseignement vers les carrières actives du commerce et de l'industrie.

Nous nous occuperons particulièrement de la reconstruction dans le chapitre relatif à l'organisation matérielle. L'organisation pédagogique sera aussi l'objet d'une étude spéciale et nous nous contenterons d'indiquer ici le mouvement qui s'est produit depuis dix ans dans l'organisation pédagogique de notre enseignement primaire élémentaire et de notre enseignement primaire supérieur.

Dès l'origine, dans la division préparatoire de l'École, comme dans celle des Écoles primaires supérieures d'externes, l'enseignement général était donné par des répétiteurs. Plus tard, en 1882, les classes primaires furent confiées à des professeurs généraux. Depuis 1892, les trois classes primaires (cours élémentaire, moyen et supérieur) sont dirigées par des instituteurs adjoints, choisis parmi les maîtres les plus expérimentés des écoles communales de Paris, et pourvus du certificat d'aptitude à l'enseignement du travail manuel. Il résulte de là que, pour ces enfants, le travail manuel n'est plus un enseignement accessoire ou de fantaisie, mais qu'il rentre dans le cadre de l'enseignement général.

La création des instituteurs adjoints pour nos classes primaires a produit les meilleurs résultats, attestés chaque année par l'Inspection générale et chaque jour par les familles.

Les dispositions du décret du 3 août 1890 facilitèrent l'organisation nouvelle des études par l'introduction de professeurs titulaires de lettres et de sciences et l'organisation nouvelle de la surveillance par la création de répétiteurs externes chargés de la direction morale et disciplinaire de chaque division. Cette création permit d'étendre l'emploi du temps et d'y comprendre des heures d'études pour les externes. Ceux-ci, depuis le mois d'octobre 1898, peuvent de plus être admis aux études surveillées du soir, qui sont, comme celles du jour, dirigées par les répétiteurs externes. Nous indiquerons plus loin l'importance du rôle du répétiteur au point de vue de l'éducation.

2

Réorganisation du
travail manuel.

Les exercices de travail manuel en usage dans les Écoles primaires supérieures ne constituaient pas un véritable enseignement. Nous avons tenté d'introduire à l'École J.-B. Say une organisation qui, suggérée d'abord par les travaux et les conseils de M. René Leblanc, inspecteur général, expérimentée ensuite pendant deux ans, grâce au bienveillant appui de notre Commission de surveillance et de l'Administration, a été définitivement approuvée par l'autorité supérieure. Pour mieux mettre en lumière le but poursuivi, nous dirons un mot du travail manuel dans nos Écoles supérieures.

Avant 1883, les exercices de travail manuel avaient exclusivement pour objet la préparation aux Écoles d'Arts et Métiers, et il ne s'agissait que de faire acquérir aux candidats une certaine habileté manuelle par l'exécution d'une série de modèles gradués. Le maître ouvrier mettait à la disposition des élèves sa longue expérience des travaux d'atelier, mais il n'établissait pas ce lien intime qui relie au travail manuel les principes du calcul, de la géométrie et du dessin.

C'est en 1883 que l'on commença à organiser le travail manuel dans les trois années d'études. La première difficulté qui apparut fut d'obtenir dans chaque École des ateliers assez vastes pour contenir les divisions; mais la seconde, de beaucoup la plus grave, était de trouver, pour diriger le travail manuel qui devenait un enseignement, des maîtres auxiliaires pourvus des titres exigés. Cette difficulté ne fut pas résolue et le travail manuel resta confié aux maîtres ouvriers. De là des critiques parfaitement justifiées. A ces critiques nous avons répondu en essayant d'élever le travail manuel à la hauteur d'un enseignement général et éducatif.

L'enseignement du travail manuel est en effet un moyen de culture générale, puisqu'il tend au développement physique, intellectuel, artistique et qu'il a une portée morale et sociale. Le maniement des outils est pour le corps une excellente gymnastique et l'adresse manuelle acquise à l'atelier sera toujours utile à l'élève, quelle que soit sa situation. Puis le travail manuel doit être l'application des sciences qui font appel à la précision de l'esprit et relèvent du sentiment artistique.

Dans l'exécution des modèles, on a recours à la géométrie pour les définitions et les propriétés des figures, à l'arithmétique et au calcul pour l'évaluation des lignes, surfaces et volumes, aux procédés du dessin géométrique pour l'exactitude et la pureté du tracé. Enfin nos élèves, après avoir exécuté des modèles d'après les leçons techniques du professeur, ne seront pas tentés de dédaigner ceux de leurs camarades qui se seront adonnés spécialement aux travaux manuels; ils auront compris et constaté que ces travaux, comme ceux de l'esprit, exigent aussi de l'intelligence, du goût, du travail et une certaine aptitude.

Ces principes trouvent leur application dans l'organisation suivante :

L'enseignement technique est confié à des maîtres auxiliaires, conformément au décret du 3 août 1890; l'exécution matérielle des modèles étudiés est confiée aux maîtres ouvriers.

Les directions pédagogiques annexées à notre programme montreront le détail de cette organisation.

Chaque année, le nombre est considérable des élèves qui s'inscrivent pour suivre les cours préparatoires aux Écoles d'Arts et Métiers. Ces élèves, internes, demi-pensionnaires et externes, viennent des écoles communales, des lycées et des établissements libres et ont souvent une instruction insuffisante. Un certain nombre visent l'admission aux Écoles d'Arts et Métiers, mais beaucoup recherchent ces cours à cause de leur caractère professionnel et y terminent leurs études. La préparation aux Écoles d'Arts et Métiers, ainsi divisée en deux années, est devenue plus méthodique et accessible à des élèves n'ayant pas la même origine scolaire.

Pour bien marquer l'intention de la Commission de surveillance d'orienter l'École vers les études industrielles et commerciales, la préparation aux Écoles polytechnique, Saint-Cyr et navale a été supprimée en 1890, après l'admission des candidats en cours d'études.

La 4ᵉ année a été partagée en quatre sections ayant quelques cours communs : une section d'enseignement général, une section industrielle, une section commerciale et une section préparatoire à l'École centrale.

La section d'enseignement général de 4ᵉ année appelle une section de même nom de 3ᵉ année, qui pourra être constituée dès que les travaux de reconstruction le permettront. Cet enseignement général établit la transition entre l'enseignement primaire supérieur et l'enseignement secondaire moderne. Les élèves qui obtiennent le baccalauréat moderne et désirent diriger leurs études vers les grandes Écoles du Gouvernement sont ainsi préparés à suivre les cours spéciaux organisés pour l'admission à ces Écoles, soit dans les collèges de la Ville, soit dans les lycées.

Le caractère de l'enseignement industriel et commercial s'affirme chaque année dans nos divisions de 3ᵉ et de 4ᵉ année. Pour que ces divisions répondent le mieux possible à leur désignation, la Direction s'est attachée à placer à la tête de chaque enseignement le même professeur, qui suit ainsi ses élèves pendant les deux dernières années de leur séjour à l'École. Notre enseignement commercial est l'objet d'une attention particulière et se perfectionne d'année en année. Ainsi un cours de calligraphie qui n'existait qu'en 3ᵉ commerciale a été introduit en 4ᵉ commerciale. Un cours de dessin a été organisé et approprié aux besoins des élèves des divisions commerciales. Les cours de langues vivantes (anglais, allemand, espagnol) sont tous distincts dans les sections industrielles et les sections commerciales de 3ᵉ et de 4ᵉ année. Enfin, cette année même, des conférences de conversation en langues étrangères ont été instituées, et nous ne pouvons mieux faire, pour en indiquer le but, que de reproduire quelques passages du rapport de M. Bellan, président de la Commission de surveillance :

« La création par le Conseil municipal des bourses de séjour à l'étranger et les
« résultats obtenus ont suggéré à beaucoup de familles l'idée d'envoyer leurs enfants
« passer un an ou deux en Angleterre ou en Allemagne à la fin de leurs études.
« Plusieurs familles n'attendent pas jusque-là et utilisent à cet effet le temps des

« vacances. C'est ainsi qu'il existe à l'École J.-B. Say un groupe d'élèves qui séjournent
« chaque année plusieurs mois à l'étranger. N'avons-nous pas le devoir de ne
« pas laisser perdre le fruit de ces séjours à l'étranger et ne serait-il pas possible de
« faire profiter de l'expérience acquise dans la langue parlée par les élèves les plus
« favorisés ceux de leurs camarades qui sont aptes à l'étude des langues et qui n'ont
« peut-être pas les ressources suffisantes pour faire un séjour en Angleterre ou en
« Allemagne? Sans doute la conversation est un exercice de la classe, mais des divi-
« sions de cinquante élèves ne permettent pas aux professeurs de faire parler chaque
« élève à chaque classe... Pendant ces conférences, il serait absolument interdit
« d'employer un mot français, de façon que les élèves aient l'illusion de se croire
« transportés en pays étranger. Le sujet de conversation serait choisi à l'avance par le
« professeur, ce qui permettrait aux élèves d'y réfléchir et d'apporter des idées per-
« sonnelles, exprimées en anglais ou en allemand. De temps en temps le professeur
« lirait un article de journal, aborderait les questions d'actualité, pour stimuler le
« zèle des auditeurs, les exciter à parler et rendre la classe aussi attrayante que
« possible... »

En résumé, l'École J.-B. Say est un établissement ayant un caractère personnel :
un collège d'enseignement primaire supérieur de plein exercice, comprenant dans
ses classes moyennes des sections d'enseignement professionnel et dans sa 4e année
une section d'enseignement général qui touche à l'enseignement secondaire moderne.

ENTRÉE PRINCIPALE SUR LA RUE D'AUTEUIL.

L'INTERNAT, LE DEMI-PENSIONNAT
L'EXTERNAT

L'École J.-B. Say a été admirablement choisie pour la création d'un internat. Elle est au centre de l'ancienne commune d'Auteuil, sillonnée de larges voies plantées d'arbres et bordées de villas, près des vastes jardins des établissements hospitaliers de Sainte-Périne et de Chardon-Lagache. Les vents de l'ouest et du sud-ouest lui apportent l'air pur du Bois de Boulogne, des coteaux boisés de Meudon, de Sèvres et de Saint-Cloud.

Tandis que les Écoles primaires supérieures de Paris sont réparties dans les quartiers les plus populeux, l'École J.-B. Say est, au contraire, éloignée de tout centre d'industrie et de commerce. Elle réunit donc les conditions les plus favorables à l'internat.

Le prix de l'internat est de 1000 francs par an, quel que soit l'âge de l'élève.

L'École est facilement accessible aux élèves demi-pensionnaires, en raison des moyens de communication qui deviennent chaque jour plus nombreux et plus rapides, et qui lui permettent d'assurer l'enseignement primaire supérieur, non seulement aux enfants d'Auteuil, de Passy et de Grenelle, mais à ceux d'un certain nombre de communes suburbaines.

Ainsi le tramway à vapeur amène à l'École les élèves de Boulogne, de Saint-Cloud et de Garches; le tramway Louvre-Versailles, ceux de Sèvres et de Billancourt; les omnibus Madeleine-Auteuil et Saint-Sulpice-Auteuil, ceux du centre de Paris; les bateaux à vapeur, les élèves qui habitent près de la Seine jusqu'à Ivry.

Par les chemins de fer de ceinture viennent : de la rive droite, les élèves de Montmartre, des Batignolles, ceux qui ont leur domicile près de la ligne des fortifications, puis ceux de Gennevilliers, de Colombes, d'Asnières, de Clichy, de Levallois, de Neuilly, de Puteaux et de Nanterre; de la rive gauche, les élèves d'Issy, de Vanves, de Malakoff, de Montrouge et de Gentilly.

Le prix du demi-pensionnat est de 500 francs par an. Les demi-pensionnaires prennent à l'École le déjeuner de midi et le goûter de cinq heures. Ils ont la faculté d'assister à la première étude du soir, pour faire leurs devoirs sous la surveillance des maîtres répétiteurs.

L'externat payant. A partir de 1882, la gratuité de l'externat fut établie dans les Écoles primaires supérieures de Paris, et le principe fut appliqué à l'École J.-B. Say. Tandis que les Écoles Turgot, Colbert, Lavoisier et Arago sont des externats, placés au centre du commerce et de l'industrie, l'École J.-B. Say, située à l'une des extrémités de la ville, a été organisée en vue de l'internat. Cette circonstance la soumet, au point de vue de son recrutement, à certaines nécessités, dont l'une est d'admettre des externes libres ou payants.

Aussi la suppression de l'externat payant eut-elle de sérieux inconvénients. Les familles, ne pouvant placer leurs enfants comme externes libres à l'École J.-B. Say, se trouvaient obligées de recourir aux établissements voisins, publics et congréganistes, qui répondaient moins à leurs vues. Quelques-unes se résignaient à placer leurs enfants comme internes ou bien à payer la demi-pension en ne profitant que de l'externat.

Le quartier d'Auteuil réclama avec instance l'admission d'externes payants, et il fut même question de modifier le caractère de l'École et de la transformer en un établissement purement commercial, afin de donner satisfaction aux familles par le rétablissement de l'externat payant.

Enfin, la création d'un externat surveillé fut demandée par le Conseil municipal, dans sa séance du 2 avril 1890. L'État n'a pas refusé son consentement à la mesure proposée; mais, soucieux de sauvegarder le principe de la gratuité de l'enseignement primaire, il a pensé que la rétribution versée par les élèves devait viser, non l'enseignement, mais un avantage accessoire. D'accord avec le Gouvernement et la Direction de l'École, l'Administration préfectorale a proposé de n'autoriser la rétribution que pour l'externat surveillé.

L'externe payant n'est donc plus un externe simple, mais un externe surveillé, une sorte de demi-pensionnaire prolongeant son séjour à l'École après les classes du soir.

Cette création, acceptée en principe, le 4 mars 1890, par M. le Ministre de l'Instruction publique, fut définitivement approuvée, le 3 février 1891, par un arrêté de M. le Préfet de la Seine.

Le prix de l'externat est de 200 francs par an. Les externes payants ne prennent pas à l'École le déjeuner de midi, mais seulement le goûter de cinq heures. Ils ont, comme les demi-pensionnaires, la faculté d'assister à la première étude du soir.

Élèves boursiers. Aux élèves payants, qui forment la clientèle la plus considérable de l'École, il faut ajouter plusieurs catégories de boursiers qui sont dispensés d'une partie de la pension, ou de la pension entière, et qui sont entretenus par la Ville de Paris, par le Département de la Seine, par une fondation privée et par les communes de la banlieue.

nicipales
nentales
nat
nsionnat.

La Ville de Paris et le Département de la Seine ont voulu qu'un certain nombre de sujets méritants, appartenant à des familles sans fortune, pussent bénéficier de l'internat sans avoir à payer le prix intégral de la pension.

Les bourses municipales fondées à l'École J.-B. Say représentent trente bourses entières à 1000 francs l'une, et les bourses départementales, douze bourses et demie à 1000 francs l'une.

La Ville et le Département accordent, en outre, à ceux des boursiers dont la situation est particulièrement digne d'intérêt, tout ou partie des frais du trousseau. A ces allocations, la Ville consacre une somme de 2400 francs, et le Département, une somme de 1200 francs.

Le programme pour l'obtention des demi-bourses municipales et départementales d'interne à l'École J.-B. Say varie suivant l'âge des candidats, et le concours a lieu chaque année au mois de mai.

A la suite de ce concours, le Conseil municipal et le Conseil général dressent chacun une liste des candidats admissibles, que M. le Préfet de la Seine nomme titulaires d'une demi-bourse au fur et à mesure des vacances.

L'élève est d'abord titulaire d'une demi-bourse. S'il se fait remarquer par ses aptitudes, ses progrès et sa conduite, il peut obtenir, après une année au moins, une promotion d'un quart de bourse, puis, après une seconde année au moins, la bourse entière.

Les élèves titulaires de bourses d'internat peuvent en jouir, soit à titre d'internes, soit à titre de demi-pensionnaires. S'ils sont internes et titulaires d'une fraction de bourse (demi-bourse ou trois quarts de bourse), la famille doit payer le complément de la pension. S'ils sont demi-pensionnaires et titulaires d'une demi-bourse, ils sont dispensés de tout payement. S'ils sont demi-pensionnaires et titulaires de trois quarts de bourse, ils ont droit au dîner à l'École.

Aux termes de l'arrêté préfectoral, en date du 21 décembre 1887, les élèves de l'École J.-B. Say, titulaires de bourses ou fractions de bourses municipales ou départementales, restent en possession de leur bourse jusqu'à l'âge de dix-huit ans accomplis. S'ils atteignent cet âge avant l'expiration de l'année scolaire, leur bourse est prolongée de droit jusqu'à la fin de l'année.

Une prolongation d'études de deux ans, au plus, peut être accordée, d'année en année, aux boursiers qui en font la demande et ont été l'objet d'une proposition de la part du Directeur de l'École.

Mylius.

Par une délibération, en date du 4 août 1882, le Conseil municipal a décidé que la somme de 5000 francs, provenant du legs fait à la Ville de Paris par le général Mylius, serait consacrée à la fondation de quatre bourses d'internat de 1000 francs chacune à l'École J.-B. Say, et à l'entretien de deux trousseaux à 500 francs l'un.

Les titulaires des bourses Mylius sont choisis sur la liste générale dressée à la suite du concours pour les bourses municipales, et suivant l'ordre de classement, parmi les enfants, soit nés, soit domiciliés, soit ayant fréquenté une école publique ou libre des

XIIIe, XIVe et XIXe arrondissements, et, autant que possible, se préparant aux Écoles nationales d'Arts et Métiers.

Les quatre bourses Mylius ne sont pas fractionnées; elles s'attribuent intégralement.

L'externat gratuit. Les externes de Paris. — La loi du 16 juin 1881, qui dispose que l'enseignement sera gratuit dans les établissements d'enseignement primaire public, eut pour conséquence la gratuité de l'enseignement primaire supérieur. Le Conseil municipal, qui s'était déjà prononcé en faveur de la gratuité, s'empressa d'appliquer le principe aux Écoles primaires supérieures de Paris, et approuva, le 7 juillet 1881, le règlement élaboré par l'Administration centrale pour l'admission des élèves à l'externat gratuit. Ce règlement fixe les conditions pour l'admission en 1re, 2e et 3e année, qui a lieu tous les ans au mois de juillet.

Une liste d'admissibilité est dressée par l'Administration, d'après le nombre de points obtenus par les candidats.

L'inscription sur cette liste constitue le titre à l'admissibilité dans les Écoles primaires supérieures de Paris, et l'admission définitive est ensuite prononcée par l'Administration centrale dans la mesure du nombre des places disponibles à la rentrée des classes.

Les externes de la banlieue. — Les enfants dont les parents sont domiciliés dans les communes de la banlieue sont autorisés à prendre part au concours d'admission pour l'externat gratuit dans les Écoles primaires supérieures de Paris et ils sont admis dans ces Écoles en raison du rang par eux obtenu au concours (délibération du Conseil municipal du 4 mai 1888). Au point de vue des conditions d'admission à l'externat, les enfants de la banlieue sont donc assimilés à ceux de Paris; mais, d'après une délibération du Conseil du 30 juin 1886, les communes auxquelles ils appartiennent doivent verser une somme de 200 francs pour chaque élève admis.

Externes gratuits, demi-pensionnaires. — Les élèves admis à la suite du concours de l'externat gratuit peuvent s'inscrire comme demi-pensionnaires. Ils bénéficient de leur admission au concours en ne payant que 300 francs par an, c'est-à-dire la différence entre le prix de la demi-pension et celui de l'externat.

Externat gratuit surveillé. — Depuis le 1er octobre 1898, les externes gratuits sont autorisés à bénéficier des avantages de la demi-pension à partir de cinq heures du soir, moyennant 50 francs par an ou 5 francs par mois. Ils ont droit au goûter, à la récréation et à l'étude du soir.

Bourses d'entretien. — Par la gratuité de l'enseignement, les Écoles supérieures se trouvaient bien à portée des bons élèves de l'enseignement primaire élémentaire; mais, pour profiter complètement de l'enseignement des Écoles supérieures, les enfants doivent y suivre au moins les cours des trois années normales.

Le Conseil municipal comprit qu'il fallait compléter l'organisation de la gratuité, et il ne voulut pas que les meilleurs des élèves fussent obligés d'abandonner l'École supérieure, avant la fin de leurs études, par suite du manque de ressources de la famille. C'est dans cette pensée généreuse que furent instituées, le 7 juillet 1881, les bourses d'entretien.

séjour à
ger.

L'enseignement des langues vivantes est un de ceux qui ont le plus sollicité l'attention du Conseil municipal. Le 13 juillet 1889, le Conseil décida que des bourses de séjour en Angleterre et en Allemagne seraient attribuées aux meilleurs élèves des classes de langues vivantes. L'École J.-B. Say possède deux bourses de séjour à 1500 francs l'une.

Cette institution a donné d'excellents résultats. Le séjour en pays étranger ouvre l'esprit des élèves à beaucoup d'idées nouvelles et ils nous reviennent tous en possession de la langue.

En présence de ce succès, un certain nombre de familles ont pris le parti d'envoyer leurs enfants en Angleterre ou en Allemagne, soit pendant un an ou deux à la fin de leurs études, soit au cours même de leurs études pendant les grandes vacances.

ORGANISATION DES ÉTUDES

Le plan général des études comprend :

1° L'enseignement primaire élémentaire ;

2° L'enseignement primaire supérieur ;

3° Des cours supplémentaires pour le développement des études industrielles et commerciales.

nement
aire.

Les classes d'enseignement primaire, exclusivement réservées aux internes, aux demi-pensionnaires et aux externes payants, comprennent trois années d'études :

Un cours élémentaire, pour les enfants de huit à dix ans ;

Un cours moyen, pour les enfants de neuf à onze ans ;

Un cours supérieur, pour les enfants de dix à douze ans.

Les programmes suivis sont ceux adoptés pour les écoles communales de Paris. La seule différence consiste en ce que les élèves de l'École J.-B. Say sont initiés dès le cours élémentaire à l'étude des langues vivantes.

A la fin du cours supérieur, les élèves passent l'examen du certificat d'études primaires.

nement
supérieur,

Les classes d'enseignement primaire supérieur comprennent trois années normales d'études.

La 1re et la 2e année sont consacrées aux notions générales indispensables à tout élève de l'enseignement primaire supérieur. Ces deux années permettent aux aptitudes des élèves de se révéler, et aux professeurs de les constater.

Dès la 3e année commence la spécialisation des études. Les élèves se partagent en deux sections : l'une industrielle, l'autre commerciale.

Dans la section industrielle, une importance plus grande est accordée aux études scientifiques et littéraires ; dans la section commerciale, les élèves étudient plus spécialement les applications de l'arithmétique et de l'algèbre aux diverses opérations du commerce et de la banque, les banques étrangères, la comptabilité dans toutes ses parties, la géographie commerciale, la physique et la chimie appliquées aux besoins de l'industrie et du commerce.

A la fin de la 3ᵉ année, les élèves passent les examens du certificat d'études primaires supérieures, et du certificat d'études commerciales, institué par la Ville de Paris.

Aux classes normales d'enseignement primaire supérieur sont annexés des cours de préparation aux Écoles nationales d'Arts et Métiers; qui jouissent d'une certaine faveur auprès des familles. La plupart recherchent pour leurs enfants l'admission aux Écoles d'Arts et Métiers; mais d'autres ont en vue le caractère pratique et professionnel de ces études, qui relèvent surtout des mathématiques, du dessin géométrique et du travail manuel.

La 4ᵉ année.   Dans les trois premières années de l'enseignement primaire supérieur, les programmes suivis sont identiques pour toutes les Écoles supérieures de Paris. C'est dans l'organisation de la 4ᵉ année que se révèle l'autonomie de chaque établissement, conforme aux besoins des différentes régions de la capitale.

La population de l'École J.-B. Say, composée d'internes, d'élèves libres et de boursiers, n'appartient pas seulement aux quartiers voisins de l'École, mais à tous les arrondissements de la Ville et aux diverses communes de la banlieue. De plus, cette année complémentaire est pour un bon nombre d'élèves une préparation à des études d'un ordre plus élevé.

C'est pour donner satisfaction à des besoins si variés que la 4ᵉ année est partagée en quatre sections : deux sections industrielles, dont l'une peut être considérée comme une section d'enseignement général, une section commerciale et une préparatoire à l'École centrale.

Dans l'une des sections industrielles domine le caractère scientifique de l'enseignement. Elle reçoit les candidats à l'École de Physique et de Chimie industrielles de la Ville de Paris, les élèves qui, avant d'entrer dans une industrie, doivent compléter leur instruction scientifique et ceux qui désirent obtenir le diplôme du baccalauréat moderne (2ᵉ partie).

Dans l'autre section industrielle domine le caractère littéraire de l'enseignement. Elle est destinée aux élèves qui aspirent à étendre et à approfondir leurs études en littérature, en histoire, en géographie, en langues vivantes et à ceux qui désirent obtenir le diplôme du baccalauréat moderne (1ʳᵉ partie).

La section commerciale est le développement du cours de la 3ᵉ année commerciale. Le caractère essentiellement pratique de l'enseignement convient aux élèves qui doivent entrer directement dans le commerce pour y occuper un emploi défini, ainsi qu'à ceux qui veulent se perfectionner dans la connaissance d'une langue vivante et se décident à faire un séjour d'un an ou deux en Angleterre ou en Allemagne.

La quatrième section reçoit les candidats à l'École centrale qui, avant d'aborder l'étude des mathématiques spéciales, ont suivi le cours de la première section industrielle, afin de bien affermir leurs connaissances en mathématiques élémentaires.

Les élèves qui désirent continuer leurs études en vue du concours d'admission aux grandes Écoles du Gouvernement : École normale supérieure, École polytechnique, École militaire de Saint-Cyr, quittent la 4e année après y avoir obtenu le diplôme du baccalauréat moderne. Les candidats titulaires de bourses sont transférés au collège Chaptal avec les avantages dont ils jouissent à l'École J.-B. Say.

EMPLOI DU TEMPS

Répartition des matières de l'enseignement

NATURE DES ENSEIGNEMENTS	ENSEIGNEMENT PRIMAIRE ÉLÉMENTAIRE — Cours élémentaire	Cours moyen	Cours supérieur	ENSEIGNEMENT PRIMAIRE SUPÉRIEUR — 1re année	2e année	3e année — Section industrielle	3e année — Section commerciale	Section de préparation aux Écoles d'Arts et Métiers	COURS SUPPLÉMENTAIRES — 4e année — Section industrielle A	4e année — Section industrielle B	4e année — Section commerciale	4e année — Section de l'École centrale
Morale	1	1	1	1	1	1	1	1	1[a]	1[b]	1[b]	1[a]
Français	5	5	7	4½	4½	3	3	4	2[a]	2[a]+3	3	2[a]
Lecture et récitation	3	3	3	»	»	»	»	»	»	»	»	»
Histoire	2	2	2½	1½	1½	1½	1½	1½	»	1	1	»
Géographie	2	2	2	1	1	1	2	1	»	1	1	»
Instruction civique	½	½	½	½	½	»	»	½	»	»	»	»
Législation usuelle	»	»	»	»	»	1	1	»	»	1[a]	1[a]	»
Économie politique	»	»	»	»	»			»	»	1[b]	1[b]	»
Mathématiques	5	5	5	4½	4½	4½	3	10	10	4½[a]+1	4½[b]+4½	14
Physique	»	»	»	1½	1½	3	1	»	4	2[a]	2[a]+2	4
Chimie	»	»	»		1	2	2	»	4	2[a]	2[a]	2
Histoire naturelle et hygiène	»	»	»	1½	1	1	1	»	2	»	1	2
Leçons de choses	1	1	1	»	»	»	»	»	»	»	»	»
Anglais ou allemand	1½	1½	2	4½	3	2	4½	»	3[a]	3[a]	3	3[a]
Espagnol (facultatif)	»	»	»	»	2	2	2	»	»	2	2	»
Dessin géométrique	1	1	1	1½	1½	1½	»	2	2[a]	2[b]	»	2[a]+2[b]
Dessin d'imitation	1	1	1	1½	1½	1½	1½	2	2[a]	2[b]	2[b]	2[a]
Modelage	»	»	»	1	1	1	»	»	»	»	»	»
Comptabilité	»	»	»	1	1½	1	3	»	»	»	2	»
Calligraphie	2	2	1	1	1	»	1	1	»	»	1	»
Chant	1	1	1	1	1	1	1	»	»	»	»	»
Travail manuel	1	1	1	1½	1½	1½	»	10	»	»	»	»
Gymnastique	1½	1½	1½	1	1	1	1	»	»	»	»	»
Exercices militaires	»	»	»	1	1	1	1	»	»	»	»	»
Heures d'études	4½	4½	2½	7½	6	7	8	5½	8½	10	4½	4½
Totaux	33	33	33	38½	38½	38½	38½	38½	38½	38½	38½	38½

Ce tableau, qui indique le temps attribué à chaque matière d'enseignement et les heures d'études qui complètent la journée scolaire, donne lieu à quelques remarques sur l'emploi du temps des classes et des études.

Enseignement primaire.

Dans les trois premières années d'études, la répartition des matières de l'enseignement est analogue à celle qui est adoptée dans les écoles primaires élémentaires. A l'École J.-B. Say, les élèves étudient, en outre, une langue vivante.

Enseignement primaire supérieur.

En 1re année, l'enseignement a un caractère général. Sur trente et une heures de cours, treize sont consacrées aux lettres, neuf aux sciences et neuf à la comptabilité, au dessin d'imitation, au modelage, à la calligraphie, au chant, au travail manuel, à la gymnastique et aux exercices militaires.

En 2e année, l'enseignement conserve encore un caractère général ; mais apparaît déjà l'orientation vers les études industrielles et commerciales par l'extension donnée aux cours de physique, de chimie, de comptabilité et par l'étude facultative de la langue espagnole.

En 3e année, la division en section industrielle et en section commerciale montre que les élèves ont déjà choisi la carrière qu'ils poursuivent. Dans la répartition des heures de la section industrielle, une part plus grande est faite aux mathématiques et aux sciences physiques; dans la section commerciale, la prépondérance revient aux langues vivantes, à la géographie et à la comptabilité.

D'ailleurs, la différence qui existe entre les cours des sections industrielle et commerciale ne réside pas essentiellement dans l'emploi du temps, elle résulte surtout d'une interprétation des programmes appropriée à la destination des élèves.

Les sections de préparation aux Écoles nationales d'Arts et Métiers constituent, à côté des trois années normales d'enseignement primaire supérieur, un véritable enseignement professionnel. Huit heures sont attribuées aux lettres, dix aux mathématiques, dix au travail manuel et quatre au dessin.

4e année.

Dans les sections de 3e année, le caractère des cours est, comme nous venons de le dire, adapté aux aspirations des élèves. Dans la section industrielle, une part plus large est faite aux notions théoriques, tandis que, dans la section commerciale, on ne retient que les notions fondamentales indispensables à l'intelligence des nombreuses applications pratiques utiles au commerçant.

Mais il ne s'agit encore que d'une orientation différente d'un même enseignement.

Dans la 4e année, au contraire, la différence entre les sections est profonde et bien tranchée, et la spécialisation des études correspond à des carrières distinctes et déterminées par les besoins des élèves.

La section industrielle A peut être considérée comme une section scientifique. Sur trente heures de cours, vingt sont consacrées aux sciences, six aux lettres et quatre au dessin.

La section industrielle B peut être considérée comme une section littéraire ou d'enseignement général. Sur vingt-huit heures et demie de cours, quinze sont réservées aux lettres, neuf et demie aux sciences et quatre au dessin.

La section commerciale n'est que le développement des cours de la section de même nom de 3ᵉ année. Sur trente-quatre heures de cours, treize sont données aux lettres, seize aux sciences, deux au dessin, deux à la comptabilité et une à la calligraphie.

La quatrième section est le cours de préparation à l'École centrale, dont le programme est fixé par le Ministre du Commerce et de l'Industrie.

Le tableau de l'emploi du temps contient, avec les heures de cours, des heures d'études comprises dans la journée scolaire. A l'École J.-B. Say, tous les élèves de chaque division, internes, demi-pensionnaires et externes, assistent à ces études comme aux classes.

La journée scolaire commence à huit heures et quart et se termine à quatre heures et demie pour les élèves des classes primaires; à cinq heures pour les élèves de 1ʳᵉ année, et à cinq heures un quart pour ceux des divisions supérieures.

La présence à l'École, de huit heures du matin à cinq heures du soir, de tous les élèves externes est un principe qui a été appliqué, dès 1839, dans la première École primaire supérieure de Paris et qui a été introduit par M. Marguerin dans l'organisation du régime de l'internat de l'École J.-B. Say.

Aux heures normales d'enseignement qui figurent sur l'emploi du temps s'ajoutent un certain nombre d'heures de conférences, d'interrogations et d'exercices pratiques.

Les conférences sont des leçons supplémentaires qui s'adressent aux élèves d'une même section, candidats à différentes Écoles : École centrale, École des Arts et Métiers, École de Physique et de Chimie, etc. Elles sont indispensables à cause de la variation des programmes et des exigences des examinateurs. On sait que quelques conférences données à propos peuvent décider du succès de certains candidats. C'est là un moyen qu'un Directeur ne doit pas négliger.

Les interrogations, qui sont d'une utilité incontestable pour les candidats à des examens ou concours, offrent à la Direction de l'École des indications précises, qui servent à renseigner exactement les familles sur les aptitudes de leurs enfants.

Les exercices pratiques comprennent les manipulations de chimie, le fonctionnement des principaux appareils de physique et de topographie, et s'adressent aux élèves de 3ᵉ et de 4ᵉ année.

Un certain nombre d'après-midi du jeudi sont consacrés à des visites dans les usines, à des excursions botaniques et géologiques. Ces promenades instructives, auxquelles prennent part les élèves de 2ᵉ, 3ᵉ et 4ᵉ année, sont dirigées par les professeurs de l'École.

L'enseignement facultatif comprend les répétitions particulières et les leçons d'arts d'agrément. Il est rétribué par les familles et donné en dehors des classes.

Le prix des répétitions particulières est calculé à raison de 10 francs par mois pour une heure par semaine. Le nombre des élèves autorisés à prendre part à une même répétition ne peut dépasser trois.

Arts d'agrément.

Conformément aux termes de la circulaire ministérielle du 8 mai 1891, les demi-pensionnaires et les externes sont autorisés à suivre les leçons et exercices d'arts d'agrément dans les mêmes conditions que les internes. Ces leçons se règlent d'après le tarif suivant :

Piano, trois demi-heures par semaine........	22 fr. par mois;
Violon, trois — —	20 fr. par mois;
Escrime, deux — —	15 fr. par mois;
Danse et maintien, deux id. id.	7 fr. par mois;
Équitation { Leçon au manège.............	3 fr. la leçon;
{ Promenade à cheval..........	6 fr. la promenade.

Conférences au grand amphithéâtre et matinées littéraires.

La nouvelle École J.-B. Say possède un grand amphithéâtre, disposé pour les projections lumineuses et pouvant contenir trois cent soixante élèves. Il a été spécialement construit en vue des conférences et des matinées littéraires.

En organisant ces séances, qui se renouvellent tous les mois, la Direction s'est proposé un double but : amuser les enfants et en même temps compléter leur instruction en traitant devant eux des sujets ou des questions qui ne sont qu'effleurés dans leurs études quotidiennes.

C'est surtout aux internes qu'on a pensé à offrir un divertissement. Sans doute la meilleure distraction pour l'interne est le retour dans sa famille du samedi soir au lundi matin. Mais un certain nombre d'enfants ne peuvent sortir tous les dimanches par suite de l'éloignement de leurs parents. Pour ceux-là surtout, il ne faut pas que l'École ressemble même de loin à une prison ou à une caserne, mais qu'elle soit un véritable foyer où ils trouvent, avec les moyens de s'instruire et de se former, l'occasion de se distraire et de recueillir pour plus tard des souvenirs agréables et sains qui les attacheront encore davantage à leur École. Tous les internes assistent donc à ces matinées, et les places qui restent disponibles sont réservées aux externes les mieux notés de toutes les divisions.

Les matinées ont en outre sur les enfants une action sociale et éducative. Elles rapprochent, à une certaine heure, les uns des autres, des élèves appartenant à toutes les classes, leur font partager les mêmes sentiments, les mêmes émotions et contribuent à resserrer les liens de bonne camaraderie qui doivent unir les élèves d'une même maison.

Si l'on a songé avant tout à l'amusement des écoliers, on a voulu du moins que leur plaisir ne fût pas frivole, et qu'il s'y mêlât encore, sous une forme agréable, une part d'enseignement. Les programmes des matinées ont donc été conçus de manière à développer et à compléter ceux des études proprement dites. C'est ainsi que l'on a eu soin de donner une place égale aux sciences et aux lettres et de faire alterner les conférences avec projections lumineuses et les séances de récitation.

Les premières ont porté sur les sujets les plus divers : histoire naturelle, hygiène, géographie et voyages. Par exemple, M. Faideau, professeur de sciences naturelles, a traité une première fois de la *Faune du corps humain*, et une seconde fois des

Fourmis. Le docteur Robinovitch a exposé, avec de terrifiantes apparitions, les *Ravages produits par l'alcool sur notre organisme.* M. Porcher, professeur d'histoire et géographie, a raconté ses *Voyages en Espagne et en Grèce,* et a fait passer sous les yeux de ses auditeurs les plus beaux monuments de Cordoue et de Grenade, d'Athènes et d'Olympie.

D'autres conférences ont été consacrées à des sujets de littérature, comme celle de M. Dupont-Sevrez sur les *Contes populaires d'Afrique* et celle de M. Proix sur *Cyrano de Bergerac,* ou à des sujets de morale, comme l'intéressante causerie de M. Gaufrès, membre du Comité de patronage de l'École, sur le *Rôle social de la jeunesse.*

Quant aux matinées, organisées par M. Léon Ricquier, avec le concours de plusieurs artistes, elles unissent dans leurs programmes les morceaux tirés des œuvres classiques et les saynètes, récits ou monologues d'auteurs modernes. On en jugera d'ailleurs par la copie ci-jointe des quatre matinées de la dernière année scolaire :

PREMIÈRE MATINÉE

REICHSHOFFEN, poésie . . . . ARMELIN.
Dite par M. E. LAUDNER.

LA CONSCIENCE, apologue. . . STOP.
Dit par M. L. RICQUIER.

LE CID, tragédie. . . . . CORNEILLE.
(Scènes du Ier et du IIe acte.)
MM. L. RICQUIER, E. LAUDNER, GRANGIER.

BOUM-BOUM, nouvelle. . . . . J. CLARETIE.
Dite par M. L. RICQUIER.

LE MALADE IMAGINAIRE, comédie. . . . . MOLIÈRE.
(Scènes du IIIe acte.)
MM. L. RICQUIER, E. LAUDNER, GRANGIER, Mlle DE KERVEN.

JEAN CHOUAN, poésie. . . . . . . V. HUGO.
Dite par Mlle DE KERVEN.

LE MARIAGE FORCÉ, comédie. MOLIÈRE.
(Scène du docteur Pancrace.)
MM. L. RICQUIER, E. LAUDNER.

DEUXIÈME MATINÉE

LE COCHET, LE CHAT ET LE SOURICEAU, fable, ... LA FONTAINE.
Dite par Mlle GRIMBERT.

LE MOUTON ENRAGÉ, conte. J. GIRARDIN.
Dit par M. LÉON RICQUIER.

LA JOIE FAIT PEUR, comédie. Mme DE GIRARDIN.
Scènes dites par MM. L. RICQUIER, E. LAUDNER, Mlle DESCRAINS.

LES DEUX BAVARDES, scène. BOURSAULT.
Dite par Mlles DESCRAINS, GRIMBERT, M. E. LAUDNER.

LE TRIOMPHE, poésie. . . . . . . V. HUGO.
Dite par M. E. LAUDNER.

LES PRÉCIEUSES RIDICULES comédie. . . . . MOLIÈRE.
Scène dite par Mlles DESCRAINS, GRIMBERT, M. LÉON RICQUIER.

TROISIÈME MATINÉE

L'ANE, poésie. . . . . P. Bilhaut.
Dite par Mlle DESCRAINS.

LE PORTE-DRAPEAU, conte. A. Daudet.
Dit par M. LAUDNER.

LE BOURGEOIS GENTIL-
HOMME, comédie. . . . . Molière.
(Acte III, scènes i, ii, iii et iv.)
Mme DOUARD, Mlles DESCRAINS,
MM. RICQUIER, LAUDNER.

IPHIGÉNIE, tragédie. . . . . Racine.
(Acte IV, scène iv.)
Mlle DESCRAINS, M. RICQUIER.

LE JOUR DE L'AN EN FA-
MILLE, récit. . . . . G. Droz.
Dit par M. LÉON RICQUIER.

LES PLAIDEURS, comédie. . . . . Racine.
(Scène de Chicaneau et de la comtesse
de Pimbesche.)
Mme DOUARD, MM. RICQUIER, LAUDNER.

QUATRIÈME MATINÉE

LE BARBIER DE SÉVILLE,
comédie . . . . BEAUMARCHAIS.
(Scènes i et ii du Ier acte.)
MM. L. RICQUIER, M. REVEL.

GUERRE CIVILE, poésie. . . . V. Hugo.
Dite par M. E. LAUDNER.

LA LÉGENDE DE SAINT
JOSEPH, récit. . . . . A. Dumas père.
Dit par M. L. RICQUIER.

LE ROMAN D'UN JEUNE
HOMME PAUVRE, comédie. O. Feuillet.
(Scènes du Ier acte.)
MM. RICQUIER, LAUDNER,
REVEL, Mme RISPAL.

LE ROI DES SABLES, poésie Richepin.
Dite par M. M. REVEL.

LA POUDRE AUX YEUX, co-
médie. . . . . E. Labiche.
MM. RICQUIER, LAUDNER, RE-
VEL, Mmes RISPAL, M. RICQUIER.

Les élèves assistent donc à de véritables petites représentations théâtrales, et c'est avec un plaisir plus vif, une intelligence plus ouverte, qu'ils retrouvent ensuite dans leurs cours de littérature les noms des écrivains dont ils connaissent déjà certains extraits.

Ainsi les conférences et les matinées ne sont pas seulement un enseignement ajouté à tous les autres, elles tendent à apporter à l'écolier un peu de joie et de franche gaieté, car nous voulons aujourd'hui que l'enfant ait sa part de bonheur dès l'école et par l'école.

ENTRÉE PRINCIPALE SUR LA RUE D'AUTEUIL.

PROGRAMMES

D E

L'ENSEIGNEMENT PRIMAIRE ÉLÉMENTAIRE

MORALE

COURS ÉLÉMENTAIRE

Causeries et entretiens familiers. — Enseignement par le cœur. — Lectures avec explications (récits, exemples, préceptes, paraboles et fables) sur les points du programme suivant :

L'enfant dans la famille. — Devoirs envers les parents et les grands-parents. — Devoirs des frères et sœurs. — Devoirs envers les serviteurs.

L'enfant dans l'école. — *La patrie.*

Devoirs envers soi-même. — Sobriété et tempérance ; dangers de l'ivresse et de l'alcoolisme. — *Les biens extérieurs.* — *L'âme* (sensibilité, intelligence, volonté).

Devoirs envers les animaux.

Devoirs envers les autres hommes. — Devoirs de justice et de charité. — Tolérance, respect de la croyance d'autrui.

COURS MOYEN

Entretiens, lectures avec explications, exercices pratiques.

Même mode et mêmes moyens d'enseignement que dans le cours élémentaire, avec un peu plus de méthode et de précision.

L'enfant dans la famille. — Devoirs envers les parents et les grands-parents. — Devoirs des frères et sœurs entre eux. — Devoirs envers les serviteurs.

L'enfant dans l'école. — Assiduité, docilité, travail, convenance. — Devoirs de l'élève envers le maître. — Devoirs de l'élève envers ses camarades.

La patrie. — La France, ses grandeurs et ses malheurs. — Devoirs envers la patrie et la société.

Devoirs envers soi-même. — Le corps : propreté, sobriété et tempérance ; dangers de l'ivresse et de l'alcoolisme : affaiblissement de l'intelligence, de la volonté, ruine de la santé. — Travail et gymnastique. — Dignité personnelle.

Les biens extérieurs. — Le travail, l'économie, les dettes, le jeu, l'avarice, la prodigalité. — Obligation du travail pour tous les hommes ; noblesse du travail manuel.

Devoirs envers les animaux. — Traiter les animaux avec douceur ; ne point les faire souffrir inutilement. — Loi Grammont.

Devoirs envers l'âme. — La sensibilité, l'intelligence et la volonté. — La vérité et la modestie. — Le courage et la douceur.

Devoirs envers les autres hommes. — Justice et charité. — Ne porter atteinte ni à la vie, ni à la personne, ni aux biens, ni à la réputation d'autrui. — Bonté, fraternité, tolérance, respect des croyances. — L'alcoolisme entraîne à violer peu à peu tous les devoirs envers les autres hommes (paresse, violence, etc.).

Devoirs envers Dieu. — Ne pas prononcer légèrement le nom de Dieu. — Associer étroitement à l'idée de cause première et de l'être parfait un sentiment de respect et de vénération. — Le premier hommage à rendre à la divinité, c'est l'obéissance aux lois de Dieu telles que nous les révèlent la conscience et la raison.

COURS SUPÉRIEUR

La morale en général et plus particulièrement la morale sociale.

La famille. — Devoirs réciproques des parents, des enfants, des maîtres et des serviteurs. — L'esprit de famille.

L'école. — Seconde famille.

La société. — Ses bienfaits. — Avantages matériels, intellectuels et moraux. — Justice, solidarité, fraternité.

La patrie. — Des devoirs envers la patrie. — Droits qui correspondent à ces devoirs.

Devoirs envers soi-même. — Nécessité des exercices physiques. — Propreté. — Tempérance (dangers de l'alcoolisme). — La passion du jeu. — Dignité personnelle.

Devoirs envers les animaux. — La loi Grammont.

Devoirs envers le prochain. — Respect de la vie, de la liberté, de la propriété, de l'honneur, de la réputation d'autrui. — Bienveillance, clémence, dévouement.

Devoirs envers Dieu. — Même programme que pour le cours moyen.

INSTRUCTION CIVIQUE

COURS ÉLÉMENTAIRE

Explications très familières, à propos de la lecture, de l'enseignement historique et géographique, des mots pouvant éveiller une idée nationale, tels que : citoyen, soldat, armée, patrie ; — commune, canton, quartier, arrondissement, département, nation ; — loi, justice, force publique ; — instruction publique ; — impôt.

COURS MOYEN

Notions très sommaires sur l'organisation de la France.

Le citoyen, ses obligations et ses droits ; l'obligation scolaire, le service militaire, l'impôt, le suffrage universel.

La commune, le maire et le conseil municipal.

Le département, le préfet et le conseil général.

L'État, le pouvoir législatif, le pouvoir exécutif, la justice et les tribunaux.

La force publique : l'armée. — L'instruction publique : les trois ordres d'enseignement.

COURS SUPÉRIEUR

Notions plus approfondies sur l'organisation politique, administrative, judiciaire de la France.

La souveraineté nationale.

La Constitution. — Le Président de la République. — Le Sénat. — La Chambre des députés. — La loi. — L'impôt.

L'administration centrale : ministres et ministères.

L'administration départementale : préfets, conseils généraux, etc.

L'administration communale : maires, conseils municipaux.

La justice civile et pénale : organisation judiciaire.

L'enseignement à ses divers degrés.

La force publique : l'armée.

LANGUE FRANÇAISE

COURS ÉLÉMENTAIRE

Lecture et récitation. — Premiers exercices de lecture. — Lecture courante avec explication des mots. — Notions intéressantes et utiles sur les objets usuels et conseils moraux. — Récitations de poésies d'un genre très simple, se rattachant presque exclusivement à l'enseignement moral et civique.

Grammaire. — Notions premières sur le nom (le nombre, le genre), l'adjectif, le pronom, le verbe (premiers éléments de conjugaison). — Formation du pluriel et du féminin. — Accord de l'adjectif avec le nom, du verbe avec le sujet. — Idée de la proposition simple.

Exercices. — Dictées graduées d'orthographe usuelle et d'orthographe de règles. — Petits exercices grammaticaux de forme très variée. — Quelques dictées relatives à l'alcoolisme, sa laideur, ses dangers. — Reproduction écrite de quelques phrases expliquées précédemment.

Rédaction. — Étude de la proposition : sujet, verbe, attribut. — Complément du nom et du verbe. — Composition de petites phrases avec des éléments donnés. — Développement d'un sujet simple.

Analyse. — Analyse grammaticale (le plus souvent orale, quelquefois écrite). — Décomposition de la proposition en ses termes essentiels.

COURS MOYEN

Lecture et récitation. — Lecture courante avec explications.
Exercices de mémoire : récitation de fables, de petites poésies, de quelques morceaux de prose.

Grammaire. — Les dix parties du discours. — Conjugaisons. — Notions de syntaxe. — Règles générales du participe passé.
Notions sur les familles de mots, les mots dérivés et composés. — Principes de la ponctuation.

Exercices oraux. — Élocution et prononciation : interrogations grammaticales. Reproduction de récits faits de vive voix ; résumé de morceaux lus en classe.

Exercices écrits. — Dictées prises autant que possible dans les auteurs classiques et sans recherches des difficultés grammaticales.
Exercices d'invention, de construction de phrases. — Homonymes, synonymes.
Correction mutuelle des dictées et des exercices par les élèves.

Reproduction écrite et non littérale de morceaux lus en classe ou à domicile, et de récits faits de vive voix par le maître.

Premiers exercices de rédaction sur les sujets les plus simples et les mieux connus des enfants.

Prendre quelquefois pour sujet les conséquences de l'alcoolisme.

Exercices d'analyse. — Analyse grammaticale, surtout orale. — Analyse logique, bornée aux distinctions fondamentales.

COURS SUPÉRIEUR

Lecture et récitation. — Lecture expliquée. — Récitation de morceaux choisis en prose et en vers.

Grammaire. — Revision de la grammaire et de la syntaxe. — Étude de la proposition. — Des fonctions des mots dans les phrases. — Notions d'étymologie.

Exercices oraux. — Compte rendu de lectures, de leçons, de promenades, d'expériences.

Exercices écrits. — Dictées. — Exercices sur la dérivation, — la composition des mots, — sur l'étymologie.

Rédaction.

Exercices d'analyse. — Exercices d'analyse grammaticale et d'analyse logique.

HISTOIRE

COURS ÉLÉMENTAIRE

Récits et entretiens familiers sur les plus grands personnages et les faits principaux de l'histoire nationale jusqu'aux guerres d'Italie.

La Gaule et les Gaulois. — Caractère et religion des Gaulois. — César et Vercingétorix. — Le christianisme en Gaule.

Les invasions. — Les Francs. — Clovis. — Les derniers rois mérovingiens et les maires du palais.

L'empire carlovingien. — Charles Martel. — Pépin le Bref. — Charlemagne. — Louis le Débonnaire et ses fils.

La France féodale. — Charles le Chauve. — Les Normands. — Eudes et le siège de Paris.

Formation du pouvoir royal. — Les Capétiens. — La chevalerie. — Les croisades. — Suger et la royauté française. — Les communes. — Louis VII et Éléonore d'Aquitaine. — Philippe-Auguste. — Saint Louis et Blanche de Castille. — Philippe IV, le Bel. — Premiers États généraux. — La loi salique.

La guerre de Cent Ans. — Philippe de Valois et Jean le Bon. — Crécy et Poitiers. — Étienne Marcel. — Charles V et du Guesclin. — Charles VI, Armagnacs et Bourguignons. — Azincourt. — Traité de Troyes. — Charles VII et Jeanne d'Arc.

Triomphe du pouvoir royal sur la féodalité. — Charles VII et ses institutions. — Louis XI et Charles le Téméraire. — Minorité de Charles VIII.

Grandes inventions et découvertes. — Poudre à canon. — Imprimerie. — Boussole et grands voyages.

COURS MOYEN

Cours élémentaire d'histoire de France, insistant exclusivement sur les faits essentiels, depuis la fin du quinzième siècle jusqu'à nos jours.

Les guerres d'Italie. — Charles VIII à Naples. — Louis XII. — François Ier à Marignan.

Lutte contre la maison d'Autriche. — François Ier et Charles-Quint.

Le pouvoir royal sous François Ier. — Henri II.

Inventions et découvertes. — La Renaissance.

Les guerres de religion. — La Réforme en France. — François II. — Charles IX et la Saint-Barthélemy. — Henri III et la Ligue. — Henri IV et la paix religieuse. — Henri IV et Sully.

La monarchie absolue. — Louis XIII et Richelieu. — Louis XIV et Mazarin. — Les ministres de Louis XIV. — Victoires et conquêtes. — Fautes et revers. — Le siècle de Louis XIV.

Les préliminaires de la Révolution. — Louis XV et Louis XVI. — Le dix-huitième siècle. — L'ancien régime. — Les abus, tentatives de réformes.

La Révolution. — L'Assemblée constituante. — L'Assemblée législative. — La Convention. — Victoires et conquêtes. — Le Directoire. — Le Consulat.

Le premier Empire. — Grandeur et décadence.

La Restauration. — Louis XVIII et Charles X.

La monarchie de Juillet. — Louis-Philippe Ier. — Conquête de l'Algérie.

La France contemporaine. — La République de 1848. — Le second Empire. — La troisième République. — Les colonies françaises.

COURS SUPÉRIEUR

Revision de l'histoire de France en insistant plus particulièrement sur les événements de 1610 à nos jours.

États généraux de 1614. — Louis XIII et Richelieu. — La France et la maison d'Autriche. — Guerre de Trente Ans. — Traités de Westphalie.

Louis XIV et Mazarin. — La Fronde. — Guerres du règne personnel. — Administration intérieure (Colbert, — Louvois, — de Lionne, — Vauban). — Le siècle de Louis XIV.

Louis XV. — La Régence. — Law. — Fleury et Choiseul. — Grandes guerres du règne. — Frédéric II et Marie-Thérèse. — Le dix-huitième siècle.

Louis XVI. — Turgot. — Malesherbes. — Indépendance des États-Unis.

La Révolution française. — Les Assemblées. — Le Directoire. — Le Consulat.

L'Empire. — La France en 1810 et en 1815.

La Restauration. — Affranchissement de la Grèce. — Révolution de 1830.

Le Gouvernement de Juillet. — Conquête de l'Algérie. — Révolution de 1848.

Le deuxième Empire. — Les guerres. — Guerre franco-allemande de 1870. — Traité de Francfort.

La troisième République. — Principaux événements intérieurs et extérieurs. — Expositions de 1878 et 1889.

Le dix-neuvième siècle.

GÉOGRAPHIE

COURS ÉLÉMENTAIRE

Préparation à l'étude de la géographie. — Plan de la classe, de l'école, du quartier, de l'arrondissement, de Paris et du département de la Seine. — Signes conventionnels à l'aide desquels on représente les villes, les cours d'eau, les montagnes, etc.

Nomenclature géographique. — Termes relatifs aux terres et aux mers.

La terre. — Démonstration familière de la forme de la terre. — Les terres et les eaux. — Les cinq parties du monde. — Les cinq océans. — Les grandes chaînes de montagnes et les grands fleuves de la terre. — Les grandes races humaines.

La France physique. — Bornes, principales chaînes de montagnes. — Bassin des grands fleuves, leurs principaux affluents. — Les grands canaux. — Les chemins de fer.

La France politique. — Les départements : chefs-lieux.

Les colonies. — Algérie : ses divisions. — Indication des autres colonies françaises.

COURS MOYEN

Notions très simples de cosmographie élémentaire.

Revision des termes de la géographie physique. — Explication des principaux termes de la géographie politique : État, province, comté, canton, département, etc.

Notions sommaires de géographie générale. — Asie, Afrique, Amérique, Océanie. — Description sommaire des côtes. — Système général des montagnes ; grands fleuves. États et villes principales.

Europe. — Notions sommaires de géographie physique et politique.

Géographie de la France et de ses colonies :

Géographie physique. — Notions générales. — Description des côtes. — Plaines et montagnes. — Cours d'eau.

Géographie politique. — Provinces et départements : chefs-lieux et sous-préfectures. — Grandes régions. — Gouvernement et administration.

Géographie économique. — Agriculture, industrie, commerce. — Voies de communication : routes et chemins de fer. — Canaux. — Navigation.

Colonies françaises. — Algérie : ses divisions. — Indication des autres colonies françaises en Afrique, en Asie, en Amérique et en Océanie; leur importance.

Exercices de cartographie au tableau noir et sur le cahier, sans calque.

COURS SUPÉRIEUR

Revision du cours moyen.

La France.

Étude de la géographie physique, politique, agricole, industrielle, commerciale, administrative.

Possessions françaises.

ARITHMÉTIQUE

COURS ÉLÉMENTAIRE

Numération parlée et numération écrite.

Calcul mental : les quatre règles appliquées intuitivement, d'abord à des nombres de 1 à 10, puis de 1 à 20, puis de 1 à 100.

Étude de la table d'addition et de la table de multiplication.

Calcul écrit : les quatre opérations sur les nombres entiers et décimaux.

Petits problèmes oraux et écrits, portant sur les sujets les plus usuels ; exercices de raisonnement sur les problèmes et sur les opérations exécutés.

Système métrique. — Exercices oraux et écrits sur l'application des multiples et des sous-multiples.

Exercices pratiques à l'aide des mesures effectives.

COURS MOYEN

Principes de la numération parlée et de la numération écrite.

Les quatre opérations fondamentales : nombres entiers et décimaux.

Notions sur la divisibilité des nombres. — Idée générale des fractions. — Opérations sur les fractions. — Règle de trois, d'intérêt simple.

Système légal des poids et mesures.

Problèmes et exercices d'application. — Quelques problèmes relatifs aux pertes causées par l'usage des boissons alcooliques. — Solutions raisonnées.

Suite et développement des exercices de calcul mental appliqués à toutes ces opérations.

COURS SUPÉRIEUR

Théorie élémentaire de la numération.

Explication raisonnée des quatre opérations fondamentales sur les nombres entiers.

Caractères de divisibilité.

Nombres premiers. — Décomposition d'un nombre en ses facteurs premiers. — Recherche du plus grand commun diviseur et du plus petit multiple commun de plusieurs nombres.

Fractions. — Explication raisonnée des opérations sur les fractions.

Nombres décimaux.

Notions générales sur les grandeurs qui varient dans le même rapport ou dans un rapport inverse.

Nombreux exercices sur les règles de trois, d'intérêt, d'escompte, de société, de mélange, d'alliage.

Revision générale du système métrique. — Exercices d'application.

GÉOMÉTRIE PRATIQUE

COURS MOYEN

Étude et représentation graphique au tableau noir des figures de géométrie plane et de leurs combinaisons les plus simples.

Lignes, angles, triangles, quadrilatères. — Surface des triangles et des quadrilatères. — Polygones réguliers et circonférence. — Application : parquets, mosaïques, rosaces. — Polygones étoilés.

Volumes. — Notions pratiques sur le cube, le prisme, le cylindre, la sphère, sur leurs propriétés fondamentales. — Application au système métrique.

COURS SUPÉRIEUR

Mesure des angles. — Définition des polygones.
Règle pratique pour l'extraction de la racine carrée.
Aire du rectangle, du carré, du parallélogramme, du triangle, du trapèze.
Aire d'un polygone quelconque. — Aire d'un polygone régulier. — Mesure du cercle.
Règle pratique pour l'extraction de la racine cubique.
Mesure du parallélipipède, du prisme, de la pyramide.
Surface latérale et volume du cylindre, du cône, du tronc de cône.
Jaugeage des tonneaux.
Cubage d'un tas de sable, d'un tronc d'arbre.
Surface et volume de la sphère.

LEÇONS DE CHOSES

COURS ÉLÉMENTAIRE

Leçons de choses graduées sur l'homme, les animaux, les végétaux, les minéraux. — Observation d'objets et de phénomènes usuels avec des explications simples.
Notions sommaires sur la transformation des matières premières en matières ouvrées d'usage courant (aliments, tissus, papiers, bois, pierres, métaux).
Petites collections faites par les élèves, notamment au cours des promenades.

COURS MOYEN

Notions très élémentaires de sciences naturelles.

L'homme. — Description sommaire du corps humain et idée des principales fonctions de la vie.

Les animaux. — Notions des grands embranchements et de la division des vertébrés en classes, à l'aide d'un animal pris comme type de chaque groupe.

Les végétaux. — Études, sur quelques types choisis, des principaux organes de la plante. — Notion des grandes divisions du règne végétal. — Indication des plantes utiles et nuisibles.

Les trois états des corps. — Notions sur l'air et l'eau et sur la combustion : petites démonstrations expérimentales.

COURS SUPÉRIEUR

Revision avec extension du cours moyen.

L'homme. — Étude du squelette. — Notions sur la digestion, la circulation, la respiration, le système nerveux, les organes des sens.

Conseils pratiques d'hygiène.

Abus du tabac et de l'alcool.

Influence de l'alcool sur l'estomac, le foie, les poumons, le cœur, le cerveau.

Le tremblement, l'épilepsie, l'apoplexie.

Les animaux. — Grands traits de la classification. — Animaux utiles et animaux nuisibles.

Les végétaux. — Parties essentielles de la plante. — Principaux groupes.

Les minéraux. — Notions sommaires sur le sol, les roches, les fossiles, les terrains.

Premières notions de physique et de chimie.

LANGUES VIVANTES

COURS ÉLÉMENTAIRE

Anglais. — Exercices ayant pour but d'accoutumer l'oreille aux *sons* de la langue anglaise. — Prononciation. — Accentuation. — Lecture et récitation de phrases très simples où n'entrent que des noms concrets.

Allemand. — Dénomination des objets qu'on a sous les yeux. — Mouvements élémentaires décrits en allemand. — Exercices ayant pour but d'accoutumer l'oreille et la langue à la prononciation allemande. — Lecture et écriture.

COURS MOYEN

Anglais. — Les mots considérés surtout au point de vue des *sons*. — Prononciation. — Accentuation. — Poésies faciles. — Chansons enfantines.

Allemand. — Extension du vocabulaire appris l'année précédente. — Petites lectures faciles. — Petites poésies apprises par cœur. — Notions élémentaires de grammaire. — Lecture. — Écriture. — Prononciation. — Mouvements décrits et commandés en allemand.

COURS SUPÉRIEUR

Anglais. — Formation du vocabulaire. — Prononciation. — Accentuation. — Suite graduée des exercices des années précédentes.

Allemand. — Extension du vocabulaire appris les années précédentes, mais toujours au moyen d'exercices purement pratiques. — Calcul en allemand. — Couleur, matière, position des objets qui entourent l'élève. — Conversation sur les lectures. — Morceaux appris par cœur. — Notions de déclinaison et de conjugaison.

DESSIN GÉOMÉTRIQUE

COURS ÉLÉMENTAIRE

Le point. — Diverses sortes de lignes. — Diverses positions de la ligne droite. — Parallèles. — Division des droites en deux, quatre, huit; trois, six; cinq, dix parties égales. — Perpendiculaires.

Différentes sortes d'angles. — Tracé des différentes sortes de triangles. — Tracé de carrés de dimensions de plus en plus grandes. — Losanges. — Rectangles. — Comparaison avec le carré. — Division des rectangles en carrés égaux. — Parallélogrammes comparés aux rectangles. — Trapèzes. — Premiers principes du dessin d'ornement. — Circonférences, polygones réguliers, rosaces étoilées.

COURS MOYEN

Définition des lignes : droites, horizontales, verticales, obliques, perpendiculaires, parallèles. — Lignes courbes; circonférence, arc, corde, etc.

Tracé des perpendiculaires.

Tracé des parallèles, division de droites, tracé des angles et des triangles, des parallélogrammes et du trapèze.

Exercices d'application :

Tracé des obliques à 60 degrés. — Triangle équilatéral, hexagone. — Développement de solides.

Exercices d'application :

Division de la circonférence en parties égales; polygones inscrits dans un cercle.

Exercices d'application. — Combinaison de droites et de courbes; grecques, polygones étoilés, entrelacs, filets grecs.

COURS SUPÉRIEUR

Exécution sur le papier, avec l'aide des instruments, des tracés géométriques faits au tableau noir dans le cours moyen.

Perpendiculaires et parallèles.

Division des droites et des angles.

Construction des polygones.

Division de la circonférence et des arcs.

Circonférences et tangentes.

Polygones réguliers.

Raccordement des lignes.

Construction de quelques courbes usuelles (moulures, anse de panier, ovale, ove, ellipse, ogive, spirales).

Nombreux sujets d'application. — Motifs de décoration de surfaces planes.

DESSIN D'ORNEMENT

COURS ÉLÉMENTAIRE

Étude de la forme au point de vue de l'aspect et de l'analogie avec les formes géométriques. — Discernement de la couleur. — Représentation d'objets désignés, groupement de ces formes; dessin de silhouettes très simples. — Disposition et combinaison de lignes. — Croquis d'après les animaux, les plantes, etc.

COURS MOYEN

Tracés à main levée, d'après des modèles muraux, analysés et décomposés au tableau. — Étude d'ornements empruntés à la flore. — Emploi de crayons de couleur, exercices d'après les exemples donnés. — Analyse raisonnée au point de vue des lois ornementales d'une image décorative; idée de la symétrie, de la répétition, du rayonnement, de l'alternance. — Proportions et rapports des parties comparées à l'ensemble. — Courbes empruntées au règne végétal.

COURS SUPÉRIEUR

Discernement, désignation et représentation de la forme d'après l'aspect. — Perspective d'observation; principes; applications à des panneaux découpés, à des solides géométriques ou à des objets usuels. — Analyse et décomposition des solides ou des formes usuelles. — Dessin géométral et perspectif de ces mêmes objets.

Composition décorative : étude de quelques formes empruntées à la flore. — Disposition ornementale de ces éléments. — Dessin dicté, dessin de mémoire, dessin d'après des plâtres; analyse et définition des ornements placés sur ces plâtres.

CALLIGRAPHIE

COURS ÉLÉMENTAIRE

Premiers éléments. — Écriture en gros, en moyen et en fin.

COURS MOYEN

Écriture cursive ordinaire. — Principes : tenue du corps, du cahier et de la plume. — Éléments des lettres minuscules. — Étude et assemblage des lettres minuscules et majuscules. — Cursive expédiée. — Prescriptions à observer pour arriver à écrire vite et bien.

COURS SUPÉRIEUR

Revision des principes enseignés au cours moyen. — Cursive. — Ronde. — Bâtarde.

CHANT

COURS ÉLÉMENTAIRE

Chants très faciles à une voix appris par audition.
Notes : noms des notes.

Intonation. — Gamme d'*ut* majeur.

Tons et demi-tons.

Exercices d'intonation avec les notes de la gamme d'*ut* majeur.

Exercices de dictée orale avec les notes de la gamme d'*ut* majeur.

Continuation des chants faciles à une voix.

Portée : noms des notes sur la portée en clef de *sol*.

NOTA. — Dans ce cours, le professeur s'attache surtout à former l'oreille de l'enfant et à lui faire aimer le chant.

COURS MOYEN

Récapitulation des matières apprises pendant la 1re année.

Répétition des exercices de la 1re année, mais en les écrivant au tableau. — Dictée orale.

Figures des notes : ronde, blanche et noire.

Silences équivalents : pause, demi-pause, soupir.

Mesure à 2/4 et à 4 temps (faire battre la mesure).

Altérations : le dièse, le bémol, le bécarre.

Gamme de *la* mineur (application des exercices faits précédemment sur la gamme d'*ut* majeur, par audition).

Chants scolaires à l'unisson. — *Lecture musicale*. — *Solfèges très faciles*.

COURS SUPÉRIEUR

Récapitulation des matières apprises pendant la 2e année.

Figures des notes : la croche.

Silences : le demi-soupir.

Mesure à 3/4 (faire battre la mesure).

Gammes de *sol* majeur, de *mi* mineur, de *fa* majeur et de *ré* mineur.

Application des exercices faits en 2e année sur la gamme d'*ut* majeur et celle de *la* mineur, toujours par audition.

Exercices de dictée orale sur ces gammes.

Chants faciles à l'unisson.

Lecture musicale : solfège en clef de *sol*, en *ut* majeur et en *la* mineur. — Mesures simples à 2/4, 3/4 et 4 temps.

Figures de rondes, blanches, noires et croches.

Silences équivalents.

Pendant ces trois années, le professeur doit s'efforcer surtout de développer chez ses élèves le sentiment musical et le goût de la musique.

TRAVAIL MANUEL

COURS ÉLÉMENTAIRE

Exercices manuels destinés à développer la dextérité de la main.

Pliage. — Lignes et angles.

Lignes verticale, horizontale, oblique. — Plis parallèles. — Division d'une droite en deux, quatre, huit ou en trois, six parties égales. — Les perpendiculaires. — Les angles droit, aigu, obtus. — Division des angles. — Rosaces, moulin.

Surfaces :

Rectangle, carré, axe, diagonale, centre. — Carré double et moitié d'un carré donné. — Les triangles rectangles : base, hauteur. — Le parallélogramme.

Surfaces et angles :

Angle de 60 degrés, triangle équilatéral, hexagone, trapèze, losange.

Tissage. — Chaîne et trame au centimètre. — Le damier et quelques variantes simples. — Reproduction et composition d'un dessin.

COURS MOYEN

Découpage. — Triangles et quadrilatères. — Constatation de leurs principales propriétés. — Tracés.

Applications : marqueterie et ornements.

Polygones réguliers : hexagone, octogone, pentagone, décagone. — Polygones réguliers quelconques. — Cercle et couronne. — Carré construit sur la somme de deux lignes.

Cartonnage. — Cartonnage à plat. — Indication du relief. — Exercices sur le carré et les polygones réguliers.

Notions sur les projections. — Étude des solides : cube, parallélipipède rectangle ; découpages symétriques. — Applications : construction de boîtes rectangulaires à fourreau, à gorge, etc. — Exercices facultatifs et d'invention.

COURS SUPÉRIEUR

Découpage. — Marqueterie et ornements.

Cartonnage à plat. — Exercices sur le carré, le rectangle, le losange, le triangle, l'hexagone.

Construction des solides. — Observations sur la surface et le volume.
Notions sur les projections.
Applications : construction d'objets.
Indication du modelé par un dessin ombré.

GYMNASTIQUE

COURS ÉLÉMENTAIRE

Formations, ruptures, exercices simples du corps. — Marche en rond, en spirale, en zigzag. — Sautillements. — Exercices accompagnés de chants. — Courses diverses, danses, jeux, etc.

COURS MOYEN

Répétition des exercices du cours élémentaire.
Les alignements, doublements, marches cadencées, courses, sauts et sursauts. — Mouvements combinés des bras et des jambes. — Exercices aux cordes, perches, mâts, attitudes diverses, natation, jeux, etc.

COURS SUPÉRIEUR

Répétition des exercices du cours moyen.
Les changements de direction, courses avec obstacle. — Les sauts en longueur et en hauteur. — Exercices combinés avec le bâton et les massues, exercices et jeux avec les échasses, exercices aux barres parallèles.

Livres en usage dans les classes primaires

TITRES DES OUVRAGES	AUTEURS	ÉDITEURS
Cours élémentaire.		
Grammaire (1re année)	Larive et Fleury.	Colin.
Lecture. — M. Prévôt	David et Sauvageot.	Id.
Récitation (1re année)	Moy.	Id.
Vocabulaire (cours préparatoire)	Carré.	Id.
Dictionnaire	Gazier.	Id.
Histoire de France (cours élémentaire)	Blanchet.	Belin.
Livre-atlas de géographie (cours élémentaire)	Védel et Bauer.	Larousse.
Arithmétique (1re année)	Id.	Colin.
Exercices et problèmes (1re année)	Leyssenne.	Id.
Leçons de choses (cours moyen)	Colomb.	Id.
Cours moyen.		
Le livre de morale	Steeg.	Nathan.
Grammaire (2e année)	Larive et Fleury.	Colin.
Récitation (cours moyen)	Boitel.	Id.
Lecture. — Une famille	Montillot.	Id.
Dictionnaire français	Gazier.	Id.
Histoire de France (cours moyen)	Blanchet.	Belin.
Géographie (cours moyen)	Védel et Bauer.	Larousse.
Arithmétique (2e année)	Leyssenne.	Colin.
Sciences physiques et naturelles (cours moyen)	Bonnier.	Dupont.
The Beginner	Manget.	Fouraut.
Erstes Lesebuch	Wolfromm.	Laisney.
Premières notions de la musique	Danhauser.	Lemoine.
Cours supérieur.		
Le livre de morale	Steeg.	Nathan.
Grammaire (3e année)	Larive et Fleury.	Colin.
Morceaux choisis de littérature française (1re partie)	Coutant.	Delagrave.
Lecture. — Une famille	Montillot.	Colin.
Dictionnaire français	Gazier.	Id.
Histoire de France (cours supérieur)	Blanchet.	Belin.
Livre-atlas de géographie (cours supérieur)	Védel et Bauer.	Larousse.
Arithmétique (3e année)	Leyssenne.	Colin.
Sciences physiques et naturelles (cours supérieur)	Bonnier et Seignette.	Dupont.
Manuel des sciences	Perrier.	Picard et Kaan.
The Beginner	Manget.	Fouraut.
Erstes Lesebuch	Wolfromm.	Laisney.
Solfège (cours élémentaire)	Haeck.	Belin.

ENTRÉE DES EXTERNES SUR LA RUE CHARDON-LAGACHE.

PROGRAMMES

DES TROIS PREMIÈRES ANNÉES D'ÉTUDES

DE

L'ENSEIGNEMENT PRIMAIRE SUPÉRIEUR

MORALE

(1 heure par semaine dans chacune des trois années.)

Le professeur chargé de l'éducation morale et de l'instruction civique n'est pas seulement professeur : il doit faire en même temps office d'éducateur. Ici surtout il n'y a pas d'*enseignement* sans *éducation*.

Le *but* à poursuivre est de créer et d'entretenir chez les élèves un ensemble de dispositions morales propres à les préparer à la vie qui les attend dans la société.

Les *moyens d'action* à employer sont de trois sortes :

— Action sur le cœur, par l'appel aux sentiments moraux qu'une première culture a développés en eux ;

— Action sur l'intelligence, par l'explication et la démonstration des vérités de l'ordre moral ;

— Action sur la volonté, par la pratique de la vie morale dans la mesure de leur expérience propre et de leur caractère individuel.

A chacun de ces trois modes d'action correspondent divers ordres d'exercices scolaires tendant à produire une éducation morale effective.

Faire *aimer* le bien ; — faire *connaître* le bien ; — faire *vouloir* le bien, — tel doit être l'objet de ces trois séries d'exercices scolaires.

I. — Exercices tendant a développer le sentiment moral.

Lectures, récits et entretiens propres à faire naître et à fortifier chez l'enfant les divers sentiments qui favorisent le développement du sens moral (par exemple : le respect et l'amour filial ; l'amour fraternel; l'amour de la famille; l'affection pour ses camarades; la reconnaissance; le respect de la grandeur morale et de la beauté morale; l'admiration pour la vertu, considérée particulièrement comme un triomphe sur l'égoïsme; l'expérience personnelle des joies de la conscience et des remords, indépendamment de la récompense et de la punition externes; le mépris de la grossièreté, des plaisirs bas, particulièrement de l'ivrognerie; le dégoût des actions ou des paroles indécentes; le sentiment de l'honneur; l'horreur pour le mal; le désir de venir en aide à ceux qui souffrent) et, d'une manière générale, toutes les émotions saines qui prédisposent au bien.

II. — Exercices tendant a faire pénétrer dans l'esprit
les notions fondamentales de la morale.

Cours non sèchement didactique, mais très méthodique, conformément aux indications du programme ci-après :

Première année.

PRINCIPES DE LA MORALE

PREMIER ET DEUXIÈME TRIMESTRES

1° Conscience : notion intuitive du devoir. Pouvoir de l'homme sur lui-même.

2° La société et ses devoirs.

Faire saisir à chaque élève, dans sa propre expérience et par des exemples choisis, le phénomène de la conscience morale; lui montrer qu'il a, comme d'instinct, la notion de ce qui est bien et de ce qui est mal; qu'il a le sentiment de l'obligation du devoir, qu'il se sent capable de l'accomplir au prix d'un effort, et que, s'il s'est refusé à cet effort par faiblesse, égoïsme ou l'entraînement d'une passion quelconque, il a la conscience de la faute qu'il a commise; d'où la honte, le regret, le remords.

De ces démonstrations, le plus souvent dialoguées, tirer la définition et l'affirmation pratiques des idées de conscience, d'obligation morale, de devoir, de liberté, de responsabilité, de mérite et de démérite, de dignité personnelle.

Faire observer les différences catégoriques qui distinguent la condition de l'homme, son régime de vie, des lois constantes et fatales que la nature suit en les ignorant et sans pouvoir les modifier (exemples très simples tirés des phénomènes les plus familiers à l'enfant et des parties des sciences qui lui sont enseignées). Montrer l'animal, doué de sensibilité, d'impulsions instinctives, mais dépourvu de la faculté de perfectionnement; l'homme, au contraire, inventant, perfectionnant incessamment ses œuvres, de telle sorte qu'elles forment un héritage accumulé; l'homme, seul maître de lui-même et responsable.

Différents types d'hommes : le paresseux, le laborieux, l'économe, l'imprévoyant, l'intempérant, l'ivrogne, le tempérant, le courageux, le lâche; — les héros (exemples empruntés à l'histoire de l'humanité). Comment ces types ont leurs beautés et leurs laideurs et comment ils doivent nous inspirer l'émulation ou provoquer nos répugnances.

L'égoïsme et le désintéressement; caractères distinctifs de l'obligation morale.

A mesure que l'élève aura pris une certaine habitude de la réflexion personnelle, l'amener à reconnaître que l'individu est peu de chose par lui-même, incomplet et dépendant; qu'il fait partie d'un tout; que son but n'est pas la satisfaction de son orgueil, ni de ses appétits; qu'il a une dette envers les autres êtres ses semblables, sans lesquels ou il ne serait pas, ou il ne serait pas tel qu'il est : d'où la notion de *société*.

Insister sur la loi fondamentale de la solidarité, principe de toute organisation sociale.

Dans la société, distinguer deux sociétés, la *famille* et la *nation*; insister sur ce que l'individu doit à l'une et à l'autre.

TROISIÈME TRIMESTRE

Retour sur soi : applications à la vie telle qu'on peut commencer à la faire comprendre à l'adolescent.

Appliquer et surtout conduire l'élève à appliquer les principes précédemment acquis à sa propre conduite et en dégageant de ces principes, non plus seulement l'idée générale du devoir, mais les devoirs propres à chaque condition et à chaque âge : devoirs de l'enfant dans la famille ; — dans l'école ; — dans la société.

Pour les détails, emprunter aux programmes de l'école primaire et à ceux de la 2ᵉ année ci-après les exemples les plus caractéristiques.

QUATRIÈME TRIMESTRE

RÉVISION

Deuxième année.

La vie humaine et ses devoirs; l'homme dans la société, dans la famille. dans la nation.

Développer les notions qui n'ont été que sommairement exposées dans le précédent cours :

1° *La société*. — Ce qu'est la société. — L'homme n'est pas né pour vivre solitaire. — La société nécessaire à sa sécurité et au progrès indéfini qui est sa loi; elle est son but, sa raison d'être.

Sociétés barbares et sociétés civilisées. — Traits qui les distinguent : le droit substitué à la force ; le travail, obligation commune ; plus d'esclaves et plus de supplices. — La fortune intellectuelle de l'homme garantie et chaque jour complétée par voie de transmission.

Solidarité sociale, dans l'ordre économique, dans l'ordre scientifique, dans l'ordre moral.

Inégalité native des aptitudes. — Diversité inévitable des fonctions.

La justice sociale. — Respect de la personne humaine sur quelque degré qu'elle soit placée et, comme conséquence de ce respect impératif, l'esclavage et le servage reconnus intolérables.

Respect de l'honneur d'autrui. — La diffamation et la calomnie.

Respect des produits du travail. — Principe de la propriété, sa nécessité. — Le capital et le travail. — Respect des contrats et de la parole donnée.

Respect des personnes dans leurs croyances, leurs opinions. — Liberté religieuse et philosophique. — La tolérance.

La fraternité sociale. — Insuffisance morale et sociale de la stricte justice.

Les hasards de la naissance, les inégalités physiques et intellectuelles ; les hasards de l'éducation ; les accidents de la vie.

L'instruction publique.

L'assistance publique.

La bonté, l'amour du prochain, le dévouement, le désintéressement.

2° *La famille et l'homme privé.* — La famille, société particulière *mais non exclusive* dans la société. — Sa fonction dans l'ordre social, auquel elle est soumise. — Son fondement moral. — Sa constitution, ses membres ; solidarités qu'elle implique. — Le respect de la femme, base de la famille dans le monde moderne.

Les époux ; les parents ; les enfants. — Leurs devoirs réciproques.

L'esprit et les vertus de famille.

Les vertus privées : loyauté, travail, tempérance, courage, épargne, charité. (Insister particulièrement sur les conséquences du vice de l'alcoolisme au point de vue de la famille et de la vie privée.)

Effets sociaux des vertus privées.

3° *La nation et la patrie.* — Comment notre société est en même temps une nation. — L'idée de nation et de patrie. — Son fondement moral.

Solidarité des générations. — Unité de direction.

L'esprit national.

La défense de la patrie. — L'armée ; le service obligatoire ; la discipline militaire ; le courage.

4° *L'État et les lois.* — Ce que c'est que l'État ; son origine ; son rôle.

Formes diverses de cette autorité.

La forme républicaine. — Son principe et sa supériorité. — Issue de notre consentement et modifiée par notre volonté, elle ne peut avoir rien d'arbitraire.

La souveraineté nationale. — La démocratie (l'élite dans la démocratie).

Les lois. — Leur fondement social et national.

Devoirs du citoyen : obéissance aux lois; impôt; vote, etc.

La répression : légitimité sociale de la pénalité.

Droits du citoyen : *liberté individuelle; liberté de conscience, liberté des cultes* dans la limite du respect des lois ; *liberté du travail; liberté d'association.*

Les *libertés publiques.*

Dangers de l'arbitraire; dangers de l'absence de gouvernement.

5° *Les nations entre elles.* — Devoirs et droits internationaux. — Solidarité internationale. — L'humanité. — L'amour de l'humanité et sa conciliation avec l'amour de la patrie.

Le droit des gens. — Aspiration à un idéal juridique entre les nations : l'arbitrage.

Troisième année.

**Revision approfondie des principes de la morale;
retour sur leurs principales applications.**

Le professeur suit à peu près le même ordre que dans les deux années précédentes, en insistant, d'une part, sur l'explication, la discussion et la démonstration des principaux points de doctrine; d'autre part, sur les interprétations erronées qui pourraient se faire jour.

Envisager chez l'homme trois ordres de faits qui ne tombent pas sous les sens : faits de sentiments ou émotions; faits intellectuels ou pensées; faits de volonté ou actes libres.

Montrer que notre nature nous porte à aimer *le beau*, à affirmer *le vrai*, à vouloir *le bien;* faire remarquer l'analogie entre ces trois objets de notre activité spirituelle, répondant à nos inclinations naturelles et à la vie normale; montrer que le mal est un désordre, un penchant contraire à la saine nature. — Le corps et l'esprit.

Pouvoir de l'homme sur lui-même : sa réalité, ses limites.

De la conscience : qu'elle se perfectionne par l'éducation.

De la liberté et de la responsabilité : leurs conditions, leurs degrés, leurs limites; danger de s'accoutumer à douter de la liberté et à méconnaître la responsabilité.

De la personnalité morale. — Du caractère.

Deux fins de la vie humaine : l'*intérêt personnel* et le *devoir.*

L'amour de soi et l'estime de soi.

Comment, en réalisant le devoir, chaque homme réalise, autant qu'il est en lui, la *perfection humaine;* comment, en sacrifiant le devoir à l'intérêt personnel, il diminue en lui la dignité humaine.

Autorité propre du devoir. Caractères qui le distinguent, en théorie et en pratique, de tous les autres mobiles.

7

Le bien, distinct de l'utile et de l'agréable. La loi morale et la loi écrite.

L'idéal moral, tel que l'humanité l'a successivement conçu, tel qu'elle le conçoit dans le monde moderne; qu'il implique l'idée d'une amélioration sociale incessante.

Montrer que c'est dans la nation que l'homme réalise pleinement sa nature, qu'il devient véritablement homme, c'est-à-dire personne morale, consciente de ses devoirs et de ses droits; que la fonction de l'individu, membre d'une nation, est de coopérer volontairement à l'œuvre de la nation dans la civilisation humaine.

L'idéal social aux différents âges de l'humanité. Insister sur les traits caractéristiques de la conception propre à la France; explication approfondie de la devise républicaine : *liberté, égalité, fraternité.*

Le professeur s'efforcera de prémunir ses élèves contre tout ce qui, sous une forme quelconque, théorique ou pratique, tendrait à dénaturer en eux la notion du devoir.

Sanctions de la morale : sanction intérieure (satisfaction morale ou remords); sanction naturelle (conséquences de notre bonne ou mauvaise conduite pour nous et pour les nôtres, quant au corps et quant à l'âme); sanction sociale (estime ou mépris public); sanctions philosophiques ou religieuses (l'idée de Dieu).

Le professeur s'attachera à ne parler des croyances religieuses qu'avec un grand respect et de manière à ne jamais froisser la conscience des enfants qui lui sont confiés.

Conclusion : si l'enfant *aime* instinctivement le bien, il a besoin de le *connaître;* l'*éducation morale* a pour objet de répondre à ce besoin; il dépendra de l'enfant de le *vouloir;* et l'application constante de l'École sera de former cette volonté.

III. — Exercices tendant a éprouver la conscience et a former le caractère.

Le maître étudiera assidûment les tendances bonnes ou mauvaises qui s'accusent chez chaque élève; conseils individuels résultant de cette observation, indépendamment des recommandations collectives.

Constatation de la moralité pratique de chacun d'après les circonstances qui la mettent à l'épreuve dans la vie quotidienne.

Appel incessant à la sincérité absolue, première et indispensable condition de progrès ou de relèvement.

Appel à l'énergie de la volonté, au courage moral sous toutes les formes (courage de rompre avec un défaut, courage se manifestant par une décision énergique ou par une persévérance obstinée, courage contre la souffrance et contre le plaisir, courage de braver le ridicule par respect pour sa conscience, courage de s'accuser ou de se défendre, de maintenir ce qu'on croit la vérité ou de convenir de ses torts, etc.). Nécessité d'un long apprentissage pour arriver à n'être pas l'esclave des passions, à se gouverner et à se maîtriser soi-même.

Transformation graduelle de l'effort en habitude; surveillance des habitudes de l'enfant et de l'adolescent en vue d'encourager les bonnes et d'extirper les mauvaises.

Étude de quelques maximes propres à fixer les notions morales sous une forme saisissante.

Exercices destinés à former un sentiment de plus en plus délicat de la différence entre les actions dictées par l'amour du bien, par le respect de l'obligation morale, et les actions louables en apparence, mais inspirées au fond par des mobiles inférieurs.

Recherche attentive de toutes les occasions de mettre la morale en action, d'exercer la conscience de l'élève et de provoquer de sa part un ensemble de résolutions réfléchies le portant à *vouloir le bien* et à s'en faire une habitude.

Relations avec les parents, soit qu'il s'agisse de réclamer leur concours ou de leur prêter notre assistance en vue de l'éducation morale des enfants.

LANGUE FRANÇAISE [1]

(4 heures 1/2 en 1re et en 2e année; 3 heures en 3e année.)

I. — LECTURE ET RÉCITATION

(1 heure 1/2 par semaine en 1re et en 2e année; 2 heures en 3e année.)

Sous ce titre sont compris des exercices de deux sortes. Les uns, portant sur des morceaux courts et insistant sur le détail, ont pour but avant tout d'habituer l'élève à se rendre un compte exact de ce qu'il lit et de former sa diction. Les autres, ayant pour objet des fragments plus considérables ou des œuvres entières, visent surtout à lui donner le goût de la lecture.

1° EXPLICATION DE TEXTES; LECTURE ACCENTUÉE ET EXPRESSIVE

Cet exercice, répété à chaque classe, aura pour matière, soit un recueil de morceaux choisis, soit des passages d'une réelle valeur littéraire, pris dans un des livres déjà lus par les élèves ou dont le maître leur aura parlé. On leur apprendra à dégager d'un développement l'idée essentielle, à comprendre le sens précis des mots et à en

---

(1) On n'a pas cru devoir, pour le français comme pour les autres matières, présenter un programme spécial pour chacune des trois premières années; mais il va de soi que la difficulté des exercices (lecture, orthographe, dictée, composition) s'accroîtra d'année en année, avec la force et le développement intellectuel des élèves.

apprécier la propriété, à sentir, dans la mesure du possible, le caractère et la beauté du morceau. On ne négligera pas de replacer en quelques mots le fragment étudié dans le cadre de l'ouvrage auquel il est emprunté, ni, quand il y aura lieu, de donner des renseignements sommaires sur la vie et l'œuvre de l'auteur.

Les leçons à apprendre par cœur seront toujours choisies parmi les morceaux ainsi expliqués.

2° LECTURES PLUS LONGUES FAITES, PARTIE EN CLASSE, PARTIE A L'ÉTUDE OU DANS LA FAMILLE, LIBREMENT OU SUR LES INDICATIONS DU MAITRE

Ces lectures, tantôt purement littéraires, tantôt complément utile des cours de morale, d'histoire, de géographie ou de sciences, seront avec avantage précédées d'un commentaire discret du maître, destiné à en faire ressortir l'intérêt particulier ou les beautés, à éveiller par là la curiosité des élèves, à leur faire désirer de lire l'ouvrage signalé et à attirer leur attention sur les points essentiels. Elles pourront être suivies tantôt de questions posées après lecture faite, tantôt de causeries dans lesquelles le maître se rendra compte de l'impression produite sur les élèves et les aidera à en prendre eux-mêmes plus nettement conscience, parfois même à résumer simplement et brièvement ce qu'ils ont retenu.

LISTE D'AUTEURS A FAIRE LIRE AUX ÉLÈVES, PARTIE EN CLASSE, PARTIE EN ÉTUDE OU DANS LEUR FAMILLE

I. — Recueil de morceaux choisis de prose et de vers du seizième au dix-neuvième siècle (1).

II. — *Auteurs classiques :*

Choix de pièces ou fragments de pièces du théâtre classique du dix-septième et du dix-huitième siècle.

La Fontaine. — *Fables.*
Fénelon. — Extraits (*Télémaque, Dialogues* et *Fables*).
Voltaire. — Extraits (*Charles XII*).
J.-J. Rousseau. — Extraits.
Lectures sur la société du dix-septième et du dix-huitième siècle, tirées surtout des mémoires et des correspondances (Mme de Motteville, Mme de Sévigné, Mme de Maintenon,

---

(1) S'il n'existe pas de recueil spécialement formé en vue des Écoles primaires supérieures, on se servira d'un des recueils en usage dans les écoles primaires, dans les Écoles normales, dans les collèges ou inscrits au catalogue des bibliothèques scolaires, en choisissant de préférence ceux qui contiennent le moins de morceaux d'une valeur purement littéraire, ou dépassant la portée d'esprit et les connaissances littéraires des élèves de l'École primaire supérieure.

Mme de Caylus, Fléchier (*les Grands Jours d'Auvergne*), La Bruyère, Saint-Simon, Diderot, Marmontel, Grimm, Mme Roland).

III. — *Auteurs contemporains :*

Chateaubriand. — Extraits.
V. Hugo. — Extraits (prose et vers).
Lamartine. — Extraits (prose et vers).
Michelet. — *Jeanne d'Arc* (extraits de l'histoire, des mémoires, des livres d'éducation populaire).
G. Sand. — *La Mare au Diable* (extraits).
Les poètes français du dix-neuvième siècle (extraits).
Le théâtre français du dix-neuvième siècle (choix de pièces ou de fragments de pièces).
Contes, récits, nouvelles, français et étrangers.
Extraits de mémoires historiques et militaires du dix-neuvième siècle.
Lectures historiques tirées des grands écrivains français et étrangers.
Lectures géographiques tirées des récits des grands voyageurs.
Lectures scientifiques, biographies des savants, découvertes, exposés de vulgarisation scientifique, tirés des écrivains français et étrangers.
Lectures morales tirées des écrivains français et étrangers.

IV. — *Quelques traductions de chefs-d'œuvre étrangers :*

Don Quichotte (extraits).
Choix de poésies allemandes ; quelques extraits du théâtre.
Robinson Crusoé.
Swift. — Quelques extraits de *Gulliver.*
La Case de l'Oncle Tom (extraits).
Dickens. — Extraits.
Walter Scott. — *Quentin Durward* et quelques extraits d'autres œuvres.
George Eliot. — *Silas Marner* (extraits).
Etc., etc.

N. B. — Les séries d'extraits ou de fragments désignés aux n°s II, III et IV n'ont pas, comme les recueils de morceaux choisis, pour but principal de fournir des textes à l'explication littéraire.

Ils devront, toutes les fois qu'ils ne contiendront pas une œuvre entière, présenter du moins des morceaux développés, les replacer dans leur cadre, en les reliant au besoin par de courtes analyses.

Tous ces fragments seront tirés des ouvrages ou parties d'ouvrages que la clarté de l'idée et la simplicité du style rendront le plus aptes à être compris par les élèves livrés à eux-mêmes. Les lectures morales en particulier, qu'elles aient la forme narrative ou didactique, seront surtout relatives au genre de vie que peuvent connaître les élèves de l'enseignement primaire, au milieu social auquel ils appartiennent, aux questions qui peuvent se poser pour eux.

V. — Notions de littérature et d'histoire littéraire données surtout à l'occasion des lectures.

II. — DICTÉES ET ORTHOGRAPHE

(1 heure par semaine en 1ʳᵉ et en 2ᵉ année.)

EXERCICES ORTHOGRAPHIQUES. — ORTHOGRAPHE USUELLE ; ORTHOGRAPHE GRAMMATICALE ; DICTÉES AYANT TRAIT AUX DIVERSES ÉTUDES DES ÉLÈVES : MORALE, HISTOIRE, GÉOGRAPHIE, SCIENCES PHYSIQUES ET NATURELLES DANS LEURS APPLICATIONS A L'INDUSTRIE, HYGIÈNE, ÉCONOMIE POLITIQUE, ETC.

Les exercices orthographiques seront chaque fois de deux sortes :

1° Exercices sur les mots usuels, choisis en vue des difficultés que peut présenter leur orthographe (1). Autant que possible, ces mots seront groupés, tantôt d'après leurs ressemblances ou leurs différences quant à l'orthographe, tantôt d'après leur sens.

2° Exercices analogues, oraux ou écrits, sur des phrases choisies en vue de l'application des règles de grammaire les plus générales et les plus usuelles, de celles surtout que les élèves violent le plus souvent. Autant que possible, ces phrases seront empruntées à des ouvrages ayant une valeur littéraire.

III. — COMPOSITION FRANÇAISE

(1 heure par semaine dans les trois années.)

EXERCICES VARIÉS DE COMPOSITION FRANÇAISE : LETTRES, RÉCITS ET NARRATIONS, DESCRIPTIONS, RÉDACTIONS ET COMPTES RENDUS, DÉVELOPPEMENT OU DISCUSSION D'UNE PENSÉE, D'UNE MAXIME, ETC.

A mesure que l'occasion s'en présentera, le maître fera connaître d'une façon concrète, en les appliquant au sujet du jour, les principes généraux de la composition. Les élèves, surtout au début, seront associés à la préparation du sujet, qui se fera en classe et oralement.

---

(1) Pour varier l'exercice et lui donner de l'intérêt, le maître invitera les élèves à faire entrer ces mots dans les phrases (très simples d'abord, formées de plusieurs propositions ensuite) qu'ils composent séance tenante, de manière à montrer qu'ils en comprennent bien le sens. Ces exercices se feront oralement; on écrira seulement les mots sur lesquels porte la difficulté orthographique.

IV. — GRAMMAIRE ET ANALYSE

(1 heure par semaine en 1ʳᵉ et en 2ᵉ année seulement.)

Première année.

GRAMMAIRE EXPLIQUÉE ET RAISONNÉE

Sans élargir le cadre de ce qui aura été vu à l'école élémentaire, ni entrer plus avant dans les exceptions, on s'attachera à faire comprendre les formules et les règles que les élèves savent déjà ou qu'ils apprendront à nouveau. On essayera de faire passer dans leur esprit à l'état de notions bien comprises ce qui n'a été que connaissance mnémonique.

Deuxième année.

RÉVISION PLUS APPROFONDIE DE CE QUI AURA ÉTÉ VU EN PREMIÈRE ANNÉE, AVEC ADDITION DE QUELQUES NOTIONS SUR L'ORIGINE ET LA FORMATION DES MOTS, SUR LEUR GROUPEMENT EN FAMILLES D'APRÈS LEUR ÉTYMOLOGIE, SUR LES SYNONYMES, ETC.

Dans l'une et l'autre année, on joindra à la leçon de grammaire des exercices oraux d'analyse : 1° logique ; 2° grammaticale.

Dans tous ces exercices, le maître devra éviter les subtilités grammaticales.

HISTOIRE

(1 heure 1/2 dans chacune des trois années.)

Première année.

L'ANTIQUITÉ ET LE MOYEN AGE

Les peuples de l'Orient.

Les Égyptiens. — Les Pharaons. — Les mœurs ; l'industrie et les arts.

Les Sémites. — Les Chaldéens, les Phéniciens, les Israélites. — Religion et découvertes des Chaldéens. — Marine, commerce et colonies des Phéniciens. — Rôle moral, religieux et social des Israélites.

Les Aryens d'Asie. — Les Hindous et les Iraniens. — Les Mèdes et les Perses. — Les arts : Suse, Persépolis.

Les Grecs.

Populations primitives. — Les temps héroïques. — Sparte et Athènes : Lycurgue et Solon.

La mythologie grecque. — Les institutions nationales et religieuses.

Les guerres médiques. — Opposition de l'empire perse avec le monde grec asiatique.

Le siècle de Périclès. — Les lettres et les arts. — Rivalité de Sparte et d'Athènes. — Grandeur de Thèbes.

La Macédoine avec Philippe et Alexandre. — L'Hellénisme en Orient. — La Macédoine et la Grèce jusqu'à la conquête romaine.

Les Romains.

Les origines de Rome. — Les rois. — Les institutions politiques et religieuses.

La République. — Les patriciens et les plébéiens. — Conquête de l'Italie péninsulaire.

Rome et Carthage. — Conquête du bassin occidental de la Méditerranée.

Les Romains en Orient. — Caractère et conséquences de la conquête romaine.

Les guerres civiles. — Transformation des mœurs. — Les lois agraires. — Les Gracques. — Marius et Sylla.

Chute de la République. — Causes de la ruine de la liberté. — César et Pompée. — Octave et Antoine.

Le siècle d'Auguste. — Les arts romains; caractère de l'architecture. — L'histoire, l'éloquence et la poésie.

Les premiers Césars. — Les Flaviens et les Antonins.

L'anarchie militaire. — Dioclétien et Constantin. — Le christianisme dans l'empire romain. — L'Église et l'État sous Constantin.

Les Germains. — Religion, mœurs et coutumes. — Théodose et les Barbares. — La grande invasion. — Fin de l'empire d'Occident.

Le moyen âge.

La Gaule et les Gaulois. — Les Romains en Gaule. — Les Francs. — Clovis.

L'empire byzantin. — Justinien et Héraclius.

L'Islamisme. — Mahomet. — L'empire arabe. — La civilisation des Arabes.

Charlemagne. — La société franque sous les premiers Carolingiens. — Le nouvel empire d'Occident. — Le pouvoir temporel des papes. — Démembrement de l'empire de Charlemagne.

Nouvelles invasions : les Normands, les Sarrasins, les Hongrois.

La France après le traité de Verdun.

Allemagne et Italie après le traité de Verdun. — Le Saint-Empire.

La société au moyen âge. — Régime féodal. — La féodalité laïque et ecclésiastique. — La chevalerie. — Expéditions féodales. — Résultats des croisades.

L'Église au moyen âge. — Lutte avec les empereurs allemands.

La royauté capétienne. — Ses progrès. — Décadence de la féodalité. — Les communes. — Louis VI. — Philippe-Auguste. — Saint Louis. — Philippe le Bel. — Les Albigeois. — La cour du roi. — Les légistes.

La France au douzième et au treizième siècle. — Grandeur des douzième et treizième siècles. — Paris sous Philippe-Auguste et saint Louis. — L'Université. — L'art ogival. — Les lettres. — L'industrie et le commerce.

Développement des libertés politiques et progrès des classes urbaines et rurales aux treizième et quatorzième siècles. — La grande Charte et le Parlement en Angleterre. — Les États généraux en France. — Les villes de Flandre. — La Hanse teutonique. — Les Républiques italiennes.

Guerre de Cent Ans. — États généraux de 1358. — Étienne Marcel. — Charles V et Du Guesclin. — Armagnacs et Bourguignons. — Jeanne d'Arc et l'éveil du patriotisme.

L'Europe à la fin du moyen âge. — Les Turcs en Europe. — Chute de l'empire d'Orient.

Deuxième année.

LA FRANCE. — SON GOUVERNEMENT INTÉRIEUR. — SES RAPPORTS
AVEC L'EUROPE JUSQU'EN 1789

Tableau général de l'Europe vers la fin du quinzième siècle. — Progrès du pouvoir royal en France et dans les principaux États de l'Europe occidentale. — Affaiblissement des classes féodales.

Progrès économique : les grandes inventions, la découverte du nouveau monde.

Progrès intellectuel. — Renaissance et Réforme, étudiées particulièrement en France.

Les Français en Italie. — Luttes contre Charles-Quint et Philippe II. — Traité de Cateau-Cambrésis.

La vie en France au seizième siècle. — Le gouvernement (progrès des institutions politiques sous Louis XII, François Ier et Henri II), la cour, la noblesse, le clergé, les bourgeois, les paysans.

Extension de la Réforme. Guerres de religion en France. — Édit de Nantes ; traité de Vervins.

La France de 1589 à 1661. — Réorganisation par Henri IV et Sully. — Politique intérieure de Richelieu. — Résistance à la royauté sous Mazarin : la Fronde.

Puissance militaire et rôle diplomatique de la France sous Richelieu et Mazarin. — Les nouvelles armées et les grands généraux. — Traités de Westphalie et des Pyrénées.

État général de l'Europe en 1660 : prépondérance de la France et de ses alliés, décadence de l'Espagne, affaiblissement de la maison d'Autriche, nouvelle puissance maritime et coloniale de l'Angleterre.

Gouvernement personnel de Louis XIV. — Organisation de l'armée et des finances : Louvois, Vauban, Colbert. — L'industrie française, la marine et les colonies.

Nouvelles extensions territoriales de la France au détriment de l'Espagne (traités d'Aix-la-Chapelle et de Nimègue; les Chambres de réunion).

Apogée de la royauté absolue. — Soumission de la noblesse; la cour. — Soumission du clergé (déclaration de 1682). — Soumission des Parlements.

État littéraire et artistique du règne.

Période de décadence. — Les ennemis de Louis XIV (Guillaume d'Orange, son rôle en Hollande et en Angleterre; hostilité de ce pays après la révolution de 1688). — Conséquences des guerres de la coalition d'Augsbourg et de la succession d'Espagne; traités d'Utrecht, de Bade et de Rastadt.

Tableau de la France dans les quinze dernières années du règne de Louis XIV.

État général de l'Europe après 1715.

Création des royaumes de Sardaigne et de Prusse. — Affaiblissement de la Suède sous Charles XII. — Progrès de la puissance russe sous Pierre le Grand. — Agrandissements territoriaux de la maison d'Autriche. — Puissance maritime de l'Angleterre. — Maintien de l'influence française en Europe.

La France de 1716 à 1750. — La Régence; banque de Law. — Ministère de Fleury; développement du commerce français.

Politique extérieure de la France : ses rapports avec les grandes puissances, surtout avec l'Autriche et la Prusse. — Guerres de succession de Pologne et d'Autriche. — Traités de Vienne et d'Aix-la-Chapelle.

La France de 1750 à 1774. — Politique extérieure : la guerre de Sept Ans; traité de Paris, affaiblissement de la puissance maritime et coloniale de la France.

État intérieur : opposition à la royauté (les Parlements, l'opinion publique, les philosophes, extension des idées nouvelles); affaiblissement du pouvoir royal.

Extension des idées françaises et mouvement libéral en Europe.

Ministère de Choiseul : annexion de la Lorraine et de la Corse.

Fin du règne de Louis XV.

La France jusqu'en 1789. — Tentatives libérales de Louis XVI; les ministres réformateurs, Turgot, Necker. — Rôle glorieux de la France dans la création des États-Unis d'Amérique.

Stérilité des tentatives libérales : résistances des privilégiés, impuissance de la royauté à satisfaire les aspirations de la nation. — Ouverture des États généraux.

Troisième année.

LA FRANCE, DE 1789 A NOS JOURS

Débuts de la Révolution. — Causes générales de la Révolution française. — Les cahiers des États généraux. — Les principes de 89. — Origine de la devise : Liberté, Égalité, Fraternité.

L'Assemblée constituante. Principaux orateurs; Mirabeau. — Le peuple, son action; le 14 juillet; les gardes nationales, la Commune de Paris.

Réforme sociale opérée dans la nuit du 4 août. — Déclaration des droits de l'homme et du citoyen.

La France nouvelle; les fédérations, l'idée de fraternité.

Réformes de l'Assemblée constituante. — Constitution de 1791.

Progrès des idées républicaines sous la Législative. — Les Feuillants et les Girondins. — Déclaration de guerre. — Le 20 juin. — Les Jacobins. — Le 10 août. — Organisation nouvelle de la Commune de Paris.

La Convention. — Girondins et Montagnards. — Proclamation de la République; les idées de liberté et d'égalité. — Menaces de l'étranger : Valmy, Jemmapes.

Condamnation de Louis XVI. — Formation d'une coalition européenne contre la France; soulèvements à l'intérieur. — Influence de ces faits sur la politique de la Convention : Tribunal révolutionnaire, Comité de salut public. — Chute des Girondins. — La Terreur. — Luttes entre les Montagnards. — Condamnation de Danton; Robespierre.

Puissance de la France sous le gouvernement des Montagnards. — La loi de réquisition; Carnot; les grandes armées; victoire d'Hondschoote, Wattignies, Fleurus; délivrance de la France, occupation de la Belgique, de la Hollande et de la rive gauche du Rhin; traités de Bâle. — Grandes créations de la Convention.

La Constitution de l'an III.

Le Directoire. — Luttes des partis; réaction royaliste. — Coup d'État de fructidor, puissance nouvelle des généraux; Hoche et Bonaparte; les armées d'Allemagne et d'Italie.

Grandeur extérieure de la France; traité de Campo-Formio. — Occupation temporaire de l'Égypte.

Nouvelle coalition. — Masséna et Brune; victoires de Zurich et de Bergen. — Retour de Bonaparte en France; coup d'État de brumaire. — Constitution de l'an VIII.

La société française en 1799.

Le Consulat. — Popularité et ambition de Bonaparte. — Transformation politique, administrative, judiciaire, religieuse de la France dans un sens monarchique. — Traités de Lunéville et d'Amiens. — L'Empire.

L'Empire jusqu'en 1810. — Puissance extérieure de la France : Austerlitz, traité de Presbourg; Iéna, Auerstædt et Friedland; anéantissement de la Prusse, traité de Tilsit; résistance de l'Angleterre, le blocus continental; affaiblissement de l'Autriche, traité de Vienne.

L'Empire jusqu'en 1814. — Causes de la chute de Napoléon : remaniement arbitraire de la carte politique de l'Europe; réveil des nationalités; campagnes d'Espagne, de Russie; soulèvement de l'Allemagne. — Invasion de la France. — Traités de 1814.

La France sous le premier Empire. — Gouvernement absolu de Napoléon Ier. — La cour; la littérature et l'art officiels. — Centralisation administrative. — L'Université. — Les Codes. — Grands travaux publics. — Excès du régime militaire ; la conscription ; les impôts ; suppression des libertés publiques.

Réveil des idées libérales. — L'opposition dans la littérature : Mme de Staël, Chateaubriand, etc.

Première Restauration et Cent Jours. — Rentrée des Bourbons en France. — La Charte de 1814, le gouvernement constitutionnel. — Excès des royalistes. — Les Cent Jours. — Waterloo.

Les traités de 1815 ; leurs conséquences pour la France.

La seconde Restauration. — Gouvernement de Louis XVIII et de Charles X. — Différences essentielles entre la Restauration et l'Empire ; réveil de l'esprit politique en France ; les Chambres ; débats entre les *ultras* et les libéraux ; principaux orateurs.

Formation d'une société nouvelle ; les écrivains, les artistes.

Révolution de 1830. — Coup d'œil sur la politique extérieure de la Restauration.

L'Europe pendant la Restauration. — La Sainte-Alliance ; ses promoteurs ; son influence en Europe. — Mouvements en Allemagne, en Italie et en Espagne. — Intervention européenne. — Troubles en Portugal. — Affranchissement de la Grèce.

Gouvernement de Louis-Philippe. — La Charte revisée de 1830 ; accès d'une nouvelle classe bourgeoise à l'exercice des droits politiques. — Les partis. — Influence des idées libérales sur la littérature de ce temps.

Importance du développement économique (chemins de fer, etc.) et colonial de la France. — Conquête de l'Algérie. — Transformation industrielle ; les classes ouvrières ; les théories socialistes.

Aspirations nouvelles (réforme électorale). — Chute de Louis-Philippe. — Coup d'œil sur la politique extérieure de 1830 à 1848.

L'Europe pendant la monarchie de Juillet. — Contre-coup de la révolution de 1830. — Insurrection de la Belgique. — Soulèvement de la Pologne. — Troubles constitutionnels en Portugal et en Espagne.

La question d'Orient.

Intervention européenne.

La seconde République. — Le parti républicain en 1848. — Le suffrage universel. — Nouvelle Constitution.

Contre-coup de la révolution en Europe.

Les partis réactionnaires ; désorganisation de l'enseignement laïque et du suffrage universel. — La dictature présidentielle du prince Napoléon. — L'Empire.

Le second Empire. — Nouvelle Constitution politique ; analogies avec la Constitution de l'an VIII.

Développement économique ; libre-échange ; grands travaux, transformation de Paris, etc.

Rôle extérieur de la France. — Les guerres.

Progrès de l'opposition. — Guerre de 1870. — Révolution du 4 septembre. — Continuation de la lutte contre l'Allemagne. — Traité de Francfort.

Changements survenus dans l'etat de l'Europe de 1848 à 1875. — Les nationalités. — L'unité italienne, l'unité allemande. — La question d'Orient depuis 1848. — La guerre de Crimée. — La guerre des Balkans. — Les affaires de Bulgarie.

L'Angleterre au dix-neuvième siècle. — Les réformes économiques. — La réforme électorale. — Les réformes sociales. — La question de l'Irlande.

Le nouveau monde. — Émancipation des colonies espagnoles. — Le Brésil. Les États-Unis : guerre de Sécession. — Guerre du Mexique.

La troisième République.

Lois constitutionnelles de 1875.

GÉOGRAPHIE

Première année.

(1 heure par semaine.)

NOTIONS PRÉLIMINAIRES. — Le globe terrestre. — La terre et les eaux.
Grandes divisions de la terre; formes générales des continents.
Régions polaires.
Parties du monde; leur importance relative; leur situation, etc.
Globes et cartes, longitude, latitude, etc.

ÉTUDE DES DIVERSES PARTIES DU MONDE

OCÉANIE

Australie. — Insuffisance de relief. Sécheresse, irrégularité du climat. — Pauvreté de l'hydrographie. — Déserts du centre. Végétation de la partie orientale et des côtes. — Faune de l'Australie. — Les indigènes.
Colonies australiennes. Mines d'or. Agriculture. L'élevage, le commerce des laines. Grandes villes.

Nouvelle-Zélande. — Relief, climat, productions. Les Maoris et la colonisation européenne. Villes principales.
Notions générales sur la Nouvelle-Guinée et les archipels océaniens. Possessions européennes (1).
Relations de l'Océanie avec l'Asie, l'Europe et l'Amérique.

---

(1) La Nouvelle-Calédonie et Tahiti seront étudiées avec plus de détails en 3ᵉ année.

AMÉRIQUE

Géographie physique.

Double continent, disposé du nord au sud. Mers intérieures du centre. — *Relief*. Une longue ligne de montagnes du nord au sud ; deux régions de plaines, l'une au nord, l'autre au sud. — *Côtes* abruptes à l'ouest, plus abordables à l'est. — *Climat*, froid au nord et au sud, puis tiède et chaud en allant vers le centre. Plateaux tempérés. — *Hydrographie;* grands tributaires de l'océan Glacial, de l'Atlantique, du golfe du Mexique. Régions lacustres. Faiblesse des tributaires du Pacifique.

Difficultés opposées par la nature aux grands courants d'échange entre les diverses parties de l'Amérique.

DESCRIPTION DES ÉTATS (1)

Amérique du Nord.

Rappeler sommairement pour chaque État les principaux traits de la géographie physique.

Dominion. — Superficie. Productions. Grandes divisions politiques. Populations. Principales villes. Productions. Le chemin de fer transcontinental. L'ancien Canada français.

États-Unis. — Superficie. Variété des productions. Populations. Importance de l'immigration. Grandes villes. Chemin de fer transcontinental.

Mexique. — Terres chaudes, tempérées et froides. Productions. Grandes villes. Populations.

Principales lignes de navigation entre l'Amérique du Nord et l'Europe.

Amérique centrale et Antilles.

Amérique centrale. — Les cinq Républiques ; leur richesse de production, leur rôle entre deux océans.

Antilles. — Possessions européennes. Productions, populations. Grandes lignes de navigation.

---

(1) Dans la 3ᵉ année (section commerciale), on reviendra avec plus de détails sur la géographie commerciale des États américains.

Amérique méridionale.

Notions générales de géographie physique.

Notions sur la géographie politique (capitales, grandes villes) et économique des États de Colombie, Vénézuela, Bolivie, Pérou, Chili, République Argentine, Paraguay, Uruguay, Brésil; possessions européennes des Guyanes.

Grandes lignes de navigation entre l'Amérique méridionale et l'Europe.

AFRIQUE

Géographie physique.

Situation; relief; climat. — *Hydrographie.* — *Productions* (déserts, régions tropicales, Égypte, zones semi-tempérées du nord et du sud). — *Populations.* — *Explorations contemporaines.*

Importance économique des principales régions. — Rappeler sommairement pour chaque région les principaux traits de la géographie physique.

Région du nord : Maroc, Algérie, Tunisie, Tripolitaine. — Notions générales (1).

Région du nord-est : Égypte et Éthiopie. — La basse Égypte et l'isthme de Suez. Importance commerciale de la mer Rouge. L'Abyssinie. Possessions européennes.

Région des grands lacs. — Pénétration; établissements européens.

Soudan central. — Bassin du Tchad; tentative de pénétration européenne.

Soudan occidental. — Climat, végétation, richesses, établissements européens.

Afrique équatoriale. — Congo français. État indépendant du Congo, productions; établissements européens.

Afrique australe. — Colonies; États libres. Productions, populations.

Principales îles à l'ouest et à l'est de l'Afrique.

ASIE

Géographie physique.

Situation; relief; climat; régime des vents, moussons, pluies. — *Hydrographie* (fleuves glacés du nord, fleuves tièdes de l'est et du sud, leur action en Chine, Inde, Mésopotamie).

---

(1) L'Algérie et la Tunisie seront étudiées en détail avec la France, en 3ᵉ année.

Importance économique des principales régions.

Rappeler sommairement pour chaque région les principaux traits de la géographie physique.

Asie Mineure, Syrie, Arabie. — Caractères différents des côtes et de l'intérieur. Productions. Principaux marchés.

Perse, Afghanistan et Beloutchistan. — Productions. Principales villes.

Inde. — Productions. Possessions anglaises, françaises, portugaises.

Indo-Chine. — Productions. Possessions européennes.

Chine et Japon. — Productions. Grands ports.

Les îles Malaises. — *Les Philippines.*

Deuxième année.

(1 heure par semaine.)

EUROPE

Notions générales de géographie physique.

Situation de l'Europe; son climat général. — *Relief* (ses caractères dominants) : montagnes ; grandes plaines ; vallées ; découpures profondes des côtes, etc. — *Pluies et eaux courantes.* Influence de l'atmosphère atlantique. Grands traits du réseau fluvial. Centres de dispersion des eaux ; caractère des fleuves européens.

Productions naturelles. — Végétation. Mines.

Description des États.

Principaux traits de la géographie physique, politique, économique.

Par les indications qui suivent, on s'est proposé d'attirer l'attention du maître sur quelques traits particuliers à chaque pays et propres à le mieux faire comprendre. C'est dire que ces indications sont destinées à éclairer l'enseignement, non point à le surcharger.

Géographie politique et économique.

Importance de l'Europe dans le monde.

Europe méridionale (tournée vers la Méditerranée, l'Asie, l'Afrique).

Grèce. — Sa situation, son rôle civilisateur dans l'antiquité, son état moderne. — Son activité maritime.

Presqu'île des Balkans. — L'empire ottoman et ses dépendances ; nationalités nouvelles.

Italie. — Situation. Deux Italies : plaine des Alpes, péninsule des Apennins (plus les îles). — Absence de centre géographique naturel ; morcellement jusqu'à nos jours. — Productions, commerce, marine, colonisation.

Espagne. — Séparation d'avec le continent par les Pyrénées, morcellement intérieur par des chaînes et des plateaux. — Rudesse du climat sur les parties élevées. — Nature semi-africaine près de la Méditerranée. — Fleuves peu navigables. — Produits du sol, mines. — Commerce et industrie. — Expansion de la race espagnole.

EUROPE OCCIDENTALE (ouverte sur l'Atlantique).

Portugal. — Situation dans la péninsule. — Différences avec l'Espagne. — Rôle colonisateur.

France. — Situation privilégiée, semi-atlantique, semi-méditerranéenne (1).

Iles Britanniques. — Situation insulaire ; nombreux et profonds estuaires ; navigation. Productions ; houille ; son importance dans la transformation actuelle du monde. Les machines ; industrie, paupérisme, émigration. Expansion coloniale. — L'Irlande.

Belgique. — État mixte entre la France et l'Angleterre. — Houille. Industrie.

Pays-Bas. — Conquête du pays sur la mer. Navigation, colonies.

EUROPE CENTRALE ET ORIENTALE.

Allemagne. — Plaine du nord, hauteurs du sud. Climat. Grands fleuves parallèles ; absence de centre géographique. Productions, mines, commerce, industrie. Colonies.

Danemark. — Pays agricole et maritime. Situation à la porte de la Baltique. — Islande. Colonies.

Suisse. — Situation, relief. — Diversité des races et des langues. — Voies à travers les Alpes.

Autriche-Hongrie. — Différences géographiques et ethnographiques. — Grandes voies de communication.

Roumanie. — Sa situation, sa population. — Le bas Danube.

Empire russe. — Situation, immensité (son prolongement en Sibérie), unité ; grandes plaines tournées vers le pôle. — Climat ; unification par l'hiver. — Hydrographie. — Végétations, forêts, terres noires de Russie et de Sibérie. — Mines. — Envahissement graduel de l'Asie centrale ; tendances vers les mers extérieures.

EUROPE SEPTENTRIONALE.

Suède et Norvège. — Double versant : Suède aux longs fleuves, Norvège montagneuse et déchiquetée. Climat : influence de l'Océan.

Productions, mines, forêts. Population.

---

(1) La géographie de la France est étudiée en détail en 3ᵉ année.

Troisième année.

(Section commerciale : 2 heures par semaine.)
(Section industrielle : 1 heure par semaine.)

FRANCE ET COLONIES

LA FRANCE. — GÉOGRAPHIE PHYSIQUE

Situation entre l'Océan et la Méditerranée, sorte d'isthme à l'ouest de l'Europe.

Limites avant 1871. — Limites actuelles.

Relief. — Le massif central, les plaines environnantes, plaine du nord, les montagnes du pourtour, les côtes.

Climat. — Unité et variété du climat français. — Régions rudes, régions tièdes. Étude des climats locaux. — Régime des pluies.

Hydrographie. — Particularités des fleuves : Seine, Loire, Garonne, Rhône, etc. — Régime, navigabilité, etc. — Passages entre la Seine et le Rhône, entre la Garonne et la Méditerranée. — Avantages qui en résultent.

Richesses naturelles. — Zones de végétation; du nord au sud, des montagnes aux plaines. La forêt des Gaules; ce qu'elle est devenue. Productions variées de la France. La vigne, le blé, l'olivier, les pâturages, les forêts, leur utilité, etc. Richesses minières.

GÉOGRAPHIE POLITIQUE

Populations. — Formation historique de la nation française : Gaulois, Ibères, Grecs, Romains, Normands, etc. Fusion des populations dans les plaines et les vallées autour du massif central. État actuel du peuple français. — Rôle de la France dans le monde moderne. Paris, grandes villes.

GÉOGRAPHIE ÉCONOMIQUE

Agriculture. — Mise en valeur du sol. L'agriculture, source presque unique de richesse territoriale. Morcellement de la propriété. Le cultivateur français. Progrès des cultures, augmentation des produits. Cultures principales, leur importance relative. Rang de la France pour la richesse agricole. Nécessité de progresser davantage pour n'être pas distancés.

Industrie. — Conditions premières médiocres. Activité et esprit d'invention. Accroissement de la puissance industrielle depuis un demi-siècle; centres industriels. Principales industries françaises.

Commerce et communications. — Le réseau des routes en France. Sa perfection.

Cours d'eau, naturels ou perfectionnés. Nos fleuves comme voies navigables. Rivières canalisées, canaux de jonction. Réseau des canaux français ; bassins unis par les canaux. Lacune entre la Loire et la Garonne.

Chemins de fer. Disposition générale du réseau français, avec Paris comme centre et des lignes transversales. Importance comparée des lignes de ce réseau. Trafic principal entre la Manche ou la mer du Nord et la Méditerranée. Lacunes du réseau français.

Postes et télégraphes.

Ports naturels et ports officiels. Travaux d'approfondissement ou d'appropriation. Notre marine marchande, son rang dans le monde.

Commerce intérieur et extérieur. — Objets échangés, chiffre d'échanges, relations avec les diverses parties du globe ; comparaisons.

COLONIES FRANÇAISES

Empire colonial ; grandeur des efforts depuis 1830. Vaste empire africain.

Algérie. — Excellence de sa situation. — *Relief.* Le Tell, les plateaux ; le Sahara. — *Climats et zones de végétation.* — *Productions.* Mines. Développement de la culture. — Les oasis. — *Populations.* Européens et indigènes, Kabyles, Arabes, etc. — Organisation administrative, civile et militaire. — *Commerce.* Lignes de vapeurs, voies ferrées, routes, caravanes. — Avenir de l'Algérie. — *Tunisie.*

Afrique occidentale française. — Sénégal, Soudan français, Congo. Jonction avec l'Algérie par le Sahara : tentatives vers le Tchad.

Océan Indien. — Madagascar, Réunion, Comores, Obock, etc.

Océan Pacifique. — Nouvelle-Calédonie, Tahiti, etc.

Indo-Chine française. — Situation, climat, importance du Mékong et du fleuve Rouge, voies d'approche vers la Chine.

Colonies d'Amérique. — Saint-Pierre et Miquelon, Antilles, Guyane.

INSTRUCTION CIVIQUE

(1/2 heure par semaine en 1re et en 2e année.)

Première année.

Le principe de notre droit public. — La souveraineté nationale. — Les origines de notre droit public (1789-1848-1875). — La déclaration des droits de l'homme et du citoyen. — Le suffrage universel. — Les lois constitutionnelles de 1875.

Les agents de la souveraineté nationale. — Pouvoir législatif, pouvoir exécutif, pouvoir judiciaire. — La séparation des pouvoirs ; leurs rapports. — Le pouvoir législatif. — Le Parlement. — La Chambre des députés : élections, attributions. — Le Sénat : élections, attributions. — Préparation et vote des lois par les deux Chambres. — L'Assemblée nationale ou Congrès : ses attributions. — Le pouvoir exécutif. — Le Président de la République : élection, attributions, durée des pouvoirs. — Le Conseil des ministres, le président du Conseil, les ministres : mode de nomination, responsabilité ministérielle, décrets et arrêtés. — Le Conseil d'État. — Le pouvoir judiciaire. — L'interprétation et l'application de la loi. — Respect dû à la loi et aux décisions de l'autorité judiciaire. — Les tribunaux. — L'organisation des principales circonscriptions administratives :

Le département : administration du département, préfet, conseil de préfecture, conseil général, conseil départemental de l'instruction publique.

L'arrondissement : administration de l'arrondissement, sous-préfet, conseil d'arrondissement. — Le canton. — La commune : administration de la commune, le maire et les adjoints, le conseil municipal.

Deuxième année.

I. — *Revision* (en une ou deux leçons) *du cours d'instruction civique de* 1re *année.*

II. — *Éléments d'organisation judiciaire.* — Tribunaux ordinaires et tribunaux d'exception. — La Cour de cassation : sa composition, son rôle. — Les Cours d'appel. — Les tribunaux de première instance. — Les tribunaux de commerce. — Les tribunaux de paix. — Conseil de prud'hommes. — Tribunaux de simple police, de police correctionnelle. — Compétence des cours en matières pénales. — Cours d'assises. Jury. — Tribunaux administratifs. — Le Conseil d'État, les Conseils de préfecture. — La Cour des comptes. — Les tribunaux universitaires.

L'assistance judiciaire : formes dans lesquelles elle est accordée; ses effets. Les avoués, les huissiers, les avocats, les agréés près les tribunaux de commerce.

III. — *Institutions financières.*

L'impôt, sa nécessité, sa légitimité, l'égalité devant l'impôt. — Division des contributions en contributions directes et contributions indirectes. — Impôts de répartition : règles de leur répartition. — Impôts de quotité. — Contribution foncière. — Centime additionnel. — Cadastre. — Taxe des biens de mainmorte. — Contribution personnelle et mobilière. — Contribution des portes et fenêtres. — Contribution des patentes. — Taxes assimilées aux contributions directes. — Contributions indirectes. — Monopoles. — Octroi. — Timbre. — Enregistrement.

La dette publique : ses origines, rentes, bons du Trésor. — Le grand livre de la dette publique.

Le budget. — Le budget des recettes. — Le budget des dépenses. — Part du Gouvernement et des Chambres dans la préparation et le vote du budget. — Les dépenses publiques : leur ordonnancement et leur payement. — Contrôle des Chambres et de la Cour des comptes.

IV. — *Organisation militaire.*

1° Le service personnel et obligatoire; sa durée; exemptions légales.

2° Le recrutement. — La conscription et le conseil de revision. — L'inscription maritime.

3° L'armée; armée active, recrues de l'armée active. — L'armée territoriale. — La flotte.

4° La division du territoire au point de vue de l'organisation militaire. — Les corps d'armée. — Les préfectures maritimes, les escadres. — Forteresses et ports de guerre.

V. — *Organisation de l'instruction publique.*

Les trois ordres d'enseignement : primaire, secondaire, supérieur. — Les Conseils : Conseil départemental, Conseil académique, Conseil supérieur.

Les grandes Écoles dépendant du Ministère de la Guerre, du Commerce, de l'Agriculture.

La division du territoire au point de vue de l'administration universitaire. — Les Académies.

VI. — *Les cultes.*

Les cultes reconnus par l'État.

La division du territoire au point de vue de l'administration ecclésiastique.

LÉGISLATION USUELLE ET ÉCONOMIE POLITIQUE

Troisième année.

(2 heures par semaine.)

DROIT USUEL

DROIT PRIVÉ

I. — DES PERSONNES

§ 1ᵉʳ. DE LA NATIONALITÉ. — Acquisition et perte de la qualité de Français; avantages et charges attachés à la qualité de Français; de la jouissance des droits politiques et de la qualité de citoyen.

§ 2. ACTES DE L'ÉTAT CIVIL. — Règles générales sur la tenue des registres et la rédaction des actes. — Règles spéciales aux actes de naissance, mariage et décès.

§ 3. DROIT DE FAMILLE.

Le mariage, conditions requises, empêchements de mariage, oppositions, publications, formes de la célébration. — Loi du 10 décembre 1850 sur le mariage des indigents. — Effets principaux du mariage. Subordination de la femme ; obligation alimentaire et droits de succession entre époux. — Légitimité des enfants.

Droits respectifs des époux relativement à leurs biens ; contrats de mariage ; mariage sans contrat. — Indication et esquisse des principaux régimes matrimoniaux.

Rapports de parenté et d'alliance, ligne directe, ligne collatérale ; calcul des degrés. — Obligation alimentaire entre certains parents ou alliés.

Rapports spéciaux entre ascendants et descendants ; puissance paternelle ; droit et devoir d'éducation des père et mère.

La tutelle. — *Tutelle des mineurs ;* comment elle est dévolue ; ses organes : le tuteur, le subrogé-tuteur, le conseil de famille. Esquisse de leurs attributions respectives. Rôle de la justice.

L'émancipation.

L'interdiction. — Loi du 30 juin 1838 sur les *aliénés.*

II. — DROITS CONCERNANT LES BIENS.

§ 1er. DISTINCTION DES BIENS. — *Meubles et immeubles.* — Insister sur les meubles par la détermination de la loi, ou *valeurs mobilières.*

Biens *du domaine public, du domaine privé de l'État, des départements, des communes et des établissements publics.* — Insister particulièrement sur les biens des communes : administration, mode de jouissance, aliénation, interdiction de partage entre les habitants.

§ 2. DROITS RÉELS. — DROITS PERSONNELS. — *Définition.* — *La propriété* et ses démembrements. — Étendue et limites du droit de propriété. — Expropriation pour cause d'utilité publique. — Servitudes légales d'utilité privée (suivant les régions, insister sur les servitudes légales établies dans l'intérêt de l'agriculture : irrigation, assainissement, drainage).

La mitoyenneté. — Le bornage.

Notion de la *possession* comparée à la propriété. Effets attachés à la possession : actions possessoires (quelques développements), prescriptions à l'effet d'acquérir (notions générales).

L'usufruit. — *Servitudes* établies par le fait de l'homme (notions sommaires).

§ 3. LES DROITS PERSONNELS (*droits de créance*). — Faits qui donnent naissance aux obligations : conventions (contrats), quasi-contrats, délits, quasi-délits.

Moyens conventionnels ou légaux d'assurer l'exécution des obligations. — De la règle que les biens du débiteur sont le gage de ses créanciers. — De la solidarité, du cautionnement, des privilèges et des hypothèques (notions sommaires).

De la prescription extinctive des obligations, spécialement des courtes prescriptions.

III. — DES CONTRATS.

Principe de la liberté des conventions. Limites qu'il comporte. Règle que les conventions font la loi des parties. Distinction entre le contrat et l'écrit destiné à en procurer la preuve. Diverses natures d'actes destinés à faire la preuve des conventions : acte authentique, acte sous seing privé; formes prescrites pour la validité de certains actes sous seing privé. Cas exceptionnels dans lesquels la convention n'a de valeur qu'autant qu'elle est constatée par un acte en forme authentique. Comment, en règle générale, la preuve des contrats peut être faite à défaut de preuve écrite ; spécialement des cas dans lesquels la preuve par témoins ou par présomptions abandonnées à la sagesse du juge est admise par la loi. Règles spéciales à la preuve en matière commerciale.

De la capacité de contracter. — Indication des incapacités et de leurs effets.

Le contrat considéré comme mode d'opérer une *transmission de propriété.* Des formalités complémentaires dont il doit être accompagné quand il s'agit d'immeubles.

De l'enregistrement des actes écrits; son importance fiscale; ses effets au point de vue du droit.

Des cas où les conventions verbales donnent lieu à la perception des droits fiscaux : droits de mutation, droits perçus sur les locations verbales.

Étude pratique des contrats les plus usuels

§ 1er. LA VENTE. — Transport de la propriété de la chose vendue. — Obligations du vendeur : garantie d'éviction, garantie de vices cachés, etc. — Obligations de l'acheteur : garanties accordées au vendeur pour assurer le payement du prix : privilège et droit de résolution.

Conséquences de la perte, par cas fortuit, de la chose vendue, avant livraison.

§ 2. LE LOUAGE. — *Louage des choses :* baux à ferme et à loyer; renseignements pratiques sur les réparations locatives, les sous-locations, les congés, la tacite reconduction, le risque locatif, etc. — Garanties accordées au bailleur pour assurer l'exécution des obligations du fermier ou du locataire. — *Colonage partiaire ou métayage.* — *Du cheptel* donné au fermier ou au colon partiaire. — *Louage d'ouvrage ou d'industrie.* — Développements sur les rapports entre patrons et ouvriers employés dans l'industrie (*dans les régions industrielles*).

§ 3. Le prêt a intérêt. — L'usure.

§ 4. Les assurances terrestres — Principes et solutions pratiques en prenant pour type l'assurance contre l'incendie.

IV. — Transmission des biens d'une personne décédée.

§ 1er. Successions déférées par la loi. — Règles générales de leur dévolution. — Héritiers légitimes ; successeurs irréguliers. — De la représentation.

Acceptation, renonciation, acceptation sous bénéfice d'inventaire.

Du partage ; notions sommaires sur les rapports à succession.

§ 2. Dévolution de la succession en vertu de la volonté exprimée du défunt. — *Du testament* : diverses formes de testament; des dispositions que le testament peut contenir, avec indications très générales de leurs effets. — Des cas où l'on peut disposer de sa succession par contrat : donation de biens à venir par contrat de mariage ou entre époux pendant le mariage. — Limitations apportées, dans l'intérêt de certains héritiers, au droit de disposer de ses biens par donation ou par testament (quotité disponible, réserve).

§ 3. *Des droits de mutation* dus à raison de la transmission des biens d'une personne décédée. — Des déclarations imposées aux intéressés pour le payement de ces droits. — Du partage au point de vue fiscal.

ÉCONOMIE POLITIQUE

Les agents de la production. — La nature, le travail, le capital.

Le travail. — Travail intellectuel; invention. — Travail manuel. Division du travail; avantages et inconvénients de cette division. — Les machines-outils; leur nécessité.

Le capital. — Ses différentes formes. — Ses divisions : capital fixe, capital circulant. — Outillage industriel ; approvisionnements.

Union du capital et du travail; ses résultats.

Rémunération du travail et du capital. — Travail intellectuel : appointements. — Travail manuel : salaire ; ses divers modes.

Capital : intérêt; légitimité de cet intérêt.

Les bénéfices et les pertes. — Leur répartition. — Participation des ouvriers aux bénéfices.

La vente et l'échange. — La valeur, le prix. — Causes qui influent sur les variations des prix.

La monnaie.

Le commerce intérieur et le commerce extérieur. — Des moyens de transport. — Utilité des transports à bon marché. — Les exportations et les importations. — Le change et ses variations.

Notions historiques sur le libre-échange, le régime protecteur et sur les traités de commerce.

Le crédit. — Ses avantages et ses inconvénients. — La monnaie de crédit : billets de banque. — Effets de commerce : lettre de change, billet à ordre, chèque, etc.

Signature commerciale : importance d'une signature donnée; ses conséquences.

L'industrie agricole. — Grande et petite culture; formes diverses de l'exploitation du sol; faire valoir direct, fermage, métayage.

L'épargne. — Les caisses d'épargne; les sociétés d'épargne.

L'assurance. — Ses diverses formes.

Les caisses de retraite.

Les sociétés de secours mutuels.

Les sociétés coopératives. — Sociétés de production et de consommation.

Les syndicats professionnels. — Résumé de la loi du 21 mars 1884. — Comparaison avec les anciennes corporations.

La question du luxe.

L'alcoolisme. — Son influence sur l'appauvrissement et la misère de l'individu et de la famille. — Ses effets sur la richesse publique. — Ce que coûte l'alcoolisme à la France. — Autres effets : criminalité, suicide, accidents de travail.

La population. — L'émigration et la colonisation.

L'État. — Principales attributions de l'État.
Les diverses sortes d'impôts. — Le budget.

MATHÉMATIQUES

Observations générales. — Le cours de 1re année est surtout pratique; celui de 2e année comporte des développements théoriques, tout en faisant encore une part à la pratique.

Dès la 1re année, on habituera les élèves au calcul numérique par des exercices variés; à mesure qu'ils avanceront, on multipliera les exercices et les problèmes sur toutes les parties du programme.

Dans toutes les années, les élèves seront exercés à la pratique du calcul mental.

On pourra se servir des notations algébriques pour abréger le langage et l'écriture.

En géométrie, le professeur ne négligera aucune occasion de montrer les applications de la géométrie au dessin, aux arts et à l'industrie. — Dans le choix des exercices et des problèmes, le professeur ne perdra pas de vue le côté pratique.

Première année.

(4 heures 1/2 par semaine.)

ARITHMÉTIQUE ET SYSTÈME MÉTRIQUE

Opérations et problèmes sur les nombres entiers, les nombres décimaux et les fractions ordinaires.

Emploi des caractères de divisibilité par 2, 3, 4, 5 et 9.

Preuve par 9 de la multiplication et de la division.

Racine carrée. — Pratique de l'extraction d'une racine carrée, à moins d'une unité entière et à moins d'une unité décimale. — Applications.

Système légal des poids et mesures. — Ses avantages (1).

Division de la circonférence. — Mesure du temps. — Problèmes.

Règles de trois. — Résolution des règles de trois par la méthode de réduction à l'unité. — Règle pratique.

Problèmes nombreux et variés sur les règles de trois. — Intérêt simple. — Escompte commercial. — Calcul rapide pour les taux usuels. — Échéance commune. — Rentes sur l'État. — Caisses d'épargne. — Partages proportionnels. — Règle de société. — Questions de mélanges et d'alliages.

GÉOMÉTRIE PLANE

La ligne droite. — Premières notions sur les angles. — Triangles. — Cas d'égalité des triangles. — Propriétés du triangle isocèle. — Perpendiculaires et obliques. — Cas d'égalité des triangles rectangles.

Droites parallèles. — Sommes des angles d'un triangle, d'un polygone. — Propriétés des parallélogrammes.

Du cercle. — Dépendance mutuelle des arcs et des cordes, des cordes et de leurs distances au centre.

Tangente au cercle. — Conditions de contact et d'intersection de deux cercles.

Mesures des angles.

Problèmes et constructions graphiques. — Tracé des perpendiculaires et des parallèles. — Construction des angles et des triangles. — Construction des tangentes à un cercle ou à deux cercles.

---

(1) Le professeur donnera, s'il y a lieu, en unités métriques, la valeur des principales mesures locales.

Deuxième année.

(4 heures 1/2 par semaine.)

ARITHMÉTIQUE ET SYSTÈME MÉTRIQUE

Numération des nombres entiers.

Les quatre opérations sur les nombres entiers. — Théorèmes relatifs à ces opérations.

Caractères de divisibilité par 2 et 5, 4 et 25, 3 et 9. — Preuve par 9 de la multiplication et de la division. Théorie et pratique.

Définition des nombres premiers et des nombres premiers entre eux.

Décomposition d'un nombre en ses facteurs premiers (1).

Composition du plus grand commun diviseur et du plus petit commun multiple de plusieurs nombres.

Fractions ordinaires. — Simplification des fractions. — Réduction de plusieurs fractions à un dénominateur commun. — Opérations sur les fractions.

Fractions décimales. — Opérations sur les fractions décimales. — Conversion des fractions ordinaires en fractions décimales.

Revision du système métrique. — Nombreuses applications.

Rapports et proportions.

Des grandeurs directement ou inversement proportionnelles. — Règles de trois. — Résolution des règles de trois par la méthode de réduction à l'unité. — Règle pratique. — Formule générale. — Applications.

GÉOMÉTRIE PLANE

Lignes proportionnelles. — Notions sur la similitude des figures planes. — Cas de similitude des triangles.

Relations numériques entre les lignes d'un triangle rectangle.

Relations numériques entre les lignes d'un triangle quelconque.

Sécantes et tangentes à un cercle.

Problèmes et constructions graphiques. — Partage de droites en parties proportionnelles. — Moyenne proportionnelle. — Construction de triangles et de polygones semblables à des triangles et à des polygones donnés.

Polygones réguliers. — Carré, hexagone, triangle équilatéral.

Mesure de la circonférence.

Des aires. — Rectangle, parallélogramme, triangle, losange, trapèze, polygone quelconque. — Polygones réguliers. — Cercle, secteur et segment.

Comparaison des aires. — Rapport des aires de deux polygones semblables.

---

(1) On admettra qu'elle ne peut se faire que d'une seule manière.

Carré construit sur l'hypoténuse d'un triangle rectangle.

Problèmes et constructions graphiques.

Définitions du sinus, du cosinus et de la tangente d'un angle aigu ou obtus. — Formules relatives aux triangles rectangles.

ALGÈBRE

Notions élémentaires de calcul algébrique applicables aux nombres positifs et négatifs. — Résolution des équations numériques du premier degré à une ou à plusieurs inconnues.

ARPENTAGE ET LEVER DES PLANS

NOTA. — Ces deux derniers cours se feront en été et exclusivement sur le terrain, où les élèves prendront des croquis pendant les opérations. Rentrés à l'École, ils devront rapporter leurs plans à l'échelle indiquée.

Mesurer la surface d'un terrain ayant la forme d'un triangle, d'un quadrilatère, d'un polygone quelconque, d'un terrain limité par une courbe irrégulière, d'un terrain dans l'intérieur duquel on ne peut pénétrer, d'un terrain incliné.

Méthode générale employée pour lever un plan. — Lever au mètre. — Lever au graphomètre. — Lever à l'équerre d'arpenteur. — Construction du plan sur le papier. — Échelle. — Construction d'une échelle. — Lever à la planchette.

Troisième année.

SECTION INDUSTRIELLE

(4 heures 1/2 par semaine.)

ARITHMÉTIQUE

Revision et développement du programme de 2ᵉ année.

Nombres premiers.

Décomposition d'un nombre en ses facteurs premiers.

Composition du plus grand commun diviseur et du plus petit commun multiple de plusieurs nombres.

Fractions irréductibles. — Théorème sur les fractions irréductibles.

Simplification des fractions.

Réduction des fractions au plus petit dénominateur commun.

Conversion des fractions ordinaires en fractions décimales. — Approximation à un nombre décimal donné.

Théorie de la racine carrée. — Pratique de l'extraction d'une racine cubique à moins d'une unité entière et à moins d'une unité décimale.

GÉOMÉTRIE DANS L'ESPACE

Du plan et de la ligne droite dans l'espace. — Perpendiculaires et obliques. — Droites et plans parallèles.

Des angles dièdres. — Plans perpendiculaires entre eux.

Définition des angles trièdres.

Des polyèdres. — Surfaces et volumes du parallélipipède, du prisme, de la pyramide, du tronc de pyramide à bases parallèles, du tronc de prisme triangulaire, du tronc de prisme (tombereau et tas de pierres).

Le rapport des volumes de deux polyèdres semblables est égal à celui des cubes de deux arêtes homologues.

Corps ronds. — Surfaces et volumes du cylindre, du cône et du tronc de cône. — Sphère. — Section plane et plan tangent de la sphère. — Surface de la zone. — Surface et volume de la sphère. — Cubage d'un tronc d'arbre. — Jaugeage des tonneaux.

NIVELLEMENT

(Ce cours se fera en été et sur le terrain, comme l'arpentage et le lever des plans.)

Niveau d'eau. — Mire. — Registre des nivellements. — Courbes de niveau. — Plan coté. — Lecture des cartes topographiques.

ALGÈBRE

Résolution, avec discussion, de l'équation du second degré à une inconnue. — Application à des questions d'arithmétique et de géométrie. — Variations du trinôme du second degré.

Principales propriétés des progressions arithmétiques et géométriques. — Usage des tables de logarithmes à quatre ou cinq décimales. — Applications aux intérêts composés, aux annuités, aux extractions de racines. — Usage de la règle à calcul. — Usage des tables de logarithmes contenant les sinus, cosinus, tangentes.

Troisième année.

SECTION COMMERCIALE

(3 heures par semaine.)

ARITHMÉTIQUE

Ce cours aura un but essentiellement pratique. A la fin de l'année, le professeur fera une revision rapide des questions théoriques les plus importantes du cours de 2ᵉ année.

Rapports et proportions.

Grandeurs directement et inversement proportionnelles.

Règles de trois. — Règle conjointe : applications.

Règles d'intérêt. — Méthode rapide pour calculer l'intérêt.

Nombres, parties aliquotes. Emploi constant du taux 6. — Intérêt joint au capital.

Escompte commercial. — Bordereau d'escompte. — Escompte rationnel. — Différence entre l'escompte commercial et l'escompte rationnel.

Échéance commune. — Échéance moyenne. — Rentes sur l'État. — Bons du Trésor. — Actions et obligations des chemins de fer et autres Sociétés. — Actions de jouissance.

Caisse d'épargne. — Partages proportionnels. — Règle de société. — Problèmes de mélanges et d'alliages. — Application des nombres complexes aux principales mesures étrangères.

GÉOMÉTRIE DANS L'ESPACE

Notions très élémentaires sur la droite et le plan dans l'espace, sur les angles dièdres et trièdres. — Des polyèdres. — Surface et volume du prisme, du parallélipipède, de la pyramide, du tronc de pyramide à bases parallèles.

Formules des trois niveaux pour la mesure d'un tas de cailloux, etc.

Cubage d'un tronc d'arbre.

Formules pour le jaugeage des tonneaux.

Corps ronds : surface et volume du cylindre, du cône, du tronc de cône, de la sphère.

Nivellement. — Mire. — Registre des nivellements. — Courbes de niveau. — Plan coté. — Lecture des cartes topographiques.

ALGÈBRE

Résolution sans discussion du deuxième degré.

Applications à des questions d'arithmétique et de géométrie. — Équation bicarrée. — Progressions arithmétiques et géométriques. — Logarithmes. — Définition et propriétés. — Usage des tables. — Intérêts composés. — Annuités. — Cas des intérêts simples et des intérêts composés. — Amortissements. — Tables de mortalité. — Diverses sortes d'assurances.

PHYSIQUE ET CHIMIE

(1 heure 1/2 par semaine en 1re année; 2 heures 1/2 en 2e; 5 heures dans la section industrielle de 3e année; 3 heures dans la section commerciale de 3e année.)

PHYSIQUE

Première année.

Chaleur. — En général, les corps se dilatent sous l'influence de la chaleur. — Expériences simples. — Ils se dilatent inégalement.

Température. — Thermomètre à mercure. — Graduation. — Échelle centigrade, degré centigrade. — Thermomètres à maxima et à minima.

Faire comprendre aux élèves que les différents corps exigent des quantités de chaleur différentes pour que leur température s'élève d'un même nombre de degrés. Définir la calorie et la chaleur spécifique.

Notions sur les changements d'état. — Fusion. — Dissolution. — Solidification. — Notions sommaires sur la chaleur rayonnante et la conductibilité. — Applications pratiques. — Principales sources de chaleur.

Lumière. — Corps lumineux, transparents, opaques.

La lumière se propage en ligne droite. — Rayon lumineux. — Réflexion de la lumière. — Miroirs plans, leurs propriétés déduites de l'expérience. — Réfraction de la lumière. — Expériences simples.

Déviation produite par un prisme sur la direction d'un rayon de lumière simple. — Établir par des expériences simples les propriétés principales des lentilles sphériques. — Dispersion de la lumière. — Expériences simples. — Couleurs des corps.

Son. — Production, propagation, réflexion, écho.

Magnétisme. — Aimants naturels et artificiels. — Pôle nord, pôle sud. — Actions réciproques des pôles des aimants. — Aimantation du fer doux et de l'acier. — Action de la terre sur les aimants. — Boussole.

Deuxième année.

Pesanteur. — Direction de la pesanteur. — Fil à plomb. — Verticale, horizontale. — Pesées. — Notions élémentaires sur le pendule.

Liquides en repos. — Démonstration expérimentale de leurs principales propriétés, des pressions qu'ils exercent. — Principe d'Archimède. — Applications.

Gaz. — Force élastique et pesanteur des gaz. — Pression atmosphérique. — Baromètre. — Loi de Mariotte.

Manomètres. — Interprétation des indications des manomètres industriels. — Poids spécifiques. — Pompes. — Siphon.

Chaleur. — Vaporisation. — Force élastique de la vapeur d'eau. — Notions élémentaires sur la machine à vapeur.

Vapeur d'eau dans l'atmosphère. — Principaux phénomènes dus à la vapeur d'eau contenue dans l'atmosphère. — Brouillards. — Nuages. — Pluie. — Rosée, etc.

Troisième année.

(Dans la section industrielle, le cours a un caractère plus scientifique et il y est fait une large place aux applications industrielles.)

Électricité. — Production par le frottement par influence. — Pouvoir des pointes. — Électroscope. — Bouteille de Leyde. — Électricité atmosphérique. — Paratonnerres. — Pile électrique. — Ses propriétés principales établies par l'expérience. — Courant électrique. — Résistance électrique. — Éclairage électrique. — Galvanoplastie. — Action d'un courant sur un aimant. — Notions sur le galvanomètre et ses usages. — Aimantation par les courants. — Électro-aimants. — Principe du télégraphe. — Notions très élémentaires sur les forces, le travail et les machines simples (*levier, balance, poulie, treuil*). — Unités de forces et de travail.

Transformation de la chaleur en travail, et réciproquement. — Description des principaux instruments d'optique. — Notions sur l'induction. — Principes sur lesquels repose le fonctionnement des machines d'induction. — Applications. — Téléphones. — Microphones.

CHIMIE

Première année.

Corps simples. — Montrer par des expériences simples qu'ils peuvent s'unir entre eux et former des corps composés. — Distinction entre le mélange et la combinaison. — Exemples simples.

Acides. — Bases. — Corps neutres, définis par les réactifs colorés. — Métalloïde. — Métal. — Sels.

Air atmosphérique. — Oxygène. — Azote. — Combustion. — Eau. — Notions sur sa composition. — Propriétés principales de l'eau. — Hydrogène. — Applications. — Carbone. — Charbons naturels et artificiels.

Principaux combustibles. — Notions sur l'acide carbonique et l'oxyde de carbone. — Son action sur l'économie. — Notions sur la silice et les principaux silicates.

Deuxième année.

Le professeur fera une revision rapide du cours de 1re année, revision sur laquelle il s'appuiera pour établir les règles de la nomenclature, les généralités et les lois principales. — Usage des formules chimiques. — Montrer par des exemples simples qu'elles sont la représentation symbolique des corps, de leur composition et des réactions chimiques.

Notions sur l'acide azotique et l'ammoniaque.

Notions sur le phosphore. — Allumettes chimiques.

Notions sur l'acide phosphorique.

Phosphates employés en agriculture.

Soufre. — Acide sulfureux.— Application au blanchiment de la laine et de la soie, au soufrage des tonneaux, etc.

Acide sulfurique. — Applications principales. — Acide sulfhydrique.

Chlore. — Application au blanchiment du lin et du coton.

Acide chlorhydrique.

Action de l'oxygène, du soufre, du chlore et des acides sulfurique, chlorhydrique et azotique sur les métaux usuels. (On citera à cette occasion les oxydes, sulfures, chlorures et sels importants par leurs applications.)

Troisième année.

(L'enseignement a un caractère plus technique dans la section industrielle que dans la section commerciale.)

Potasses et soudes du commerce. — Application au blanchissage.

Azotates de potasse et de soude.

Notions sur la nitrification. — Applications.

Sel marin. — Sel gemme.

Carbonate de chaux. — Applications.

Chaux. — Mortiers. — Ciments. — Verreries et poteries.

Fer. — Fonte. — Acier.

Notions sur les métaux usuels et les procédés d'extraction de ces métaux.

Matières organiques. — Leur composition.

Notions sommaires sur les principaux carbures d'hydrogène.

Gaz d'éclairage.

Alcool ordinaire. — Fermentation alcoolique. — Application à la fabrication de l'alcool, du vin, de la bière et du cidre.

Éther ordinaire.

Indiquer qu'il y a d'autres alcools que l'alcool ordinaire.

Notions sur les acides organiques les plus communs.

Acide acétique. — Vinaigre. — Acide oxalique. — Acide tartrique. — Acide tannique ou tanin. — Application au tannage.

Corps gras. — Saponification. — Bougies stéariques.

Sucre de canne et de betterave.

Amidon. — Fécules. — Farines. — Panification.

Cellulose. — Papier.

Notions sur les principales matières albuminoïdes.

Principales matières alimentaires. — Leur conservation.

NOTA. — Le professeur devra appliquer aux industries locales les connaissances acquises par ses élèves et leur faire, autant que possible, visiter des usines. Un compte rendu de chaque visite devra être fait par les élèves.

HISTOIRE NATURELLE ET HYGIÈNE

(1 heure 1/2 par semaine en 1re année; 1 heure en 2e et 3e année.)

ZOOLOGIE

Première année.

Notions très élémentaires sur l'organisation de l'homme, prise comme terme de comparaison. — Grandes divisions du règne animal (le professeur choisira comme exemple pour chaque groupe une espèce bien connue qui lui servira de type auquel il comparera les espèces voisines. Il insistera sur l'histoire de l'animal, ses mœurs, son régime, ses caractères extérieurs).

Vertébrés. — Mammifères, exemples choisis parmi les divers ordres.

Chauves-souris. — Taupes, hérissons, musaraignes. — Rats, souris, mulots, campagnols, écureuils, marmottes, loirs, lapins, lièvres. — Chiens, loups, renards, martres, fouines, belettes, loutres, chats, blaireaux, ours. — Bœufs, moutons, chèvres, cerfs. — Chevaux, ânes. — Sangliers, porcs. — Éléphants. — Baleines.

Oiseaux, caractères essentiels. — Exemples choisis parmi les principaux ordres. — Rapaces; utilité des chouettes et des hiboux. — Pics et coucous. — Passereaux insectivores; les services qu'ils rendent. — Hirondelles, martinets, fauvettes. — Passereaux granivores, moineaux. — Pigeons. — Oiseaux de basse-cour. — Cigognes, hérons. — Cygnes, oies, canards.

Reptiles, caractères essentiels. — Lézards. — Couleuvres et vipères. — Tortues. Batraciens. — Métamorphoses de la grenouille.

Poissons, caractères essentiels. — Importance des poissons au point de vue de l'alimentation ; principales espèces comestibles.

Articulés et annelés. — Insectes, caractères essentiels. Métamorphoses des papillons. — Histoire du hanneton, de l'abeille, de la fourmi. — Espèces nuisibles. Arachnides et crustacés ; notions très sommaires.

Vers, caractères essentiels. Vers de terre. — Sangsues.

Mollusques. — Colimaçons. — Huîtres.

Zoophytes. — Quelques mots sur les animaux les plus simples. — Corail. — Éponge.

Deuxième année.

Le professeur, dans la description des organes, prendra comme exemples ceux du corps humain.

Fonctions de nutrition. — Subdivision de ces fonctions.

Digestion. — Appareil digestif. — Dentition. — Notions très sommaires sur les modifications de l'appareil digestif dans les groupes les plus importants.

Circulation. — Appareil circulatoire. — Cœur. — Artères et veines. — Mécanisme de la circulation. — Notions très sommaires sur les modifications de l'appareil circulatoire dans les groupes les plus importants.

Respiration. — Appareil respiratoire, combustion respiratoire. — Notions très sommaires sur les modifications de l'appareil respiratoire dans les groupes les plus importants.

Chaleur animale. — Animaux dits à *sang chaud* et à *sang froid.*

Absorption et exhalation.

Sécrétions. — Glandes simples ; glandes composées ; principales sécrétions (urine, sueur, lait).

Coup d'œil sur l'ensemble des phénomènes de nutrition ; pertes et gains de l'organisme.

Fonctions de relation. — Leur rôle.

Système osseux. — Composition, forme et mode d'articulation des os. — Description sommaire du squelette.

Système musculaire. — Action des muscles. — Locomotion.

Modifications de l'appareil locomoteur pour servir à la marche, à la course, à la reptation, à la natation et au vol.

Système nerveux. — Encéphale ; moelle épinière. — Nerfs. — Description rapide des organes des sens (vision, ouïe, olfaction, goût, toucher). — Appareil vocal.

Troisième année.

Grandes lignes de la classification zoologique. — Caractères des embranchements. Caractères des classes de l'embranchement des vertébrés.

Mammifères. — Division des mammifères en ordres. — Mammifères utiles et nuisibles. — Fourrures et lainages.

Oiseaux. — Principaux groupes. — Espèces utiles et nuisibles. — Usages de la plume.

Reptiles et batraciens. — Espèces utiles et nuisibles.

Poissons. — Poissons osseux et cartilagineux. — Organisation. — Principaux groupes. — Mollusques utiles.

Mollusques. — Notions sommaires sur leur organisation. — Principaux groupes.

Articulés et annelés. — *Insectes.* — Notions sommaires sur l'organisation des insectes. Métamorphoses. — Très courte revue des principaux ordres, en se bornant à l'indication des espèces utiles et nuisibles. — Insister sur les abeilles, les hannetons, les pucerons et le phylloxera. — Arachnides. — Crustacés. — Espèces comestibles.

Annélides (lombric et sangsue). — Quelques mots sur les vers intestinaux.

Zoophytes et protozoaires. — Notions succinctes.

BOTANIQUE

Première année.

Caractères des végétaux. — Étude sommaire de la plante. — Forme, structure, fonctions des différentes parties. — Racines, tiges, feuilles, fleurs. — Développement de la plante. — Plantes annuelles, bisannuelles, vivaces.

Étude détaillée de quelques espèces, au point de vue des caractères fournis par les différentes parties de la plante. — Procédés de détermination appliqués à des végétaux très communs recueillis dans les jardins de l'École ou rencontrés dans les promenades faites sous la direction du maître. (Commencer, autant que la saison le permettra, par des polypétales à grandes fleurs, dont toutes les parties sont plus distinctes. Choisir pour l'étude de chaque groupe une plante à la fois bien connue et bien caractéristique.)

Quelques notions sur les plantes dites *cryptogames* : fougères, prêles, mousses, champignons.

Faire voir comment on a pu répartir les plantes de la même manière que les animaux et arriver à une classification.

Deuxième année.

Notions plus précises et plus approfondies sur la structure et les fonctions des organes. — Faire voir sur les planches ou au moyen d'un microscope la constitution des différents éléments végétaux : cellules, fibres, vaisseaux ; leur agencement pour former des tissus.

La racine. — Diversité de formes et de structure ; modifications par la culture ; fonctions des racines. — Emploi des racines dans l'agriculture et dans l'industrie.

La tige. — Diversité de formes et de structure. — Développement ; bourgeons, rameaux. — Tiges utiles et produits fournis par la tige à l'agriculture et à l'industrie.

La feuille. — Ses parties, ses modifications de forme.

La fleur. — Ses différentes parties ; leurs modifications ; caractères qu'elles fournissent pour leur détermination. — Emploi des fleurs dans l'industrie.

Le fruit. — Origine, développement. — Parties constituantes et leurs modifications. — Transformations obtenues par la culture. — Emploi des fruits et des graines pour l'alimentation et pour l'industrie.

Fonctions de nutrition : absorption, circulation, respiration, sécrétion.

Reproduction. — Différents modes de multiplication de la plante. — Notions sommaires sur la greffe, le marcottage et le bouturage, avec exercices pratiques, autant que possible. — Modifications. — Transformations obtenues par la culture. — Emploi des fruits et graines pour l'alimentation et dans la médecine.

Classification. — Grandes divisions. — Formation des groupes naturels ou familles. — Application des caractères fournis par les différentes parties de la plante à la détermination des espèces ; usage des *flores* et des *synopsis.* — Herborisation. — Récolte, préparation et conservation des échantillons. — Formation des herbiers. — Étude spéciale des espèces utiles, dangereuses et des espèces caractérisant la flore locale.

Troisième année.

(Complément du cours de 1re année et du cours de 2e année avec plus d'extension.)

Revue des familles naturelles. On fera porter les développements sur les groupes qui offrent un intérêt plus particulier pour chaque région, et tout spécialement sur les espèces qui sont l'objet des cultures les plus importantes.

Continuation des promenades botaniques. — Étude sur place des circonstances qui favorisent la végétation et la multiplication de certaines espèces.

GÉOLOGIE

Première année.

Étude générale de la terre : ses mouvements; son inclinaison; inégale répartition de la chaleur solaire; résultats de cette inégalité.

Mouvements généraux de l'atmosphère. — Mouvements généraux des océans. — Grandes zones de pluie ou de sécheresse.

Le relief du sol, ses grandes lignes; continents et iles (parties émergées); dépressions (parties immergées). — Répartition de ce relief sur le globe (nord et sud). Les montagnes. Les pays de plaines.

Climats, résultant de la circulation de l'atmosphère sur les terres et les mers. Climats continentaux ou maritimes, chauds ou froids, humides ou secs, etc.

Circulation des eaux courantes. — Nuages, pluies, neiges, sources, ruisseaux, fleuves, torrents, lacs, glaciers. — Rôle des faits géologiques (terrains perméables ou imperméables). — Rôle des faits météorologiques. — Notions du bassin et du versant. Bassins maritimes ou bassins fermés. — Action des eaux.

Caractères des minéraux. — Étude de quelques espèces utiles, très répandues et d'une détermination facile. — Étude de quelques roches simples ou composées appartenant à la localité. — Arrangements des roches; idée de leurs différents modes de formation. — Phénomènes actuels, effets qu'ils produisent; ce qu'on en peut déduire relativement à l'action des phénomènes anciens. — Chaleur centrale, tremblements de terre, volcans et produits volcaniques; quelques notions très élémentaires sur la constitution de l'écorce terrestre.

Terrains ignés. — Terrains sédimentaires.

Deuxième année.

Espèces minérales les plus importantes au point de vue de l'industrie et de l'agriculture. On insistera sur celles qui se trouvent abondamment dans la région et qui y sont utilisées. — Combustibles tels que la houille, la tourbe. — Minerais divers fournissant le fer, le cuivre, le plomb, le zinc. — Richesse minière de la terre. — Phosphates employés en agriculture. — Gypse. — Argiles et marnes. — Terre à poterie.

Troisième année.

Esquisse de la classification des terrains et de leur ordre chronologique de formation et de superposition. On insistera seulement sur les terrains particuliers à la région.

Terrains ignés. — Leur origine; leurs variétés; forme sous laquelle ils se présentent. — Soulèvements et affaissements du sol, failles : origine des montagnes et des vallées.

Terrains sédimentaires. — Origines; caractères, stratification et succession. — Indication des terrains les plus importants par les matériaux qu'ils fournissent à l'industrie et à l'agriculture. — Fossiles; renseignements qu'ils nous donnent sur l'apparition successive des êtres organisés.

Carte géologique de la France et particulièrement de la région.

HYGIÈNE

Troisième année.

(12 leçons de 1 heure chacune.)

L'eau. — Les diverses eaux potables : eau de source, eau de rivière, eau de puits. — L'eau de source seule est pure; toutes les autres peuvent être contaminées; modes de contamination.

Le moyen de purifier l'eau potable; filtration; ébullition.

L'air. — De la quantité d'air nécessaire dans les habitations, etc. — Dangers de l'air confiné. — Renouvellement de l'air. — Ventilation. — Altération de l'air par les poussières, par les gaz.

Voisinage des marais.

Les aliments. — Falsifications principales des aliments usuels, solides et liquides.

Viandes dangereuses : parasitisme et germes infectieux (trichinose, ladrerie, charbon, tuberculose); viandes putréfiées (intoxication par la viande du porc, les saucisses).

Des boissons. — 1° Boissons aromatiques (thé, café).

2° Boissons fermentées (cidre, bière, vin); action des boissons fermentées; effets nuisibles de l'abus de ces boissons sur la santé.

3° Boissons distillées; eau-de-vie. — Effets nuisibles de leur usage habituel.

4° Boissons alcooliques additionnées d'essences : absinthe et autres liqueurs prétendues apéritives et digestives. — Graves dangers de leur usage.

L'ivresse et l'alcoolisme. — Influence de l'alcoolisme des parents sur la santé des enfants.

Les maladies contagieuses. — Qu'est-ce qu'une maladie contagieuse ou transmissible? Exemple : une maladie-type dont la transmission est expérimentalement facile; le charbon, expériences de M. Pasteur.

Indication rapide des principales maladies contagieuses de l'homme; voies de transmission : l'air, l'eau, l'appareil respiratoire, l'appareil digestif.

Teigne, gale, fièvres éruptives, variole, rougeole, scarlatine, tuberculose.

Vaccination. Revaccination. — Mortalité par variole.

Mesures de préservation. — Prophylaxie. — Désinfection. — Propreté corporelle.

Conditions de salubrité d'une maison. — La maison salubre, la maison insalubre. — Fosses d'aisances.

Les maladies transmises par les déjections humaines ; fièvre typhoïde, choléra.

Notions de police sanitaire des animaux. — Maladies transmissibles à l'homme : la rage, la morve, le charbon, la tuberculose.

Abatage, enfouissement (loi du 21 juillet 1881 sur la police sanitaire des animaux).

LANGUES VIVANTES

Première année.

(4 heures 1/2 par semaine.)

Phrases à apprendre par cœur comme modèles de construction.

Répéter fréquemment ces phrases en modifiant une partie des mots. Apporter le plus grand soin à la prononciation.

Étude du vocabulaire : séries de mots à apprendre dans chaque leçon. — Pour la langue allemande, insister sur le genre et ne séparer jamais l'article du nom.

Exercices fréquents de récitation de morceaux très faciles de poésie ou de prose.

Exercices de conversation sur le modèle des phrases apprises.

Lecture de morceaux dans un livre élémentaire de lecture courante.

Chacun de ces exercices sera suivi de petites phrases composées en classe par les élèves en collaboration avec le maître.

Règles essentielles de la grammaire enseignées surtout par des exercices.

Thèmes, oraux d'abord, écrits ensuite, portant sur divers sujets, tels que la géographie, l'histoire, l'histoire naturelle, etc.

Deuxième année.

(3 heures par semaine.)

Continuation des exercices de la 1re année.

Lectures élémentaires expliquées et reproduites de vive voix.

Récits et anecdotes très simples racontés par le maître, puis reproduits par les élèves.

Versions.

Calcul en langue étrangère.

Rédactions très simples et lettres familières.

Troisième année.

(Section commerciale : 4 heures 1/2 par semaine.)

(Section industrielle : 2 heures par semaine.)

Continuation des exercices des deux premières années.

Calcul en langue étrangère. — Étude des monnaies, poids et mesures des pays dont on étudie la langue; exercices écrits et oraux.

Conversation sur les travaux manuels et agricoles et sur des voyages.

Correspondance commerciale en langue étrangère

DESSIN ET MODELAGE

Les professeurs s'inspireront des directions données par l'Inspection du dessin.

DESSIN GÉOMÉTRIQUE

(1 heure 1/2 par semaine en 1re et 2e année et en 3e année industrielle.)

Première année.

Tracés géométriques, raccordements de lignes exécutées au moyen des instruments. — Applications à des motifs de décoration de surfaces planes; lavis de quelques exercices.

Deuxième année.

Exercices élémentaires sur les projections, ornements d'architecture.

Troisième année (section industrielle).

Intersections de solides dans les cas simples : développements de surfaces. — Épreuves d'après croquis cotés. — Notions de perspective linéaire.

12

DESSIN D'IMITATION

(1 heure 1/2 par semaine dans chacune des trois années.)

Première année.

Nombreux croquis cotés (représentation géométrale) ; dessin à vue (représentation perspective) ; dessin d'ornement d'après le relief.

Deuxième année.

Dessin d'après des fragments d'architecture.

Troisième année.

Dessin d'après les plâtres de la collection officielle.

MODELAGE

(1 heure en 1re et 2e année, et en 3e année industrielle.)

Première année.

Premiers exercices d'après des ornements à faible relief et d'après croquis cotés.

Deuxième année.

Revision de la 1re année : exercices d'après le plâtre (collection officielle).

Troisième année industrielle.

Mêmes exercices qu'en 2e année. — Modelages d'après nature.

COMPTABILITÉ ET TENUE DE LIVRES

OBSERVATIONS GÉNÉRALES

L'enseignement du commerce et de la comptabilité sera tout à la fois théorique et pratique. Le professeur devra donc placer les documents commerciaux sous les yeux de ses élèves, leur faire confectionner les pièces comptables des opérations et appuyer ses leçons de comptabilité de nombreux exercices d'application.

Il ne perdra pas de vue que les commerçants rémunèrent les débutants en raison des services qu'ils peuvent rendre et que leur bon accueil est réservé de préférence aux candidats qui, à conditions égales de bonne tenue et d'instruction, sont en possession d'une belle écriture, chiffrent correctement, calculent vivement et sans faire d'erreurs. Il devra donc s'efforcer, tout particulièrement, d'obtenir une belle calligraphie (anglaise, ronde, bâtarde) dans la mise au net des exercices de comptabilité, de correspondance commerciale et d'arithmétique. De même, il exercera fréquemment ses élèves au calcul rapide, mental et écrit. Enfin, il s'attachera à montrer l'utilité de la pratique comptable rationnellement ordonnée, non seulement pour les commerçants, les fabricants et les agriculteurs, mais aussi pour les particuliers et chefs de famille, en général.

Première année.

(1 heure par semaine.)

Notions générales de commerce et de comptabilité. — Commerce. — Commerçants. — Intermédiaires. — Comptabilité auxiliaire. — Documents et livres. — Exercices variés.

Notions sommaires de comptabilité générale. — Exercices.

Deuxième année.

(1 heure 1/2 par semaine.)

Comptes courants et d'intérêts. — Escomptes et négociations. — Journaux et grands livres. — Inventaires et bilans. — Monographies.

Troisième année.

(SECTION COMMERCIALE : 3 heures par semaine.)
(SECTION INDUSTRIELLE : 1 heure par semaine.)

(Dans la section industrielle, on insiste plus particulièrement sur la comptabilité du fabricant.)

Comptabilité des sociétés. — Affaires en commission. — Affaires en participation. — Comptabilité industrielle. — Monographies. — Métaux précieux et changes.

CALLIGRAPHIE

(1 heure par semaine en 1re et 2e année et en 3e année commerciale.)

Première année.

Anglaise. — Principes. — Exercices raisonnés. — Transcription à main posée de textes gradués de diverses grosseurs. — Cursive.

Deuxième année.

Ronde. — Bâtarde. — Coulée ou bâtarde cursive. — Principes. — Exercices élémentaires. — Transcription de textes gradués de diverses grosseurs se rapportant à ces écritures.

Troisième année commerciale.

Application des différents genres d'écriture. — Transcription de divers documents commerciaux et administratifs. — Confection de pièces d'écriture d'après des éléments donnés.

CHANT

(1 heure par semaine dans les trois années.)

Première année.

Exercices généraux, au tableau, d'intonation et de mesure.
Intervalles et rythmes.
Dictées orales et écrites en *do* majeur d'abord ; puis dans les tons voisins, quand l'oreille sera bien formée à reconnaître les sons de la gamme naturelle.
Exercices de lecture de solfège gradués. Ne pas négliger de faire solfier les élèves séparément.
Étude des principaux tons majeurs et de *la* mineur.
Exercices de prononciation et de diction.
Chants scolaires à deux voix.

Deuxième année.

Comparaison des intervalles ; déplacements de la tonique et génération de la gamme.

Notation usuelle et ses habitudes. Usage pratique des clefs de *sol* et de *fa* et des mesures les plus usitées.

Dictées et solfèges faciles dans les principaux tons majeurs et leurs relatifs mineurs, en clef de *sol* d'abord et, dans les écoles de garçons seulement, en clef de *fa* ensuite.

Chants scolaires à deux voix.

Troisième année.

Reprise des mêmes exercices de 2ᵉ année, à un degré plus élevé : lecture, diction, intonation, mesures, dictées.

Chants scolaires à deux ou plusieurs voix.

Choisir des passages dans les œuvres les plus populaires des grands maîtres; les faire étudier et chanter, avec accompagnement s'il est possible. Donner quelques brèves notions sur leurs auteurs.

TRAVAUX MANUELS

(1 heure 1/2 par semaine en 1ʳᵉ et 2ᵉ année et en 3ᵉ année industrielle.)

(Règle générale : Tout exercice doit être l'application d'un croquis coté ou d'un dessin à l'échelle.)

Première année.

Atelier du bois. — Exercices élémentaires au moyen des outils suivants : d'abord, petite scie, plane, râpe, lime et presse; ensuite, ciseau plat, outils à tracer et scies diverses. — Premiers exercices de corroyage et de tours. — Application à la confection de quelques objets utiles (caisses à fleurs, boîtes).

Atelier du fer. — Petits travaux, de forme géométrique, en fil de fer. — Premiers exercices au burin, à la lime et à la forge.

Deuxième année.

Atelier du bois. — Corroyage (suite). — Principaux assemblages de menuiserie. — Application à la confection d'objets utiles.

Atelier du fer. — Suite des exercices de lime, burin, bédane et de forge. — Applications simples.

Troisième année industrielle.

Extension et complément des programmes précédents pour chaque section.

GYMNASTIQUE ET EXERCICES PHYSIQUES

(1 heure par semaine dans les trois premières années.)

Première année.

Jeux. — Promenades scolaires. — Exercices d'ordre (formation des rangs, marches, ruptures et rassemblements, doublement et dédoublement). — Marches rythmées. — Évolutions à la course cadencée. — Mouvements d'ensemble avec et sans instruments (haltères, barres, massues). — Exercices deux à deux avec cordes ou barres. — Exercices de suspension allongée et de suspension fléchie aux échelles (échelle horizontale, échelle inclinée, échelle avec planche dorsale, échelles jumelles). — Perches verticales fixes par paire. — Poutre horizontale. — Mât vertical. — Planche inclinée. — Sauts divers, à l'exclusion du saut en profondeur. — Natation.

Deuxième année.

Jeux et mêmes exercices que ci-dessus. — Complément des exercices d'ordre. — Courses de vélocité à petite distance. — Sauts en profondeur. — Sauts avec appui des mains.

Troisième année.

Jeux et mêmes exercices que ci-dessus. — Sauts à la perche. — Exercices de rétablissement.

EXERCICES MILITAIRES

PROGRAMME POUR LES TROIS PREMIÈRES ANNÉES

École du soldat. — Les à-droite; les à-gauche. — Principe des différents pas. — Exercices d'assouplissement avec et sans arme. — Maniement de l'arme. — Escrime à la baïonnette. — Instruction du tir.

Exercices de boxe, de bâton et de canne.

Dans les sections préparatoires aux Écoles nationales d'ARTS ET MÉTIERS, on suit le programme d'admission publié par le Ministère du Commerce et de l'Industrie.

Livres en usage dans les trois premières années
de l'enseignement primaire supérieur

TITRES DES OUVRAGES	AUTEURS	ÉDITEURS
Première année.		
Grammaire	Larive et Fleury.	Colin.
Lectures littéraires	Bauer et St-Étienne.	Masson.
Dictionnaire	Gazier.	Colin.
Petite histoire générale	Duruy.	Hachette.
Géographie	Foncin.	Colin.
Arithmétique	Vintéjoux.	Masson.
Géométrie plane	Vacquant et Macé de Lépinay.	Hachette.
Physique de 1re année	Poiré.	Delagrave.
Chimie de 1re année	Id.	Id.
An English Primer	Manget.	Fouraut.
Thèmes et exercices oraux	Beljame.	Hachette.
Cours de langue allemande (élémentaire)	Mathis et Wolfromm.	Laisney.
La vie de l'écolier	Bauer.	Garnier.
Dessin technique, série A	Bécourt.	Hachette.
Cours de comptabilité (1re partie)	Claperon.	Delagrave.
Calligraphie (anglaise)	Regnier.	Regnier.
Petit solfège pratique	Minard.	Minard.
Chants populaires pour les écoles	Bouchor.	Hachette.
Deuxième année.		
Grammaire	Larive et Fleury.	Colin.
Selectæ français	Coutant.	Delagrave.
Dictionnaire	Gazier.	Colin.
Histoire	Coutant.	Nathan.
Géographie (2e année)	Foncin.	Colin.
Droit usuel	Martel.	Delagrave.
Arithmétique	Vintéjoux.	Hachette.
Algèbre	Laisant et Perrin.	Delagrave.
Géométrie	Vacquant.	Masson.
Leçons de physique (tome I)	Bazin.	Nony.
Chimie (métalloïdes)	Serres.	Baudry.
Cours élémentaire d'anglais commercial	Carroué.	Colin.
Lectures anglaises (1er livre)	Guillaume.	Delagrave.
Cours de langue allemande (moyen, 1re partie)	Mathis et Wolfromm.	Laisney.
La vie de l'écolier	Bauer.	Garnier.
Lectures allemandes (cours élémentaire)	Bossert et Beck.	Hachette.
Les mots espagnols groupés d'après le sens	Lanquine et Baro.	Id.
Exercices sur les mots espagnols	Lanquine.	Id.
Grammaire espagnole	Guim.	Fouraut.

TITRES DES OUVRAGES	AUTEURS	ÉDITEURS
Exercices de thèmes......	Guim.	Fouraut.
Exercices de versions......	Id.	Id.
Dessin technique, séries A, C, E......	Bécourt.	Hachette.
Cours de comptabilité (2ᵉ partie)......	Claperon.	Delagrave.
Calligraphie (ronde et bâtarde)......	Regnier.	Regnier.
Solfège des écoles (2ᵉ partie)......	Bayer.	Delarue.
Chants populaires pour les écoles......	Bouchor.	Hachette.
Troisième année (industrielle et commerciale).		
Éléments de morale......	Pontsevrez.	Hachette.
Grammaire......	Larive et Fleury.	Colin.
Morceaux choisis (poésie et prose)......	Merlet.	Fouraut.
Dictionnaire......	Gazier.	Colin.
Histoire générale......	Coutant.	Nathan.
Géographie (la France)......	Foncin.	Colin.
Droit usuel......	Martel.	Delagrave.
Arithmétique......	Vintéjoux.	Hachette.
Algèbre......	Laisant et Perrin.	Delagrave.
Géométrie......	Vacquant.	Masson.
Logarithmes......	Dupuis.	Hachette.
Leçons de physique (tome II)......	Bazin.	Nony.
Chimie (métaux)......	Serres.	Baudry.
Géologie......	Velain.	Savy.
Deuxième année d'anglais......	Beljame.	Hachette.
Morceaux choisis......	Wolfromm.	Laisney.
Anglais commercial......	Carroué.	Colin.
Cours de langue allemande (moyen, 2ᵉ partie)......	Mathis et Wolfromm.	Laisney.
La vie de l'écolier......	Bauer.	Garnier.
Lectures allemandes (cours supérieur)......	Bossert et Beck.	Hachette.
Cours d'allemand commercial......	Reibel.	Colin.
Dictionnaire allemand......	Rotteck.	Garnier.
Grammaire espagnole......	Guim.	Fouraut.
Les mots espagnols......	Lanquine et Baro.	Hachette.
Exercices sur les mots espagnols......	Lanquine.	Id.
Juanito......	Herrera.	Garnier frères.
Vidas de las Españoles célèbres......	Quintana.	Id.
Conquête du Mexique......	Solis.	Id.
Dessin technique, séries B, C, D et F......	Bécourt.	Hachette.
Cours complet de comptabilité......	Claperon.	Delagrave.
Écriture commerciale et administrative......	Cassagne.	Id.
Solfège des écoles (3ᵉ partie)......	Bayer.	Delarue.
Solfège à deux voix......	Minard.	Minard.
Chants populaires pour les écoles......	Bouchor.	Hachette.

Sections de préparation aux Écoles d'Arts et Métiers.

TITRES DES OUVRAGES	AUTEURS	ÉDITEURS
Grammaire française (cours supérieur).................	Laporte et Raguet.	Delaplane.
Morceaux choisis (1re et 2e année)............	Bauer.	Masson.
Dictionnaire.............................	Gazier.	Colin.
Cours d'histoire générale	Driault et Monod.	Alcan.
Géographie (2e année)	Foncin.	Colin.
Arithmétique..................................	Combette.	Alcan.
Algèbre.....................................	Perrin.	Delagrave.
Géométrie	Vacquant.	Masson.
Dessin technique, séries A, F, J.....................	Bécourt.	Hachette.

13

LA COUR DU GRAND COLLÈGE (CÔTÉ NORD).

PROGRAMME

DE

LA QUATRIÈME ANNÉE

MORALE

(Programme commun à toutes les sections.)

1° *Introduction aux idées générales.* — La science. — Les sciences. — Les sciences philosophiques.

2° *Psychologie (notions sommaires).* — Caractères distinctifs des faits psychologiques et des faits physiologiques. — Classification des faits psychologiques et détermination des facultés générales : sensibilité, intelligence, activité. — Description et analyse succincte de ces facultés.

Thèse de la liberté et réfutation des systèmes contraires.

Notions sommaires de psychologie comparée : l'homme et les animaux.

3° *Logique.* — Logique formelle : les inférences et le raisonnement. — Lois formelles de la pensée. — Logique appliquée à la méthode. — Méthode des sciences exactes. — Méthode des sciences physiques. — Méthode des sciences morales. — Méthodes particulières à l'histoire. — Les erreurs et les sophismes.

4° *Morale.* — Principes généraux de la morale : la conscience, le bien, le devoir. — Examen des doctrines. — Morale du plaisir. — Morale de l'intérêt. — Morale du sentiment. — Morale de l'obligation rationnelle. — Le droit et le devoir. — Rapports de la morale et de l'économie politique et sociale.

Sanction de la loi morale : la nature de l'âme : matérialisme et spiritualisme. — L'idée de Dieu : la providence, le problème du mal. — Immortalité de l'âme. — La religion naturelle. — La pratique du devoir : la vertu, les vertus. — La dignité du caractère. — La beauté morale de la vie : moyens de la garantir dans l'individu, dans la famille, dans la société : travail, instruction, ordre, économie, prévoyance. — Causes qui la dégradent : oisiveté, ignorance, désordre, jeu, débauche, alcoolisme.

5° *Notions sommaires* sur l'histoire des lois morales et sur les grandes écoles de philosophie qui les ont conçues et propagées.

Observations générales. — Dans toutes ses parties, le cours est conçu comme dégagé le plus possible de la métaphysique et comme s'appuyant sur de nombreuses lectures de textes mis à la portée de l'intelligence des élèves.

LANGUE FRANÇAISE

SECTION INDUSTRIELLE A ET SECTION DE L'ÉCOLE CENTRALE.

Une heure de lecture expliquée.
Une heure d'exercices de composition française.

SECTION INDUSTRIELLE B.

Une heure de lecture expliquée.
Une heure d'exercices de composition française.
Deux heures d'étude des principaux écrivains français des dix-septième, dix-huitième et dix-neuvième siècle.
Une heure d'étude succincte des littératures étrangères (grecque, latine, italienne, espagnole, anglaise et allemande).

HISTOIRE

SECTION INDUSTRIELLE B.

Une heure. — Revision des dix-septième, dix-huitième et dix-neuvième siècles, en insistant particulièrement sur le développement économique et sur le mouvement intellectuel et artistique.

SECTION COMMERCIALE.

Une heure. — Histoire contemporaine, en insistant sur l'expansion coloniale et le développement commercial et industriel des peuples européens.

GÉOGRAPHIE

SECTION INDUSTRIELLE B.

Une heure. — Revision de la géographie générale et principalement de celle de la France.

SECTION COMMERCIALE.

Une heure. — Les productions, le commerce et les moyens de transport des cinq parties du monde.

LÉGISLATION USUELLE

SECTION INDUSTRIELLE B ET SECTION COMMERCIALE.

Revision du droit civil.
Droit commercial.

ÉCONOMIE POLITIQUE

SECTION INDUSTRIELLE B ET SECTION COMMERCIALE.

Rappel des principes généraux de l'économie politique. — Notions pratiques développées d'économie agricole, industrielle et commerciale.

MATHÉMATIQUES

SECTION INDUSTRIELLE A.

Revision et complément des cours des trois premières années.

Géométrie. — La géométrie de l'espace au point de vue théorique. — Les courbes usuelles.

Trigonométrie. — Étude des fonctions circulaires. — Les triangles quelconques. — Les applications simples de la trigonométrie au lever des plans.

Géométrie descriptive. — Représentation du point, de la droite, du plan. — Horizontale d'un plan, droite de front, ligne de plus grande pente. — Positions relatives des points, droites et plans. — Rabattements. — Rotations. — Problèmes sur la ligne droite et le plan. — Angles; distances; plus courte distance de deux droites. — Construction des trièdres. — Projections des polyèdres; intersections de prismes et de pyramides.

Algèbre. — Logarithmes. — Définition d'un système de logarithmes. — Propriétés des logarithmes. — Usages des tables de Houël. — Intérêts composés. — Annuités. — Combinaisons. — Produits différents. — Permutations. — Arrangements. — Formule du binôme dans le cas d'un exposant entier.

Géométrie analytique plane. — Modes divers de représentation d'un point dans un plan. — Système de coordonnées.

Coordonnées rectangulaires. — Distance de deux points. — Aire d'un triangle dont les sommets sont donnés.

Équation d'une courbe en général.

Équation d'une droite. — Mener une droite par un point, par deux points. — Droites parallèles, droites perpendiculaires. — Distance d'un point à une droite.

Intersection de deux droites.

SECTION INDUSTRIELLE B.

Algèbre. — Équations du deuxième degré ou qui s'y ramènent. — Progressions. — Logarithmes. — Intérêts composés. — Annuités.

Géométrie. — Dans l'espace. — Ligne droite et plan. — Polyèdres et corps ronds.

Géométrie descriptive. — Point. — Ligne droite. — Plan. — Distances et angles.

Trigonométrie. — Rapports trigonométriques d'un angle, d'une somme ou d'une différence d'angles. — Résolution des triangles. — Usage des tables.

Cosmographie. — Mouvement diurne. — La terre. — Le soleil. — La lune. — Systèmes planétaires.

SECTION COMMERCIALE.

Arithmétique. — Nombres entiers et fractionnaires. — Système métrique. — Nombres complexes. — Mesures et monnaies étrangères. — Rapports et proportions. — Règles de trois. — Règle conjointe. — Questions d'intérêts et d'escomptes. — Pourcentage. — Commission. — Change de place. — Bordereau d'escompte. — Échéance moyenne et échéance commune. — Comptes courants et d'intérêts. — Partages proportionnels. — Règle de société. — Mélanges. — Alliages. — Notions sur les emprunts publics. — Opérations de Bourse et de banque. — Changes et arbitrages. — Calculs relatifs au transport. — Assurances et primes. — Prix de revient. — Échelles de revient.

Algèbre. — Revision du calcul algébrique et du calcul par équations du premier degré à une et à plusieurs inconnues. — Équations du deuxième degré ou qui s'y ramènent.— Progressions. — Logarithmes. — Intérêts composés. — Annuités. — Tableaux d'amortissement. — Notions sur les assurances.

Géométrie. — Nombreuses applications de l'algèbre à la résolution des problèmes de géométrie plane. — Géométrie dans l'espace. — Ligne droite et plan. — Polyèdres et corps ronds. — Notions d'arpentage, de nivellement. — Lectures des cartes d'État-major.

SECTION DE L'ÉCOLE CENTRALE.

Programme du concours.

PHYSIQUE

SECTION INDUSTRIELLE A.

Hypothèse sur la constitution des corps.

Notions sommaires de mécanique.

Mouvement uniforme, vitesse. — Mouvement uniformément varié. — Accélération.
Mouvement d'un solide invariable. — Mouvement de translation. — Mouvement de rotation. — Vitesse angulaire.
Mouvement relatif. — Composition des vitesses. — Principe de l'inertie. — Forces. — Principe de l'égalité d'action et de réaction. — Mouvement produit par une force constante. — Masse.
Composition des forces appliquées à un point, appliquées à un corps. — Couple. — Moment d'une force.
Équilibre des corps soumis à des forces. — Cas des corps gênés.

Pesanteur.

Poids des corps. — Verticale. — Fil à plomb.
Centre de gravité.
Mesure des masses. — Dynamomètre, balance.
Poids spécifiques. — Densités.
Lois de la chute des corps. — Machine d'Atwood. — Machine de Morin.
Pendule simple.

Hydrostatique.

Principe de Pascal.
Cas des liquides pesants. — Surface libre. — Répartition des pressions. — Manomètre à air libre.

Vases communicants.
Principe d'Archimède. — Corps flottants.
Mesure des densités.

Aérostatique.

Expansibilité des gaz.
Loi de Mariotte. — Manomètre à air comprimé.
Pression atmosphérique. — Baromètres.
Machine pneumatique.
Machine de compression.
Mélange des gaz.

Chaleur.

Effets généraux produits par la chaleur.
Température. — Principe du thermomètre.
Dilatation des solides et des liquides.
Dilatation des gaz à pression constante : variation d'élasticité à volume constant.
— Tension des vapeurs. — Thermomètres.
Densité des corps gazeux.
Calorimétrie. — Quantités de chaleur, calorie. — Principe des calorimètres.
Changement d'état. — Fusion, solidification. — Évaporation, ébullition, liqué-
faction.
Hygrométrie.

Électricité.

Electrisation des corps. — Corps bons, mauvais conducteurs. — Attraction et
répulsion des corps électrisés.
Électrisation par frottement.
Notions sommaires sur la distribution de l'électricité.
Induction électrique. — Électroscopes.
Condensation de l'électricité. — Électroscope condensateur.
Décharges électriques. — Décharges disruptives. — Décharges conductives. —
Courant électrique. — Intensité du courant. — Force électromotrice. — Résistance.
Effets calorifiques et chimiques du courant électrique.
Machine électrique à frottement, à influence.
Pile de Volta.
Pile de Daniell.

Section industrielle B.

Acoustique.
Optique.
Électricité statique. — Bouteille de Leyde.
Magnétisme.
Électricité dynamique.
Notions sur l'induction.

Section commerciale.

Revision de la physique, en insistant sur quelques points qui intéressent particulièrement le commerçant : balances, pèse-acides, pèse-liqueurs, densimètres, alcoomètres, ébullioscope, glacière, mélanges réfrigérants.

Couleurs des objets. — Contraste des couleurs.

Association des étoffes colorées. — Étude du microscope composé. — Son emploi pour reconnaître les marchandises falsifiées.

Section de l'École centrale.

Programme du concours.

— ——— —

CHIMIE

———

Section industrielle A.

Espèce chimique. — Combinaisons. — Mélanges. — Corps simples.

Lois des proportions définies et des proportions multiples.

Loi de Richter. — Équivalents.

Lois de Gay-Lussac. — Hypothèse de Dalton. — Atomes. — Molécules.

Détermination des poids moléculaires. — Polymorphisme, polymérie, isomérie. — Affinité. — Lois fondamentales de la thermochimie.

Atomicité.

Symboles, nomenclature et notation chimiques.

Classifications.

Étude des métalloïdes.

Hydrogène.

Fluor. — Acide fluorhydrique.

Chlore. — Acide chlorhydrique.

Brome. — Iode.

Indications générales sur les composés hydrogénés et oxygénés du chlore, du brome et de l'iode.

Oxygène. — Ozone. — Eau, eaux potables. — Eau oxygénée.

Soufre. — Acide sulfhydrique. — Acide sulfureux. — Acide sulfurique.

14

Azote, air, ammoniaque, ammonium, oxydes d'azote, acide azotique.
Phosphore, phosphures d'hydrogène, acides phosphoriques.
Arsenic, hydrogène arsénié, acide arsénieux.
Bore, acide borique.
Silicium, acide silicique.
Carbone, oxyde de carbone, acide carbonique, sulfure de carbone.

Section industrielle B et Section commerciale.

Revision et compléments des cours précédents. — Lois générales de la chimie. — Métalloïdes et métaux. — Métallurgie des principaux métaux usuels. — Alliages métalliques. — Sels métalliques. — Principales matières colorantes naturelles et artificielles. — Couleurs extraites du goudron de houille. — Notions sur la teinture et l'impression des étoffes.

Principes d'analyse chimique. — Analyse qualitative. — Déterminer l'acide et le métal d'un sel. — Voie humide : usage des réactifs. — Voie sèche : analyse au chalumeau. — Analyse spectrale. — Analyse des principaux produits commerciaux. — Notions sur la recherche des falsifications. — Analyse quantitative. — Principales analyses usuelles. — Alcalimétrie. — Chlorométrie. — Essai du fer. — Essai du manganèse. — Saccharimétrie. — Essai des boissons fermentées : analyse du vin, de la bière. — Analyse du lait, du beurre.

Section de l'École centrale.

Programme du concours.

LANGUE ANGLAISE

Sections industrielles A et B et Section de l'École centrale.

Récitation de morceaux choisis, prose et vers.
Dialogues sur des sujets familiers appris par cœur.
Vocabulaire : vie sociale, vie intellectuelle.
Grammaire : syntaxe.
Versions et thèmes écrits et oraux.
Explications d'auteurs.
Lecture d'un petit journal scolaire.

SECTION COMMERCIALE.

Récitation de morceaux choisis, prose et vers.
Dialogues sur des sujets familiers appris par cœur.
Vocabulaire : vie sociale, vie intellectuelle.
Grammaire : syntaxe.
Versions et thèmes écrits et oraux.
Explications d'auteurs.
Lecture d'un petit journal scolaire.
Lettres commerciales. — Rapports commerciaux. — Effets de commerce. —
Géographie commerciale de l'Angleterre.
Arithmétique et exercices de calcul en anglais.

LANGUE ALLEMANDE

SECTIONS INDUSTRIELLES A ET B ET SECTION DE L'ÉCOLE CENTRALE.

Étude du vocabulaire avec exercices de conversation : l'État, géographie, voyages,
chemins de fer, postes, sciences et arts.
Versions et thèmes écrits et oraux.
Étude méthodique de la grammaire.
Explications d'auteurs.
Lecture d'un journal allemand.

SECTION COMMERCIALE.

Étude du vocabulaire avec exercices de conversation : l'État, géographie, voyages,
chemins de fer, postes, sciences et arts.
Versions et thèmes écrits et oraux.
Étude méthodique de la grammaire.
Explications d'auteurs.
Lecture d'un journal allemand.
Versions et thèmes empruntés à la correspondance commerciale.
Étude de lettres manuscrites.
Poids, mesures et monnaies.
Géographie commerciale en allemand.

LANGUE ESPAGNOLE

SECTION INDUSTRIELLE A.

Revision générale des cours des années précédentes.
Grammaire : syntaxe.
Rédactions en espagnol.
Vocabulaire spécial à l'industrie.
Exercices oraux. Explications des grands auteurs.

SECTION INDUSTRIELLE B.

Revision générale des cours des années précédentes.
Grammaire : syntaxe.
Rédactions en espagnol.
Vocabulaire spécial à l'industrie.
Exercices oraux. Explications des grands auteurs.
Explication et commentaire de *Don Quichotte* (Cervantès), du *Menteur* (d'Alarçon),
du Cid (Guillen de Castro).
Notions d'histoire de la littérature.

SECTION COMMERCIALE.

Revision générale des cours des années précédentes.
Grammaire : syntaxe.
Rédactions en espagnol.
Vocabulaire spécial à l'industrie.
Exercices oraux. Explications des grands auteurs.
Rédaction de lettres commerciales.
Vocabulaire et idiotismes propres au commerce.
Calcul et arithmétique commerciaux.
Comptes, factures, traites, etc.

HISTOIRE NATURELLE

SECTION INDUSTRIELLE A.

Anatomie et physiologie de l'homme.
Notions très sommaires sur la théorie de l'évolution.

Éléments d'hygiène.
Anatomie et physiologie végétales.

SECTION COMMERCIALE.

Anatomie et physiologie de l'homme.
Notions de classification zoologique.
Vertébrés. Mollusques. Articulés. Rayonnés. Protozoaires.
Le professeur insiste particulièrement dans ce cours, sur les groupes zoologiques renfermant des animaux utiles. Insectes nuisibles.

SECTION DE L'ÉCOLE CENTRALE.

Programme du concours.

DESSIN GÉOMÉTRIQUE

SECTIONS INDUSTRIELLES A ET B.

Dessin d'architecture.
Lavis. Organes de machines.

SECTION DE L'ÉCOLE CENTRALE.

Programme du concours.

DESSIN D'ART

SECTIONS INDUSTRIELLES A ET B ET SECTION COMMERCIALE.

Revision du cours de 3ᵉ année. Dessin d'après fragments d'architecture, figures décoratives, cariatides, vases ornés de figures, frises ornées.
Dessin de la figure humaine et des animaux.

COMPTABILITÉ

SECTION COMMERCIALE.

Les magasins généraux : douanes, régie.
La Bourse des marchandises et ses opérations.
La Bourse des valeurs et ses opérations.
Les établissements de crédit, les banques et leurs opérations.
Les affaires internationales de commerce et de banque.
Assurances : vie, incendie, accidents, transports.

CALLIGRAPHIE

SECTION COMMERCIALE.

Étude sommaire comparative des genres d'écriture les plus usités : anglaise, ronde et bâtarde.

Établissement et exécution de pièces d'écriture d'après diverses données s'appliquant à des travaux de correspondance et de comptabilité commerciales, financières et administratives.

Quelques notions historiques sur les écritures anciennes et modernes.

DIRECTIONS PÉDAGOGIQUES

Nos programmes, qui indiquent d'une manière explicite les matières de l'enseignement primaire supérieur, déterminent déjà l'orientation générale et le but des études. Il nous reste à montrer le caractère particulier de chaque enseignement, c'est-à-dire l'interprétation qui est faite du programme et la méthode en usage. Il nous a paru qu'il appartenait aux professeurs de formuler eux-mêmes les principes qui les guident dans leurs leçons, ainsi que la méthode suivie chaque jour et consacrée par leur expérience personnelle. Nous avons donc réuni les professeurs chargés d'un même enseignement, et nous leur avons confié le soin de résumer les directions pédagogiques que nous reproduisons dans les pages qui suivent.

ENSEIGNEMEMENT DE LA MORALE

En principe, le cours de morale se renferme strictement dans les limites qui lui sont tracées par le programme officiel. Toutefois, il débute toujours, pour chaque année, par des notions de morale théorique, simples avec les plus jeunes élèves, élargies et plus élevées avec ceux des divisions supérieures.

La connaissance des principes est, du reste, indispensable pour passer à une étude sérieuse des devoirs particuliers.

Ce cours est resserré en une heure par semaine, pour chaque division.

Le professeur, bien entendu, imprime à son enseignement une direction qui lui est propre; plus que partout ailleurs, il reste ici lui-même. Cependant la méthode et les procédés employés ne varient guère d'une classe à une autre.

D'une manière générale, il est fait trois parts de l'heure de morale :

La première est consacrée, s'il y a lieu, à la correction d'un devoir et toujours à des interrogations reliant les précédentes leçons à celle du jour. Le professeur ne se contente pas du mot à mot ; il pose, le plus souvent, à côté du cours, des questions qui forcent l'élève à réfléchir, à contrôler et à affermir ses idées générales.

La deuxième part de l'heure est réservée à la leçon proprement dite. Mais celle-ci, surtout dans les deux premières années, est moins une exposition didactique qu'un entretien familier entre maître et élèves, où chacun est à même d'apporter le concours de son savoir et de son expérience personnelle. Une lecture, un fait historique, un incident de la vie scolaire ou de la vie de tous les jours forment le thème ordinaire de la leçon. Les commentaires du maître, ses appels à la conscience des élèves, leurs réponses et leurs explications en sont la substance. Autant que possible, le professeur s'efforce, à l'aide de questions discrètement posées, de faire trouver et formuler par les élèves eux-mêmes les préceptes qu'il veut leur enseigner. Ces préceptes, forcément touffus et vagues dans leur forme, sont repris par lui, allégés des détails encombrants et dictés sur un cahier spécial pour être appris par cœur. C'est ainsi qu'à leur insu les élèves sont les meilleurs ouvriers de leur cours de morale. En 3ᵉ et en 4ᵉ année, où l'auditoire a l'esprit plus accessible aux idées abstraites, le professeur prend une part plus active à l'enseignement proprement dit. Il expose et commente davantage.

Enfin, la classe se termine presque toujours par une lecture appropriée au sujet de la leçon et venant compléter sur des points de détail les règles étudiées. Parfois même, pour rompre avec l'uniformité du cours, le professeur ne craint pas, à l'occasion, et ce, en dehors du programme du jour, de se saisir d'un fait d'actualité, de le commenter et d'en tirer tous les enseignements qu'il comporte.

Au résumé, le cours de morale revêt un caractère plutôt pratique que théorique. On habitue l'élève à se replier sur lui-même, à s'observer, à se connaître, à se pénétrer, en un mot, de la noblesse de sa nature et à se convaincre des obligations qu'elle lui impose.

ENSEIGNEMENT DU FRANÇAIS

Première année.

L'enseignement du français comprend en 1ʳᵉ année :

1° Grammaire ;
2° Dictée ;
3° Récitation ;
4° Composition ;
5° Lecture.

Grammaire. — Une heure par semaine.
1° Peu de règles, beaucoup d'exemples et d'exercices. Les difficultés, les règles subtiles sont évitées, et l'on ne s'attache qu'à ce qui est d'usage courant ;

2° Étude du vocabulaire : préfixes, suffixes, comparaison des mots français enfermant les mêmes éléments et, par suite, explication des mots nombreux venant du grec et du latin. Familles de mots ;

3° Analyse grammaticale et logique, l'une et l'autre limitée aux indications essentielles, l'analyse logique n'ayant d'autre objet que de faire pénétrer plus intimement le sens de la phrase.

Dictée. — Une par semaine.

Assez courte, mais suivie soit de l'étude d'une famille de mots, soit d'exercices sur les homonymes et synonymes, soit d'exercices d'analyse.

Objet. — Connaissance de l'orthographe, mais une connaissance générale sans recherches ni discussions. La dictée est, d'autre part, un exercice littéraire, car l'effort pour mettre l'orthographe conduit à un effort sérieux pour bien comprendre le sens, et la dictée est soit une page intéressante à connaître, soit quelques vers qui seront appris par cœur.

Récitation. — Analyse littéraire du morceau ; explication des mots ; le morceau replacé dans son cadre ; quelques mots sur l'auteur ; de telle sorte que l'ensemble des morceaux appris dans l'année forme déjà par lui-même une sorte de petit cours de littérature pratique.

Composition française. — Un devoir par semaine.

Ordre des exercices :

1° Quelques exercices sur les mots : sens propre, sens figuré, synonymes, etc. ;

2° Traduction en français moderne d'une page de français un peu vieilli ;

3° Exercices sur les fables : une fable analysée, une fable résumée, une fable imitée ;

4° Quelques descriptions et narrations faciles ;

5° Quelques lettres et, parfois, une pensée simple ou un proverbe à développer.

Lecture. — Deux sortes :

1° Des extraits courts, pris dans le *Recueil de morceaux choisis* et étudiés en détail de forme et de fond ;

2° Des lectures plus rapides.

Premier groupe. — D'assez nombreuses pages de l'*Iliade*, de l'*Odyssée*, du *Télémaque*, pour donner aux enfants une connaissance superficielle de l'antiquité.

Deuxième groupe. — Auteurs du dix-septième siècle (*le Cid, les Plaideurs, l'Avare*, etc.), en se bornant aux scènes principales et en résumant les autres.

Troisième groupe. — Quelques lectures récréatives (*le Médecin malgré lui, Tartarin de Tarascon*, etc.), selon ce que permettront les loisirs de la classe, le travail et la bonne conduite des élèves.

Par ces divers exercices tendre à ce résultat : apprendre à l'enfant à penser, à exprimer en français correct des idées siennes, à comprendre ce qu'il lit, à raisonner ses lectures, à prendre enfin le goût des lectures saines.

Deuxième année.

Les exercices de grammaire et les dictées seront dirigés suivant des principes analogues à ceux de 1re année, en accentuant un peu davantage les difficultés, mais sans jamais tomber pourtant dans les complications ni les subtilités. Les dictées seront toujours empruntées aux meilleurs auteurs et ne constitueront, en aucun cas, des groupements artificiels de difficultés.

Lecture expliquée et récitation. — On présentera les notions essentielles sur les genres, les principaux auteurs et leurs chefs-d'œuvre. On analysera, avec plus ou moins de détails, suivant l'importance de l'œuvre, l'ouvrage qui aura fourni la matière de la lecture expliquée et le texte de la leçon à apprendre.

Ces notions, recueillies par l'élève sur un cahier spécial, feront l'objet d'interrogations régulières.

Composition française. — On évitera un exposé théorique des principes de la composition, qu'on fera connaître en les appliquant à la préparation ou à la correction orale des devoirs.

Les élèves seront exercés aux différentes formes de composition (narrations, lettres, discours, dialogues, dissertations), en leur proposant, autant que possible, des sujets où ils puissent exprimer des sentiments personnels, des idées, des impressions de choses vues ou lues.

Quelle que soit la composition, le plan en sera toujours nettement tracé, soit par le maître, soit par l'élève lui-même ; les parties disposées en paragraphes numérotés, de telle sorte que l'élève, obligé de marquer et d'observer cet ordre dans sa rédaction, ne puisse esquiver le développement d'aucune des idées essentielles du sujet.

Troisième année.

La grammaire, l'analyse et les exercices d'orthographe ne formeront plus un enseignement séparé ; mais on saisira, dans les lectures et les compositions, toutes les occasions d'en faire des revisions rapides.

Les exercices de composition française seront précédés par l'étude, simple, mais précise, des trois parties : invention, disposition, élocution, en ayant bien soin d'appuyer toutes les démonstrations d'exemples empruntés aux grands écrivains.

Pour la lecture expliquée, on s'attachera moins à l'analyse philologique qu'à l'analyse littéraire. Les élèves seront exercés à comprendre les sentiments, les idées, les caractères des personnages représentés par les écrivains, plutôt qu'à définir les mots ou à décomposer les phrases. A propos de chaque lecture, on reviendra, avec plus de détails qu'en 2e année, sur les faits essentiels de l'histoire de la littérature.

Quatrième année.

La lecture prendra une grande importance. On désignera aux élèves soit des fragments d'œuvres, soit des œuvres entières qu'ils devront lire eux-mêmes, puis résumer *oralement* en classe. La critique de l'exposé sera d'abord faite par un autre élève, puis par le maître lui-même. Cet exercice a pour but : 1° de forcer l'élève à lire le *texte même* et non un résumé tout fait; 2° de l'habituer à présenter ses idées avec méthode et clarté; 3° de l'habituer à savoir répondre à une critique inattendue. L'intervention du maître empêchera toujours la discussion de s'égarer et terminera le débat par une conclusion ferme.

La composition française (une par semaine au maximum) portera de préférence sur des œuvres littéraires déjà étudiées en classe. Ce sera, pour l'élève, un moyen de reviser sans cesse, et, pour le maître, une garantie que l'élève ne parlera pas de sujets qu'il ignore.

Enfin, les notions littéraires seront complétées par un aperçu chronologique des époques de notre littérature, ainsi que par des renseignements sur les littératures étrangères dans tous les points où la nôtre se trouve en contact avec elles.

ENSEIGNEMENT DE L'HISTOIRE

I. — Objet.

Les élèves de l'Ecole primaire supérieure J.-B. Say, à leur entrée dans les sections de 1ʳᵉ année, ont, pour la plupart, le certificat d'études primaires. Dans les classes préparatoires ou aux écoles élémentaires, ils ont appris l'histoire de France. Ils connaissent à peu près, dans leur ordre chronologique, les grands faits de notre histoire nationale; ils savent les dates principales, les noms et la politique des rois de l'ancien régime, les batailles et les traités des guerres féodales et étrangères, les mémorables journées de la Révolution, les campagnes de la République et de l'Empire, les principaux événements et personnages de notre siècle sous la Restauration, le Gouvernement de Juillet, la deuxième République, le deuxième Empire, la troisième République. Ils connaissent mal les institutions de l'ancienne France, le rôle des Etats généraux sous la monarchie, le développement de nos institutions depuis 1789, nos progrès économiques et coloniaux; ils connaissent assez vaguement les origines historiques de notre droit public; ils ont une teinture surtout de l'histoire diplomatique et militaire; ils connaissent la France guerrière, la France en armes, *l'histoire-bataille*, celle qui fait les bons soldats, patriotes et prêts à faire le sacrifice de leur vie pour la défense du sol sacré de la patrie; mais ils savent trop peu de cette histoire qui fait les citoyens, les agriculteurs, les industriels, les commerçants, les colonisateurs. Ils ont vu dans l'histoire le côté militaire du patriotisme; ils l'ont à peine entrevu sous son aspect civil.

Ces élèves n'ont étudié qu'un précis d'histoire de France. Leurs notions historiques se bornent à notre pays, qu'ils ont presque considéré comme isolé sur le globe, n'ayant que des rapports accidentels, quelques relations diplomatiques, surtout des guerres avec les autres peuples. On leur a dit incidemment que la France, surtout par la Révolution de 1789, a exercé une immense influence dans le monde; qu'elle a été, en quelque sorte, depuis les croisades, la directrice de la civilisation, qu'elle a toujours combattu pour des idées semées et devenues fécondes partout où ses armes et ses étendards ont passé. Mais on n'a pas eu le temps de leur faire étudier, au moins dans leurs grandes lignes et leurs grands faits, les histoires des autres peuples qui ont joué un rôle important en Europe et dont les institutions, les mœurs ou les idées ont influé sur les nôtres ou les ont tenues en échec. Plus l'humanité progresse, plus il s'établit entre les nations un rayonnement social, politique et surtout économique, dont il n'est plus permis à un citoyen vraiment digne de ce nom, à un commerçant ou à un industriel désireux de travailler à la prospérité de son pays pour qu'il puisse soutenir la concurrence étrangère, d'ignorer les diverses phases.

On n'a pas eu le temps non plus de faire connaître aux enfants les grandes époques, les personnages célèbres, les institutions diverses de l'antiquité, si pleine de fameux exemples. L'histoire des Romains, particulièrement, n'est-elle pas indispensable pour comprendre nos institutions gouvernementales et administratives à tous les moments de notre histoire?

Il y a donc lieu de combler ces lacunes regrettables. Il importe de faire voir aux élèves que l'étude, souvent aride, des faits tels qu'ils ont dû les apprendre, avec quelques anecdotes de temps à autre, pour leur initiation historique, était seulement préparatoire; que leurs connaissances élémentaires et restreintes sont seulement une France; que, pour mieux connaître historiquement son pays, il faut examiner ses origines et ses destinées en les comparant avec celles des autres États; que ce qui donne de l'attrait et de l'intérêt à cette science morale et sociale qu'est l'histoire, c'est avant tout le spectacle de la marche et des progrès de l'humanité, de son amélioration lente et progressive au milieu des passions et des intérêts qui s'entre-choquent. A ces enfants, devenus des jeunes gens, il faut esquisser l'histoire de la civilisation à travers les âges. Assurément, dans l'enseignement primaire supérieur, on ne peut donner à cette esquisse toute l'ampleur qu'elle peut comporter, et il ne saurait en être question. Mais il y a lieu d'ouvrir au moins à nos élèves des vues sur ce vaste domaine de l'histoire et de leur inspirer le goût des lectures historiques en leur montrant le profit qu'ils en peuvent tirer dans toutes les conditions de la vie. Quels ont été les débuts de l'humanité? Quelles ont été les premières civilisations? Quel a été le caractère de chacune d'elles? Quelle a été la marche de la civilisation en général? Comment et pourquoi les idées, les mœurs, les religions, les institutions se sont-elles transformées? Quelles ont été les conséquences de ces transformations? Au prix de quels efforts se sont constitués les États, se sont formées les nationalités? Comment le bien-être s'est-il accru, la moralité s'est-elle augmentée? Comment les arts sont-ils nés et se sont-ils développés? Comment la culture des sciences et des lettres a modifié les conditions de l'existence, affiné les sentiments? Quand ont commencé à poindre les idées de justice, de tolérance, de liberté, d'égalité, de fraternité? Quels hommes ont le plus contribué à l'avancement de ces idées? Qu'a-t-on fait jusqu'ici et que reste-il à faire? Autant de questions qu'il faut résoudre au moins partiellement devant des jeunes gens qui seront bientôt des hommes, des citoyens et des travailleurs. Refuser à leur esprit cette nourriture substantielle serait non seulement leur porter préjudice pour l'avenir, mais causer un dommage à la société elle-même. La connaissance de l'histoire permet de redresser bien des erreurs sociales.

C'est d'après ces données que l'enseignement de l'histoire, à l'École J.-B. Say, comporte, contenue dans des limites raisonnables, l'histoire générale. La 1re année d'études est consacrée à l'histoire de l'antiquité et du moyen âge jusqu'à la Renaissance; la 2e année, à l'histoire des temps modernes; la 3e année, à l'histoire contemporaine; la 4e année, à la revision et à l'étude détaillée des programmes des divers examens auxquels se préparent les élèves.

II. — Méthode.

La méthode suivie consiste surtout à apprendre aux élèves à étudier et à lire avec fruit, les lectures bien faites étant le meilleur fondement de l'enseignement historique.

Les cours n'ont de méthodique que tout juste ce qu'il faut pour ne point entasser dans la mémoire des élèves les faits et les noms, de telle sorte que la confusion et les anachronismes soient les seuls résultats d'un enseignement où l'influence du maître est ou nulle ou considérable. Pour chaque leçon, un sommaire très court suffit à indiquer les points sur lesquels doit se porter spécialement l'attention des élèves en lisant et étudiant un ou deux chapitres, donnés comme leçon, dans le précis mis entre leurs mains. Ce sommaire est le plan de la leçon. Les élèves écrivent ce sommaire en classe, mais ils ne prennent pas de notes dans le sens classique de ces mots. Le professeur est avant tout préoccupé d'apprendre à étudier; il ne vise pas à briller par son éloquence, à faire un cours destiné à la publicité après rédaction par les élèves, par conséquent à les obliger à prendre mot pour mot, à sténographier un développement oral complet de la leçon, depuis le commencement jusqu'à la fin. Les développements oraux ne s'appliquent qu'à certains points de la leçon, soit qu'ils aient besoin d'éclaircissements, soit que le précis — ce qui peut arriver, chaque maître et chaque livre ayant sa manière de classer les faits et de prendre ses points de vue — ne les ait point mis à la perspective que demandent les circonstances d'une classe et les péripéties de l'année scolaire, circonstances et péripéties auxquelles l'actualité donne parfois une grande importance. Si le professeur croit devoir parfois résumer toute une leçon, ce résumé est une généralisation aussi concise que possible. De préférence, ce résumé se fait au tableau noir, les élèves concourant à sa formation par leurs réponses individuelles, maintenues par le professeur dans l'enchaînement des faits.

Les élèves ne font pas de ces longues rédactions qui semblent n'avoir jamais produit, pour la masse, les résultats qu'on devrait en attendre, si elles pouvaient être réellement le complément d'un enseignement littéraire initiant les élèves à tous les secrets de la rédaction et du style historique.

Dans les Écoles primaires supérieures, l'enseignement de l'histoire ne saurait avoir pour but, ni accessoire, ni définitif, d'apprendre aux élèves à rédiger. Son objet est de leur fournir des connaissances historiques nettes et précises, de leur apprendre à les condenser, à les synthétiser, pour qu'il leur en reste quelque chose qui leur soit profitable. Il ne s'agit pas d'apprendre aux élèves à écrire de l'histoire ; il s'agit de leur apprendre à apprendre l'histoire, la plume à la main, soit qu'ils prennent en note sur un cahier les résumés synoptiques faits au tableau noir, soit qu'ils subissent une interrogation écrite se composant d'une demi-douzaine de questions posées par le professeur ou prises dans le précis et auxquelles il faut répondre par écrit pendant la classe ou en dehors de la classe, soit qu'ils analysent une guerre ou la vie d'un homme célèbre, soit qu'ils divisent une époque en périodes en classant les faits, soit enfin qu'ils exposent les causes et les conséquences d'un événement ou d'une série d'événements. Ces tableaux synoptiques, ces questionnaires avec leurs réponses, ces récits succincts, ces petites biographies, ces exposés monographiques, proportionnés à l'âge, au degré d'intelligence et d'érudition des élèves, sont les seuls devoirs qui puissent remplir le but que se propose l'enseignement primaire supérieur. En 2ᵉ année seulement, le professeur exige un peu plus de style dans les petites rédactions. En 3ᵉ année, les sujets donnés peuvent être plus compliqués : ce sont parfois des sujets mixtes d'histoire et de géographie, dans lesquels entrent des considérations économiques et même juridiques, afin d'amener peu à peu les élèves non seulement à coordonner, mais à généraliser leurs idées sur les matières de différents cours.

Quant à l'emploi du temps de chaque classe, si un tiers est employé à des interrogations orales, un autre tiers à une interrogation écrite, un résumé ou un tableau synoptique, le dernier tiers au moins est presque toujours employé à une lecture faite par le professeur avec compte rendu oral, la lecture finie, par un élève sur quelques indications consignées au tableau noir et prises en note par tous les élèves. Cet exercice, qui les intéresse, a été reconnu excellent pour leur apprendre à parler avec une certaine correction, à résumer ce qu'ils ont entendu et à le retenir en faisant, sans qu'ils s'en doutent, un effort à la fois de mémoire et de jugement.

ENSEIGNEMENT DE LA GÉOGRAPHIE

I. — Objet.

La géographie étant un ensemble de connaissances empruntées aux sciences sociales, aux sciences physiques, voire même aux sciences mathématiques, il semble à priori malaisé de limiter de façon précise l'étendue de cet enseignement. La grande quantité de noms et de chiffres, que peut comporter la science géographique complète, rendrait son enseignement difficile et rebutant pour les professeurs et les élèves, si l'on voulait y voir seulement, en lui assignant des limites convenables, une fastidieuse terminologie, une nomenclature, aussi vaste que sèche, des noms des accidents naturels et des groupements sociaux, ainsi que des statistiques, incessamment variables, au triple point de vue ethnique, économique et militaire. Certes, en géographie, la nomenclature est absolument nécessaire, plus nécessaire même qu'ailleurs; mais il faut la réduire à un minimum strict, si l'on ne veut pas voir s'effondrer la mémoire des enfants sous le faix et le fatras de noms à n'en plus finir. Il faut beaucoup compter, pour l'entassement sans effort dans les mémoires, des termes et des dénominations géographiques, sur le temps, l'expérience, l'âge, l'examen réitéré des cartes, les lectures, les voyages. Il y a autre chose à voir dans l'étude de notre planète, si l'on souhaite que l'enseignement géographique comporte, ce qui est très possible, des études fructueuses, non seulement satisfaisant la curiosité naturelle qui nous pousse à connaître entièrement le globe sur lequel nous vivons, mais encore amenant à la réflexion, exerçant le jugement par la comparaison, les uns avec les autres, des phénomènes naturels et des faits ethniques. Il y a lieu de faire comprendre aux élèves d'une part le rôle de la terre dans l'univers, les transformations par lesquelles son volume et sa surface ont passé, le rôle et la formation des mers, des cours d'eau et des lacs, des montagnes, des vallées et des plaines, l'influence de l'atmosphère sur ces accidents du sol; d'autre part le développement, la décadence, le renouvellement des races, des nations, des États, les établissements créés par les hommes, la colonisation des pays déserts, les conquêtes de la civilisation sur la nature et sur la barbarie.

Mais, au sortir des cours primaires, les enfants n'ont reçu que quelques notions générales préliminaires. Ils ont appris surtout la géographie de la France et de ses colonies, et encore ne connaissent-ils guère que des noms, des bornes, des lignes; ils savent peu de l'Europe et des autres parties du monde; ils peuvent nommer des rivières, des montagnes, des États, des capitales, quelques villes principales et quelques ports, nos départements, leurs préfectures et sous-préfectures, nos grandes lignes de chemin de fer avec quelques embranchements, la plupart de nos canaux; ils n'en ont pas moins que de très vagues données économiques; ils sont peu sortis des limites de notre territoire national, ne se font aucune idée de l'étendue de la surface terrestre, ignorent à peu près les phénomènes naturels qui en ont produit les exhaussements et les dépressions, les parties solides et les parties liquides, en fin de compte, n'ont que de très confuses idées pittoresques et comparatives. Leur mémoire a toujours été mise en jeu; leur imagination, à la suite de lectures géographiques, faites parfois sans grand discernement, est quelquefois très excitée, ainsi qu'il résulte de l'examen des rédactions qui leur sont demandées pour entrer dans les Écoles primaires supérieures; mais leur jugement géographique ne s'est pas formé : on n'a pas eu le temps de le former.

C'est à l'École primaire supérieure de combler ces graves lacunes et d'intéresser les élèves aux études géographiques, si importantes pour le commerçant, l'industriel, l'ingénieur, le militaire et le marin, quel que soit le rang de chacun dans la société. Il est nécessaire que les élèves prennent goût autant à regarder et à lire des cartes qu'à parcourir des livres d'aventures et de voyages et à s'assimiler des ouvrages de vulgarisation.

Il y a lieu de leur donner des idées générales et de leur apprendre à généraliser eux-mêmes aussi bien en géographie qu'en histoire.

C'est pourquoi, à l'École J.-B. Say :

La 1re année d'études comprend avec des notions assez étendues de géographie générale, de géographie physique dans son sens le plus large, de géographie mathématique et de cartographie, la description pittoresque des mers, des continents et des îles, l'étude physique et politique, mais plus particulièrement physique, de l'Asie, de l'Afrique, des deux Amériques et des terres de l'Océan Pacifique;

La 2e année, l'Europe;

La 3e année, la France et ses colonies;

La 4e année, la revision de la géographie générale en insistant sur la géographie économique.

L'enseignement est avant tout descriptif; mais, peu à peu, dès la 1re année, et principalement en 2e et en 3e année, à mesure que les jeunes gens grandissent et que leur esprit se forme, il devient, par la force des choses et sa nature même, plus démonstratif, plus rationnel, plus déductif, plus comparatif, sans jamais perdre son caractère primordial, qui est d'être pittoresque.

II. — Méthode.

Bien plus encore qu'en histoire, les professeurs n'ont point la prétention de tout exposer, de tout développer, de tout embrasser dans un cours fait d'une façon uniforme et dogmatique. Ils s'efforcent de mettre de la variété dans leur enseignement en utilisant les nombreux moyens à leur disposition pour répandre, préciser, fixer, rendre sincères et profitables les connaissances géographiques. Apprenant aux élèves à se servir de ces moyens, ils combinent judicieusement l'enseignement oral, l'enseignement par les yeux, l'enseignement au tableau noir, l'examen des globes, des cartes murales et des atlas, la consignation de points ou de lignes géographiques sur des cartes muettes, l'exécution de croquis à main levée sur le papier d'abord, au tableau noir ensuite, l'étude d'un précis, enfin la lecture en classe de recueils ou anthologies géographiques.

Le système est un peu différent suivant qu'il s'agit de géographie générale, de géographie physique, de figuration de la terre et de cartographie, de géographie politique et administrative, de géographie économique, d'hydrographie maritime et de géographie coloniale, de géographie militaire et de géographie ethnique. Les points de vue auxquels on peut considérer la géographie étant très divers, il en est de même des procédés d'étude.

Chaque leçon comporte, à vrai dire, un sommaire ou un résumé très succinct, parfois l'un et l'autre. Le sommaire indique les matières à étudier d'une classe à l'autre; le résumé clôt une leçon. On ne fait pas de rédactions géographiques sur des notes prises en classe de façon continue tandis que le professeur parle, lit ou dicte. Ce système n'est pas admis. En géographie générale seulement, il y a lieu à certains développements méthodiques, que les élèves écrivent sous forme de notes détachées, à moins que le professeur ne préfère, comme il arrive souvent, fixer la substance de ces exposés dans des tableaux synoptiques faits au tableau noir et transcrits au fur et à mesure par les élèves sur leurs cahiers de notes et croquis géographiques.

Le livre-atlas et les cartes murales sont les auxiliaires les plus importants de la parole du professeur et des directions d'étude indiquées par lui. Il est prescrit aux élèves de rechercher eux-mêmes, dans les limites du plan de la leçon, et d'apprendre dans leur précis ce qui se rapporte aux nomenclatures d'accidents du sol, aux races et aux populations, aux États, à leurs bornes, à leurs circonscriptions territoriales de divers ordres, aux statistiques économiques. Le professeur se réserve d'exposer oralement une ou deux questions, de préférence celles qui peuvent offrir l'intérêt d'un « fait divers » géographique ou d'une actualité. L'étude des accidents naturels des pays et de leurs diverses régions précède toujours, à titre de revision au moins, l'étude politique et économique. Cela permet de montrer souvent l'influence considérable des formes topographiques et de la situation géographique sur le caractère, les institutions, les occupations, le degré de civilisation, la prospérité ou la décadence industrielle et commerciale des divers peuples. L'enseignement géographique n'a plus, ainsi compris, aucune aridité : il devient essentiellement suggestif.

Les devoirs donnés ont pour but la revision des questions précédemment étudiées. Ce sont, surtout en 1ʳᵉ année, des questionnaires comprenant huit à dix questions, prises dans le livre-atlas ou posées par le professeur, auxquelles les élèves répondent brièvement, soit en classe, ce qui constitue une interrogation générale écrite, soit en dehors de la classe, d'abord en s'aidant du précis, puis, lorsqu'ils savent mieux, sans le secours d'aucun livre. Ce sont encore, de temps à autre, des voyages à vol d'oiseau, des itinéraires, des navigations hypothétiques d'un continent à un continent et d'un port à un autre, des tours du monde par mer, par terre, suivant tel ou tel degré de longitude ou de latitude, avec obligation d'indiquer les accidents naturels, les pays, les États, les villes rencontrés sur la carte. Ce sont enfin de courtes descriptions pittoresques des régions ainsi traversées en pensée ou encore des esquisses comparatives sur deux ou plusieurs régions d'un même État. Ces derniers devoirs se font principalement en 2ᵉ et 3ᵉ année, lorsque les élèves ont des connaissances suffisamment assises et qu'on est en droit d'exiger d'eux quelque peu de style en même temps que de bonnes habitudes de généralisation.

Mais le devoir le plus habituel, c'est le croquis géographique fait à main levée, d'abord sur un cahier *ad hoc* d'après les cartes de l'atlas, puis, surtout en 3ᵉ année, au tableau noir, lorsque les élèves ont acquis une certaine dextérité dans le tracé et se sont gravé dans la mémoire les lignes et les contours des océans et des continents, les directions des massifs montagneux et de leurs ramifications, les sinuosités et les directions des voies fluviales. On fait dessiner très rarement des croquis d'ensemble, presque toujours des croquis de détail, la plupart avec des dimensions au moins doubles de celles de tel ou tel détail sur la carte de l'atlas. Ce ne sont jamais des cartes dressées, selon les règles de la cartographie, avec des parallèles et des méridiens ; ce sont de simples dessins mnémoniques faits avec propreté, mais sans exagération, à la rigueur avec des crayons de diverses couleurs, mais sans teintes plates, sans tous les détails d'exécution cartographique qui feraient consacrer à la géographie beaucoup plus de temps que n'en peut comporter l'horaire scolaire.

Les interrogations remplissent environ un tiers de chaque classe, quelquefois la moitié, lorsque certains points de deux ou trois leçons précédentes sont précisés par un croquis ou condensés dans un tableau synoptique exécutés au tableau noir et pris en note par l'ensemble de la classe sur le cahier géographique. Lorsqu'une interrogation ne comporte aucune représentation graphique ni aucune récapitulation, elle se fait d'après une carte murale.

La fin des classes, chaque fois qu'il reste un peu de temps au professeur, est employée à des lectures se rapportant à la dernière leçon ou aux leçons les plus récentes. Le professeur, faisant choix d'une lecture attrayante et pittoresque, lit lui-même, ajoutant parfois, mais sobrement, quelques commentaires indispensables. C'est pour lui le moyen d'inciter les élèves à lire, dans leurs loisirs, des livres de géographie et de voyages pour y puiser des données économiques qui leur seront profitables dans l'avenir, de leur fournir d'utiles indications à ce sujet et de les empêcher de s'égarer, sans direction, dans des lectures de fantaisie géographique, où l'attrait d'un style de plus ou moins bon aloi cache souvent le vide, l'inexactitude et la fausseté des idées et des connaissances.

INSTRUCTION CIVIQUE

Il en est des cours d'instruction civique comme de ceux de géographie. Ce ne peut être qu'un ensemble de connaissances, aussi nettes que possible, empruntées aux sciences sociales : à l'histoire, au droit constitutionnel, au droit administratif. Cet enseignement ne saurait constituer, dans toute la force des termes, un cours dogmatique et abstrait. Les notions données doivent déposer dans l'esprit de la jeunesse les germes des vertus civiques et républicaines absolument indispensables dans une démocratie. Il n'est pas inutile de procéder par comparaison et de faire connaître, avec quelques détails, l'ancienne France sociale et politique avant d'aborder l'étude de notre droit public, de ses origines et des diverses Constitutions républicaines de notre pays depuis 1789. L'examen plus détaillé des lois constitutionnelles de 1875 et de toute notre organisation sociale actuelle en devient plus probant ; le but auquel tend cet examen en devient plus précis.

Le cours de 1re année comprend :

1° Quelques éléments de sociologie ; un résumé de l'histoire gouvernementale et administrative de notre pays avant 1789 ;

2° L'œuvre politique et sociale de la Révolution ; les diverses Constitutions qui l'ont suivie ;

3° Les lois constitutionnelles de 1875 ; les pouvoirs publics ;

4° L'organisation des circonscriptions administratives.

Le cours de 2° année comporte :

L'étude détaillée de nos institutions administratives, de l'organisation judiciaire, des institutions financières, de l'organisation militaire et maritime, de notre système d'instruction publique, de tous nos services publics.

ENSEIGNEMENT DE LA LÉGISLATION
ET DE L'ÉCONOMIE POLITIQUE

Les cours de législation et d'économie politique ont lieu en 3° et en 4° année.

La 3° année est consacrée au cours de droit dit usuel ou de législation civile, accompagné de brèves notions d'économie politique et de droit commercial, le droit commercial en vue du certificat d'études commerciales élémentaires.

Le cours de droit civil est fait avec toute l'étendue que comportent l'âge des élèves (seize ans en moyenne) et leur développement intellectuel. Ils y ont été préparés par le cours d'instruction civique dont une partie notable, l'organisation judiciaire, est l'introduction naturelle au droit civil.

Le meilleur ordre à suivre, quoique abandonné aujourd'hui dans les Écoles de droit, est celui du Code civil. Il importe de s'y référer constamment, de citer les articles au texte desquels les élèves, munis d'un Code, sont instamment invités à se reporter.

Ces matières leur sont beaucoup plus accessibles qu'on ne croit généralement, et la preuve en est l'intérêt qu'ils y prennent. Mais qu'ils se persuadent bien — et ceci est également vrai du cours de droit commercial de 4° année — que le cours, si bien compris et si bien su qu'il soit, sera vite oublié, s'ils ne l'entretiennent. Ces questions nouvelles pour eux, toutes différentes de celles des autres cours, ont beau avoir été parfaitement saisies, elles s'échappent avec la même facilité, si elles ne sont, par la suite, reprises fréquemment.

Heureusement la 4° année est là pour quelques-uns des élèves — trop peu, il faut bien le dire — qui fournit l'occasion d'une revision du droit civil. Il serait bon que cette revision eût lieu *ex professo*, mais le temps manque pour cela. A défaut d'une revision formelle, le cours de droit commercial oblige à un rappel fréquent des notions de droit civil de l'année précédente.

Quant au cours de droit commercial lui-même, sans bien entendu le comparer avec celui des Facultés de droit, on peut le considérer comme répondant à tous les besoins des élèves. Il est très suffisant pour ceux qui se présentent au certificat d'études primaires supérieures, au certificat d'études commerciales supérieures, aux examens de la Banque de France et des Ministères et même au certificat d'aptitude à l'enseignement de la comptabilité.

Il ne leur servira pas moins dans la pratique des différents emplois où les circonstances de la vie les auront poussés. Combien d'élèves entrés dans des établissements financiers ou autres se rendront plus aisément compte de leur travail en en trouvant la raison dans les principes qui leur ont été si souvent répétés ! Et ce n'est pas là une simple supposition, mais une constatation plus d'une fois faite.

Seulement il importe, pour atteindre ce résultat, que les matières aient été exposées avec une netteté dans les divisions qui permette aux élèves de se reconnaître aisément, qu'ils aient été frappés, dès l'École, par la partie pratique des règles dont on leur expose la théorie. Et pour cela il est bon que les grands faits qui ont pu, à un moment donné, occuper l'attention publique, leur soient présentés comme exemples, qu'on leur en fasse voir le lien avec les règles d'apparence désintéressée qui constituent la science juridique. Le cours de comptabilité est là d'ailleurs qui sert de complément et d'application.

Ce n'est pas ici le lieu de discuter sur l'opportunité du cours d'économie politique, dont la portée est souvent si peu comprise. Ce serait un véritable *truisme* — pour employer une expression fort à propos — de faire valoir l'utilité pour les élèves d'être initiés à tant de questions vieilles ou nouvelles, pratiques ou philosophiques, telles que division du travail, machines, propriété, coalitions, syndicats, monnaie, crédit, etc. Que d'occasions de compléter les cours d'histoire, de géographie et de législation et quelquefois de les élever ! La plus grande prudence est observée en ces matières, aliments de tant de passions, et aucun écart n'est possible dès qu'on recherche avant tout la simplicité et la netteté, qualités si nécessaires pour éviter les considérations vagues qui sont l'écueil du cours.

En résumé, les cours de législation et d'économie, à l'avantage incontestable qu'ils présentent de reposer des autres cours, ne fût-ce que par l'attrait de la nouveauté, joignent celui d'être pratiques et d'élever l'esprit, en l'habituant à juger d'après des règles sûres les événements courants ou exceptionnels de la vie.

ENSEIGNEMENT DES MATHÉMATIQUES

Dans leur enseignement, les professeurs se conforment à la lettre aux circulaires et aux observations générales qui accompagnent les programmes officiels.

Nous ne nous occuperons ici que de l'ensemble des procédés dont ils usent pour obtenir de leurs élèves, selon leur âge et leur destination, les meilleurs résultats possibles.

Emploi du temps pendant les classes. — Suivant les exigences de l'horaire, les classes de mathématiques durent une heure ou une heure et demie dans les trois premières années; en 4ᵉ année seulement, il y a des classes de deux heures. Chacune d'elles est divisée en deux parties : l'une destinée à la revision de la leçon précédente et à la correction des devoirs, l'autre à l'exposition du cours et à la dictée du texte de devoir. Ces deux parties sont à peu près égales; pour les classes de deux heures, le cours dure d'une heure à une heure et quart.

Certains professeurs de classes préparatoires à des examens commencent par l'exposition du cours; ils ont, en effet, intérêt à morceler le programme, de façon qu'il soit complètement épuisé à une époque déterminée. Chaque leçon comporte, dans ce cas, un développement qui ne doit pas être restreint par la sortie de la classe. Les autres commencent par la revision; ils peuvent alors insister sur des points qui n'ont pas été suffisamment compris, et même empiéter, lorsqu'il le faut, sur le temps réservé à l'exposition du cours. C'est une nécessité qui s'impose en 1ʳᵉ année à propos de la géométrie, qui est un enseignement nouveau pour les élèves, en 2ᵉ année, lorsqu'il s'agit des théories délicates de la division, de la conversion des fractions, de l'extraction des racines.

Occupons-nous maintenant de la manière dont le cours est fait et des procédés permettant de constater qu'il est appris et su :

Cours. — Les professeurs apportent tous leurs soins dans l'exposition du cours. Ils s'attachent à mettre en relief les axiomes, les définitions; ils démontrent les théorèmes avec la plus grande rigueur, sauf à admettre d'emblée ceux qui exigeraient des notions trop délicates à développer. Ils considèrent les mathématiques comme une forte école de logique appliquée et n'oublient jamais que c'est en faisant contracter l'habitude de raisonner juste que l'on donne au jugement toute la rectitude et la sévérité dont il est susceptible.

Le cours n'est pas dicté, et les élèves doivent prendre sur un cahier spécial des notes suffisamment nettes pour qu'ils n'aient pas besoin de les recopier; le professeur ralentit son débit lorsqu'il donne les définitions et les énoncés de théorèmes. L'habitude de prendre des notes ne s'acquiert pas dès le premier jour. Il faut, avec les élèves de 1ʳᵉ année surtout, surveiller méticuleusement les cahiers et exiger que les notes insuffisantes soient complétées. Il est nécessaire, pour surmonter assez rapidement cette difficulté, de faire en sorte que les élèves comprennent la leçon au fur et à mesure qu'elle est exposée, et, pour obtenir ce résultat, il est commode de faire reproduire chaque démonstration par un élève désigné au hasard. Cette manière de procéder se continue en 2ᵉ année et en 3ᵉ commerciale; elle devient impraticable, pour toutes les leçons, du moins dans la division préparatoire aux Arts et Métiers, en 3ᵉ industrielle, en 4ᵉ année, où les programmes sont chargés. Il est d'ailleurs temps de développer, chez les grands élèves qui composent ces divisions, le travail personnel et l'esprit d'initiative, deux qualités qui leur seront nécessaires dans leurs études ultérieures et plus tard encore dans la vie.

On constate que le cours est appris et su au moyen d'interrogations et de devoirs.

Interrogations. — Chaque classe comporte une interrogation orale. Les élèves désignés passent au tableau noir et, pendant cinq minutes au moins, répondent aux questions posées par le professeur. Des observations relatives à ces réponses peuvent provoquer d'autres questions posées à d'autres élèves. Il est même utile, tout en restant dans les limites du bon ordre, d'autoriser les élèves à demander à répondre à des questions posées à toute la division à la fois. On apporte ainsi de l'animation dans la classe, en même temps qu'on trouve l'occasion de récompenser, par de bonnes notes, les élèves dont les réponses sont intelligentes et de punir, par de mauvaises notes, ceux qui ne suivent pas.

Devoirs. — Le devoir écrit est une application des principes et des théorèmes établis dans le cours. Les professeurs donnent généralement, par semaine, deux devoirs composés chacun de trois problèmes gradués, dont l'un peut être fait par tous les élèves. Ces devoirs sont vus et remis avec une note chiffrée, après que la solution, consignée sur un cahier spécial, en a été donnée en classe. Il y a lieu de faire, à propos de ces notes de devoirs, une remarque importante. On sait quel puissant et quel précieux moyen d'émulation elles fournissent. Il faut toutefois qu'elles soient distribuées avec une grande circonspection; elles doivent servir à apprécier un travail intellectuel effectif, un effort marqué. Pour ce qui est des devoirs faits en dehors de l'École, certains élèves collaborent, d'autres prennent des renseignements auprès de personnes étrangères, d'autres enfin copient purement et simplement le travail d'un camarade complaisant. Il est, dans ces circonstances, bien difficile d'estimer l'effort produit, le progrès réalisé, et par suite de donner la note méritée. On atténue cet inconvénient en entourant les notes de devoirs d'autres notes fournies par les interrogations écrites.

Interrogations écrites. — On désigne sous ce nom des exercices ayant pour objet des questions qu'un élève peut traiter au courant de la plume. La rédaction, d'une durée d'un quart d'heure au plus, se fait sous la surveillance du professeur. Les copies sont relevées, corrigées et remises avec une note à la classe suivante.

Dans les divisions commerciales, de nombreux exercices sont nécessaires pour faire acquérir aux élèves la pratique du calcul arithmétique et du calcul algébrique, qui leur est indispensable. L'un des deux devoirs est souvent remplacé par une préparation, c'est-à-dire par une série de calculs ou de problèmes n'exigeant que peu de recherches. Ce travail est fait en dehors de l'École, sur le cahier de brouillon, de façon qu'il soit possible d'en vérifier l'exécution. Un exercice analogue sert de sujet d'interrogation écrite à la classe suivante; la note qui en résulte est la sanction de ce travail.

Enfin, les leçons non sues et les devoirs mal faits doivent être réparés. Une punition n'est demandée qu'à la suite d'une réparation insuffisante, lorsqu'il y a mauvaise volonté flagrante ou paresse invétérée.

Tel est le résumé, aussi succinct que possible, des procédés pédagogiques qu'emploient les professeurs de mathématiques à l'École J.-B. Say.

ENSEIGNEMENT DE LA PHYSIQUE ET DE LA CHIMIE

Première année.

Le cours est purement expérimental. Les élèves prennent sur leurs cahiers les croquis que le professeur fait au tableau, et un résumé qui leur est donné après les expériences.

Les élèves sont interrogés à la fin de la classe sur ce qui vient de leur être dit, et les interprétations erronées sont immédiatement redressées.

Il est donné aux élèves un devoir très simple sur ce qui leur a été fait : description schématique d'une expérience ou d'un appareil, conclusions à tirer d'une expérience, petit exercice numérique.

ENSEIGNEMENT DE LA PHYSIQUE

Deuxième année.

Le cours est essentiellement expérimental. Les élèves doivent prendre des notes et reproduire les croquis que le professeur fait au tableau.

Les explications expérimentales peuvent être un peu complétées théoriquement, les élèves ayant déjà vu l'année précédente les deux premiers livres de géométrie et une bonne partie de l'arithmétique.

Le professeur interroge à la fin de la classe sur la leçon qui vient d'être faite.

Les élèves ont à remettre un devoir, qui est un petit exercice numérique, se ressentant de leur instruction mathématique, ou la figure schématique d'un appareil important.

Troisième année industrielle.

Le cours est surtout expérimental. Il n'est pas dicté, mais les élèves doivent s'habituer à en noter les grandes lignes et à faire les figures schématiques des appareils.

Le professeur fait classe pendant une heure environ ; il interroge ensuite pendant le temps qui reste.

Des problèmes d'application sont, en outre, donnés chaque quinzaine.

Troisième année commerciale.

Le cours est essentiellement expérimental. Le professeur s'attache surtout à développer certains points spéciaux de la physique intéressant le commerçant.

L'explication des faits est donnée aussi simplement que possible, les élèves de cette section ayant une culture mathématique moins développée que ceux de la section industrielle.

Ils sont aussi habitués à résoudre de petits problèmes d'application.

ENSEIGNEMENT DE LA CHIMIE

Deuxième année.

Le cours est essentiellement expérimental. Les élèves doivent prendre quelques notes et faire des croquis rappelant les principales expériences.

En général, le professeur fait classe environ trois quarts d'heure ; il interroge pendant le dernier quart d'heure. Mais, à cause du peu de temps dont on dispose à chaque classe, certaines d'entre elles sont uniquement consacrées à des expériences un peu longues, d'autres à des interrogations et exercices.

Ces exercices seront en particulier nombreux au début, pour familiariser les élèves avec les règles de la nomenclature et de l'écriture chimiques ; ils se placent également bien, par exemple, à la fin de l'étude des composés d'un même corps, pour résumer cette étude.

Afin de familiariser les élèves avec les notions de poids moléculaire, de poids atomique, de valeur, et avec les formules des principaux corps, de petits problèmes simples leur sont donnés de temps en temps.

Troisième année industrielle.

Le cours est surtout expérimental et appliqué, mais assez développé, les élèves de cette section étant déjà familiarisés avec le langage et l'écriture chimiques et possédant une instruction mathématique élémentaire assez complète.

Les élèves doivent prendre le cours en notes, ainsi que les figures faites au tableau par le professeur.

Chaque semaine, des problèmes d'application sont donnés aux élèves.

Troisième année commerciale.

Le cours est essentiellement expérimental et appliqué et fait dans un esprit très simple.

Les élèves doivent prendre des notes sur les points principaux et reproduire les figures faites au tableau.

Chaque semaine, de petits problèmes sont donnés en devoir.

REMARQUE GÉNÉRALE SUR L'ENSEIGNEMENT DE LA PHYSIQUE ET DE LA CHIMIE

Dans toutes les années, le système des interrogations *écrites* et *collectives* alterne avec le système des interrogations orales et individuelles.

De temps en temps, lorsque le professeur n'a pas le temps d'interroger oralement, ou lorsqu'il veut s'assurer qu'une définition, une loi, une réaction ou un appareil ont été bien appris ou bien compris, il pose une ou deux questions auxquelles *tous* les élèves doivent répondre *séance tenante, par écrit* et *rapidement*, en moins de dix minutes.

Bien surveillé, ce système donne d'excellents résultats.

Si le temps le permet, la correction est faite et les notes marquées immédiatement. Sinon, tout cela est reporté à la classe suivante.

ENSEIGNEMENT DE L'HISTOIRE NATURELLE ET DE L'HYGIÈNE

Le professeur d'histoire naturelle de l'École J.-B. Say ne perd jamais de vue que son enseignement doit être, avant tout, un enseignement par l'aspect. A chaque leçon, animaux montés et squelettes, grands modèles en carton-pâte se rapportant au sujet du cours sont montrés et expliqués aux élèves ; les fleurs artificielles ou les fossiles et

17

échantillons minéralogiques de petite taille circulent dans la classe et peuvent être examinés de près. L'emploi des planches coloriées est fréquent et de nombreuses figures très simples, aux craies de couleur, sont tracées au tableau.

Une partie de la classe est consacrée à dicter les notes marquant l'ordre et le caractère du cours. Après chaque paragraphe suivent les développements, les éclaircissements et les démonstrations.

Sans donner à la tenue du cahier une importance exagérée, le professeur exige une écriture convenable, des figures et des titres soigneusement faits, le soulignement des mots techniques, c'est-à-dire toutes les qualités d'ordre et de méthode communes, en somme, à tous les enseignements.

La visite des cahiers est faite environ une fois toutes les trois semaines et donne lieu à une note de devoir. Pendant sa durée, qui n'excède pas un quart d'heure, les élèves font une interrogation écrite sur un sujet se rapportant à la leçon du jour. Le professeur corrige ce travail chez lui et la note qu'il lui donne est portée, la fois suivante, sur le registre de la classe, à la colonne des leçons.

Des interrogations orales ont lieu d'ailleurs, à la fin de chaque séance, sur la leçon du jour, mais souvent aussi sur des sujets étudiés depuis longtemps.

Le professeur encourage de tout son pouvoir la formation de petites collections par les élèves. Des excursions sont organisées pendant la belle saison, et, sous sa direction, des insectes sont capturés et classés, des plantes recueillies et préparées pour la confection d'un herbier. Il a eu souvent la satisfaction de rencontrer, au cours de ses promenades, d'anciens élèves continuant, par goût, les herborisations commencées à l'École.

Tout en se conformant rigoureusement au programme, le professeur, dans la rapide étude de l'homme faite dans les sections de 1re année, s'attache, à propos de chaque appareil, à donner les notions d'hygiène les plus essentielles, notamment sur les maladies évitables, sur les méfaits de l'alcoolisme et l'importance des soins de propreté. Il insiste particulièrement sur la tuberculose, sur le danger de cracher à terre, « habitude malpropre et dangereuse », et il est convaincu, à l'attention qu'apportent les élèves à cette partie du cours, que des résultats importants peuvent être obtenus dans cette voie par les professeurs d'histoire naturelle.

ENSEIGNEMENT DE L'ANGLAIS

Les langues vivantes doivent être apprises pour être parlées, tel est le principe qui sert de base à l'enseignement de l'anglais à l'École J.-B. Say.

Dès la première classe le professeur s'applique à créer autour des jeunes débutants l'atmosphère nouvelle du pays étranger ; il initie l'oreille de l'élève aux *sons nouveaux* de la langue anglaise et habitue sa bouche à les reproduire (1), tandis qu'il en indique la *signification* aisée à retenir, car il ne s'agit au début que de mots concrets et usuels.

Le *son* et le *sens* des mots une fois possédés, on passe à leur figuration graphique ; c'est la partie écrite de l'enseignement, et le tableau noir y joue un rôle aussi important que le devoir écrit.

Comme il est essentiel de ne pas fatiguer l'esprit de l'élève et d'entretenir au contraire son attention, d'éveiller au besoin sa curiosité, le professeur ne néglige rien pour varier son enseignement.

A. — Les mots groupés rationnellement par cycles sont présentés de telle sorte que l'élève saisit immédiatement le rapport à établir entre eux. Ex. : les *objets* de la classe (subst.) associés aux *couleurs* et *formes* (adj.) et aux *usages* (verbes) qui s'y rapportent.

B. — Ces mots fournissent le sujet de conversations élémentaires et de petites dictées composées à mesure par le professeur.

C. — Des poésies simples et faciles au début sont apprises et récitées d'abord individuellement, puis par la classe entière.

D. — Beaucoup de ces poésies, rythmées par des mélodies populaires, dont le principal mérite est de mettre en relief l'accent tonique, sont également chantées par l'ensemble de la classe.

En ce qui concerne la grammaire, elle ne constitue pas un enseignement spécial : au lieu de faire apprendre les règles suivies d'exemples, il nous paraît infiniment préférable de donner d'abord les exemples d'où les élèves déduisent eux-mêmes les règles et les apprennent pour ainsi dire sans s'en douter.

Ainsi nos élèves possèdent, après trois ou quatre années d'études, un bagage de mots et d'idiomes assez complet pour qu'ils puissent aisément rédiger une lettre commerciale : les exercices oraux répétés et soutenus ont formé leur langue et leur oreille aux sons nouveaux de la langue anglaise, et un séjour de quelques mois en Grande-Bretagne complète leur éducation scolaire et leur permet de parler couramment et correctement la langue ainsi apprise à l'École.

---

(1) La manière la plus profitable de pratiquer les exercices oraux nous paraît être la suivante : chaque fois que le professeur a énoncé un mot ou une phrase, il fait répéter d'abord individuellement trois ou quatre élèves, puis, simultanément, tout l'ensemble de la classe ; insister pour que les élèves imitent le professeur et proscrire toute comparaison entre un son anglais et un son français, dit (à tort) correspondant. On entend souvent dire : tel mot anglais se prononce comme tel mot français. Ex. : *to do* = tout doux. Il est cependant indiscutable que les mots anglais ont leur physionomie propre, qui ne rappelle jamais la physionomie d'un mot français.

ENSEIGNEMENT DE L'ALLEMAND

A l'École J.-B. Say, l'enseignement des langues vivantes a un caractère pratique. Il ne s'agit point d'initier nos élèves aux subtilités grammaticales ni de leur faire lire, au moins immédiatement, les chefs-d'œuvre de la littérature allemande.

De la grammaire, ils en apprendront avec nous ce qui est absolument nécessaire pour atteindre à une honnête correction. Quant aux poésies lyriques de Gœthe ou de Heine, ils les liront plus tard, quand les loisirs de leur profession le leur permettront, quand leur intelligence et leur imagination seront assez éveillées pour qu'ils comprennent le sens figuré des mots, dont ils n'auront connu jusque-là que le sens propre.

Nos élèves auront plus tard à rédiger des lettres commerciales et à converser avec des fournisseurs ou des clients d'outre-Rhin. Si le but à atteindre semble plus modeste, la tâche pour y parvenir n'exige ni moins d'efforts, ni moins de méthode.

Il nous faut, avant tout, meubler la mémoire de nos élèves du plus grand nombre de mots possible, appartenant à la langue courante, à la langue des affaires, de l'industrie et du commerce. Nous mettrons donc entre leurs mains des livres de lecture appropriés à ce but, des recueils de morceaux choisis, où il sera surtout question de géographie, de voyages, d'économie politique, de découvertes scientifiques, etc. A la fin de leurs études, ils suivront un cours proprement dit de correspondance commerciale.

Mais, ne perdant pas de vue le but immédiat, qui est de les former à la pratique de la langue, nous faisons une large part à l'enseignement oral.

L'étude du vocabulaire se fait méthodiquement et progressivement.

L'enfant commence par dénommer les objets qui l'entourent, puis il apprend à désigner leur forme, leur couleur, la matière dont ils sont faits, la position qu'ils occupent, l'usage auquel ils sont destinés, la manière de s'en servir.

Ensuite, on aborde le corps humain, ses différentes parties, ses positions et ses mouvements; puis, par une suite toute naturelle, on est amené à parler du vêtement, de l'étoffe et de sa provenance, etc.

Plus tard, il est question de la famille, des métiers, du voyage.

Grâce à des cartes murales, représentant les saisons et les différents travaux qu'elles comportent, on peut étendre encore le vocabulaire et varier les sujets de conversation.

En dehors de ces mots et de ces locutions, divisés, pour ainsi dire, en cycles, et étudiés successivement et méthodiquement, il y a tout un vocabulaire, très considérable, que les élèves apprendront par un usage journalier et constant, si le professeur a soin, à chaque classe, d'interroger ses élèves sur l'heure qu'il est, le temps qu'il fait, la santé, l'âge, le travail du jour, la promenade de la veille, l'emploi du temps à l'École et au dehors, la demeure des parents, les moyens de locomotion employés pour venir à l'École et retourner à la maison, etc.

Enfin, le maître donne, et, dès les premières leçons, dans la langue même qu'il enseigne, les ordres qui doivent être exécutés par les élèves, et il s'en sert pour tous les besoins ordinaires de la classe. L'enfant ne se contente pas de comprendre et d'obéir ; il doit, en exécutant l'ordre, décrire en allemand l'acte qu'il accomplit, et ses camarades le décrivent après lui.

Comment pratiquer ces exercices oraux ?

Il nous semble qu'un des meilleurs moyens est le suivant :

Après que le professeur a nommé lui-même un objet, donné un ordre, énoncé une phrase en allemand, un élève interrogé répète ce qu'il vient d'entendre, un second élève fait de même, puis un troisième ; enfin, tous les enfants répètent ensemble le mot ou la phrase. C'est alors que le professeur doit surveiller rigoureusement la prononciation et ne se déclarer satisfait que lorsqu'elle est devenue irréprochable.

Cet exercice, ainsi pratiqué, a l'avantage de faire travailler tout le monde à la fois. Il intéresse toujours les élèves, et leur attention, par ce moyen soutenue, ne tend pas à se disperser sur d'autres objets étrangers à la classe.

Quant à la grammaire, sans laquelle toute étude de la langue serait stérile, mais qui ne doit être apprise que dans ce qu'elle a d'essentiel, il faut éviter de l'enseigner sous une forme abstraite. Mieux vaut déduire la règle de l'exemple en présence de l'élève, ou même l'amener, si possible, à la trouver et à la formuler lui-même. Ce n'est qu'après avoir appris la couleur et la forme des objets, par exemple, que l'enfant devra savoir que l'adjectif attribut est invariable. Il devra avoir entendu et dit lui-même : *ich mache das Buch auf* ou *ich gebe meine Aufgabe ab*, avant de savoir ce que c'est qu'une particule séparable et quelle place celle-ci doit occuper.

Ainsi, nos élèves, après trois ou quatre années d'études, auront à leur disposition un vocabulaire courant assez riche, et la grammaire, apprise dans ses règles essentielles, leur permettra de mettre en œuvre les matériaux qu'ils auront rassemblés. La rédaction d'une lettre commerciale sera pour eux un travail facile. Les exercices oraux, largement pratiqués, auront formé leur langue et leur oreille aux sons germaniques, et ceux d'entre eux qui iront séjourner en Allemagne seront mis à même, en un espace de temps très court, de parler couramment et correctement la langue qu'ils auront apprise à l'École.

ENSEIGNEMENT DE L'ESPAGNOL

L'enseignement de l'espagnol s'adresse aux élèves de 2ᵉ, 3ᵉ et 4ᵉ année, et comprend trois années d'études. Ces trois années donnent lieu à trois cours distincts, qu'on pourrait appeler : cours élémentaire, cours moyen, cours supérieur.

1° *Cours élémentaire.* — Ce cours, qui est fait aux élèves des trois sections de 2° année, a pour but de leur donner les premières notions de la langue espagnole : alphabet et prononciation, éléments de grammaire, lectures et exercices faciles, premiers éléments du vocabulaire : le corps humain, les cinq sens et la parole, le vêtement, la table, la maison, etc.

2° *Cours moyen.* — Les différents exercices qui ont été faits en 1re année d'espagnol permettent aux élèves du cours moyen d'être divisés, comme ils le sont pour les autres branches d'enseignement, en deux sections : section industrielle, section commerciale.

Section industrielle. — Cette section se compose de deux séries d'élèves : les uns qui se croient en mesure, par leur travail et leurs aptitudes, à concourir plus tard pour l'admission dans les grandes Écoles de l'État (Saint-Cyr, Polytechnique, etc.), les autres qui se destinent à l'industrie proprement dite, se préparent à entrer à l'École de Physique et Chimie, à l'École centrale, à l'Institut agronomique, etc. Aux premiers, l'enseignement de l'espagnol est indispensable, puisque cette langue leur permettra, avec l'anglais ou l'allemand, d'obtenir le baccalauréat moderne, première étape pour les concours futurs. Aux seconds, la connaissance de l'espagnol est très utile, tant au point de vue des examens, dans lesquels l'espagnol peut les faire bénéficier d'un certain nombre de points, qu'au point de vue de leur avenir même, l'espagnol étant, avec l'anglais, les deux langues les plus parlées dans l'univers entier (Mexique, Antilles, Amérique centrale, Amérique du Sud, Carolines, Philippines, Mariannes, etc.).

L'enseignement pour ces deux catégories d'élèves sera donc le même : complément de grammaire espagnole, préparation, explication et commentaire des auteurs du baccalauréat, exercices de conversation et vocabulaire.

La *section commerciale* aura un enseignement d'un caractère particulier, qui sera orienté uniquement vers le commerce ; aussi, l'enseignement se compose de l'acquisition du vocabulaire commercial, des rédactions de lettres commerciales, factures, traites, chartes-parties, contrats d'assurances, etc., en un mot tout ce qui peut permettre à nos élèves quittant l'École à la fin de la 3e année de rendre des services dans la maison où ils sont employés.

3° *Cours supérieur.* — Ce cours est aussi divisé en deux parties. Dans la section d'enseignement général, il est purement littéraire ; l'explication des auteurs est poussée aussi loin que le permet le temps ; les exercices écrits sont nombreux, le vocabulaire est complété et les exercices de conversation sont beaucoup plus fréquents et variés ; enfin, des notions d'histoire de la littérature espagnole achèvent la préparation de nos candidats au baccalauréat moderne.

Dans les autres sections, c'est-à-dire les sections industrielles et la section commerciale, l'enseignement est pour ainsi dire le couronnement de l'enseignement de l'année précédente, et, là encore, malgré le peu de temps dont les élèves disposent pour l'étude de l'espagnol, ils acquièrent les derniers éléments de la langue qui leur permettra d'assurer leurs examens et d'avoir dans l'avenir un précieux instrument de succès dans les entreprises industrielles et les carrières commerciales.

ENSEIGNEMENT DU DESSIN GÉOMÉTRIQUE

GÉNÉRALITÉS

L'enseignement du dessin géométrique est absolument conforme, comme méthode, comme programme et comme pédagogie, au plan élaboré en 1880 par la Commission nommée par le Ministère de l'Instruction publique.

Il est absolument collectif, c'est-à-dire que tous les élèves dessinent d'après le même croquis au tableau, le même modèle mural ou le même objet. Les modèles graphiés individuels sont formellement interdits.

La première moitié de la séance est consacrée à la leçon orale, pendant laquelle les élèves reproduisent sur un cahier spécial le croquis du modèle. Ce travail est exécuté sur la page de droite, celle de gauche étant réservée aux compléments théoriques, aux croquis de détail et aux observations relatives à la mise au net. La seconde partie de la classe est occupée par la mise en train du dessin au net, qui sera d'ailleurs achevé en dehors de la salle avec la seule aide du croquis. Le professeur reprend alors sous forme de conseils individuels, s'il est nécessaire, les points qui n'ont pas été complètement saisis lors de la leçon collective.

Les élèves procèdent par concours permanents, ce qui veut dire que chaque dessin est exécuté par eux dans un temps limité, le même pour tous, indiqué à l'avance; ce temps est d'une semaine en général, quelquefois de deux, mais jamais de plus; on peut ainsi exécuter de vingt-cinq à trente dessins dans l'année scolaire. Chaque exercice est sanctionné par des notes, tant pour le croquis que pour la mise au net; les notes du croquis sont données aussitôt après son exécution, les notes du dessin au net immédiatement après sa remise.

Toutes les notes sont reportées sur des registres spéciaux; les compositions de la fin de chaque trimestre sont multipliées par des coefficients variables avec l'importance qu'on veut leur attribuer, et le total de toutes les notes du trimestre détermine le classement trimestriel. Le classement de fin d'année s'obtient d'ailleurs en additionnant les notes des compositions trimestrielles. De cette façon, tous les travaux comptent pour la composition de fin d'année; il en résulte plus d'intensité et plus de constance dans le travail.

Tous les dessins sont conservés, avec leur ordre de classement, dans des dossiers, de manière à pouvoir être présentés aux inspecteurs; ils ne sont rendus aux élèves qu'à la fin de l'année. Toutefois, avant cette remise, deux ou trois dessins sont détachés de chaque dossier ; ces spécimens forment autant de dossiers partiels, en double ou en triple, qu'il y a de classes ; ils servent à constituer les archives de l'enseignement.

Le plan d'études est d'ailleurs préparé d'avance, et rien n'est livré au hasard ; les leçons faites et les modèles proposés chaque semaine sont prévus dès la rentrée des classes.

Première année.

Le programme comporte l'étude des figures à deux dimensions. Les constructions géométriques qui servent de base à cette étude sont expliquées à l'aide de croquis au tableau, ainsi que les modèles simples qui en sont les applications. Les exercices plus compliqués font l'objet de modèles muraux, préparés à l'avance sur de grandes feuilles de papier.

Le croquis, dessiné complètement au tableau par le professeur pendant la leçon et reproduit trait par trait, donne de très bons résultats au point de vue graphique. Le modèle mural offre l'avantage d'habituer les élèves à analyser un ensemble.

Les sujets des modèles sont d'ailleurs empruntés pour la plupart aux prospectus des fabriques de carrelages céramiques, de vitraux, de parquets en bois, de serrurerie artistique.

Deuxième année.

Le programme comprend l'étude des figures à trois dimensions, ainsi que des notions sur le lavis de ces figures et des notions élémentaires d'architecture.

La première partie débute par la théorie des projections, qui s'enseigne à l'aide de croquis au tableau. Elle donne lieu aussi à quelques croquis et à quelques modèles muraux, puis les élèves sont mis en présence des modèles en relief. Les cinq solides géométriques et les principaux assemblages de charpente et de menuiserie sont ainsi étudiés collectivement au tableau, tandis que des objets usuels convenablement choisis sont relevés directement par les élèves, divisés en groupes de cinq ou six.

L'architecture donne lieu à des modèles muraux, mais elle s'enseigne surtout à l'aide des modèles de la collection officielle, dite de l'École des Beaux-Arts, dont les relevés géométraux constituent d'excellents exercices.

Le lavis s'enseigne théoriquement à l'aide d'épures et de croquis exécutés au tableau, mais les solides en relief sont d'un grand secours pour faire comprendre les effets de la lumière et de l'ombre.

Troisième année.

Le programme comprend, avec la théorie des ombres usuelles, le lavis et le rendu d'architecture, le lavis et le rendu de machines, ainsi que des notions de perspective linéaire.

La théorie des ombres s'enseigne, comme le lavis, à l'aide d'épures et de croquis au tableau.

Le dessin d'architecture et le dessin de machines ont recours à quelques modèles muraux, puis aux modèles en relief, au relevé desquels les élèves sont exercés de la même manière qu'en 2ᵉ année pour les objets usuels. L'usage de ces modèles permet d'ailleurs d'obtenir des effets de rendu se rapprochant de la réalité.

Il n'existe pas de collection officielle pour les organes de machines, mais ils sont choisis de manière à former une série méthodique et complète, quoique simple. Les élèves doivent, en effet, non seulement s'exercer à faire des relevés, mais aussi acquérir des notions de mécanique pratique.

La perspective s'enseigne, comme la théorie des ombres et celle du lavis, à l'aide d'épures et de croquis; elle s'applique aussi, comme elles, à l'étude des modèles d'architecture.

Section préparatoire aux Écoles d'Arts et Métiers.

Le programme de la 1ʳᵉ année comprend l'étude des figures à deux dimensions et celle des figures à trois dimensions, ainsi que de nombreux relevés d'objets usuels et des notions de charpente et de menuiserie. Cette dernière partie s'enseigne surtout à l'aide de modèles muraux.

La 2ᵉ année est presque entièrement consacrée à l'étude de la mécanique pratique. Après quelques croquis relatifs aux principales courbes, l'enseignement du dessin de machines est donné par des modèles muraux et par des modèles en relief; la leçon orale est presque entièrement technique, c'est-à-dire qu'elle est consacrée à des notions détaillées sur la fabrication, la construction et le fonctionnement des organes à dessiner. Cet enseignement est d'ailleurs complété au cours de visites faites dans des ateliers et dans des usines, sous la direction du professeur.

ENSEIGNEMENT DU DESSIN D'IMITATION

L'enseignement du dessin à l'École J.-B. Say est fait dans les conditions les plus favorables, grâce à une installation modèle qui permet un enseignement collectif en même temps qu'elle donne la possibilité, par des groupements d'élèves de force à peu près égale, de réaliser, tout en restant dans les données du programme, des travaux correspondant aux aptitudes de chacun d'eux.

Il est donné avec la préoccupation d'une application possible à l'exercice d'une profession, et il a aussi pour but de développer chez l'élève les facultés d'observation et de goût qui lui seront toujours utiles dans la vie, et dont la nécessité s'impose aujourd'hui dans l'exercice de toute profession industrielle ou commerciale.

ENSEIGNEMENT PRIMAIRE ÉLÉMENTAIRE

Dans les classes primaires, le dessin est enseigné de telle façon qu'il y ait pour les enfants un attrait auquel le professeur attache la plus grande importance. Sans laisser l'élève à son initiative personnelle, on lui permet cependant par des exercices appropriés à son âge, à ses qualités natives, de réaliser des dessins auxquels il s'intéresse. Le propre de l'enseignement dans la classe élémentaire est la variété, qui seule tient en éveil l'esprit des tout jeunes enfants.

Dans le cours supérieur, une plus grande régularité dans le choix des exercices les amène à une préparation complète à l'examen du certificat d'études primaires et aussi à la possibilité pour chacun d'eux de raisonner et de comprendre la forme dans ses mesures et dans son aspect.

Les études de dessin dans ces petites classes sont des plus intéressantes, elles sont la base très sûre d'une connaissance suffisante du maniement du crayon et d'une évolution vers le bon goût et l'esprit d'observation.

ENSEIGNEMENT PRIMAIRE SUPÉRIEUR

A cause du caractère particulier de l'École J.-B. Say qui est un internat, les élèves de 1ʳᵉ année n'ont pas tous reçu le même enseignement. Les uns viennent des écoles communales, les autres des établissements libres, d'autres des lycées, etc. Il est donc nécessaire de faire un retour en arrière; mais en même temps le professeur appuie son enseignement sur les principes du dessin qu'il développe dans ses leçons orales, et, comme les élèves sont déjà plus sérieux, c'est à l'aide d'une théorie plus complète et destinée à frapper leur esprit que les leçons seront faites. Elles sont graduées par le choix même des exercices s'appuyant tantôt sur la représentation d'objets usuels de forme simple, soit plus particulièrement sur l'exécution de plâtres simples, d'abord d'un faible relief et dont les difficultés augmentent successivement. Des groupements d'objets et de plâtres ayant des teintes ou des valeurs colorées sont aussi représentés à l'aide du dessin et parfois aussi avec des crayons de couleur. Ainsi, dès la fin de la 1ʳᵉ année, toutes les règles de la perspective d'observation ayant reçu leurs applications, les élèves seront en mesure non seulement de représenter avec certitude les formes, mais aussi la valeur relative de leurs parties, au point de vue des ombres et de la couleur.

Les leçons orales au tableau, sur la perspective d'observation et sur la manière de dessiner les modèles, sur l'origine de ces modèles, complétées par des notions sur les éléments de composition décorative et sur les styles, comprennent à peu près toutes les questions, sans avoir le caractère des études faites dans les établissements spéciaux de dessin.

En 2ᵉ année, les cours compléteront ceux de 1ʳᵉ année par des exercices plus complexes sur des plâtres d'un relief plus accentué, d'une exécution plus délicate portant particulièrement sur l'architecture.

Dans les divisions de 3ᵉ année industrielle et de 4ᵉ année, les élèves dessinent la figure humaine sous l'aspect le plus simple, c'est-à-dire d'abord à l'aide de masques, puis de bustes ou d'ornements complétés par la figure humaine. Ils sont suffisamment préparés pour dessiner la figure ou des plâtres d'ornements les plus compliqués, ils connaissent aussi la mise en valeur par des procédés simples et raisonnés, des ombres et des reliefs. Ils deviennent plus habiles, capables d'apprécier la valeur artistique d'une œuvre et de discerner une œuvre belle d'une médiocre ; ils possèdent, avec la culture intellectuelle, des procédés et des moyens pouvant les aider à l'exercice d'une profession.

TROISIÈME COMMERCIALE

C'est dans cet ordre d'idées qu'un cours spécial de dessin a été organisé en faveur des élèves de la 3ᵉ année commerciale. Ce cours, qui traite des questions d'art, de composition décorative, de couleurs, de technique des métiers d'art, a pour but de préparer les futurs commerçants à la connaissance suffisante des diverses fabrications et à les initier, non aux secrets professionnels, mais à une connaissance plus grande des styles qu'ils ne peuvent ignorer s'ils sont appelés plus tard à servir d'intermédiaires entre le fabricant et l'acheteur. A la suite des leçons, les élèves, dans un travail de composition décorative, les résument ou appliquent les règles qui ont été exposées par le professeur.

SECTIONS PROFESSIONNELLES

Les élèves des sections professionnelles préparatoires aux Écoles d'Arts et Métiers (1ʳᵉ et 2ᵉ année) suivent un programme spécial. La plupart font toutes leurs études dans les sections et ils constituent en général une élite dans l'École au point de vue du dessin. Quelques-uns entrent aux Écoles d'Arts et Métiers, les autres ou bien tirent immédiatement un parti de leurs connaissances dans l'industrie, ou bien poursuivent les études de dessin pour lesquelles ils ont reçu une préparation solide et raisonnée. C'est donc la destination industrielle des élèves qui doit inspirer le professeur et dominer son cours.

MODELAGE

Pour compléter l'enseignement du dessin à J.-B. Say, un cours de modelage, de récente création, permet de réaliser matériellement la forme imaginée. Par les trois moyens mis à leur disposition, par le dessin à vue, le dessin géométrique et le modelage, les élèves réalisent la forme sous trois états et reçoivent ainsi un enseignement complet, leur permettant d'apprécier la forme dans ses apparences ou dans la réalité.

ENSEIGNEMENT DE LA COMPTABILITÉ

Le professeur s'attache à diriger son enseignement de façon à mettre les élèves en mesure de rendre, dès leur sortie de l'École, des services utiles dans un établissement industriel et commercial.

Les divers genres d'écriture usités dans le commerce : cursive, ronde et bâtarde, sont l'objet de soins constants.

Les exercices de calcul sont nombreux et variés ; ils se font mentalement et à la plume. Le professeur exige la rapidité et l'exactitude nécessaires dans la vie des affaires.

L'École met entre les mains des élèves des documents commerciaux bien établis, choisis dans les maisons de commerce les plus sérieuses. La confection de ces documents, leur rédaction est l'objet de la plus grande attention.

La correspondance commerciale est étudiée au point de vue de la forme et du fond. Le maître fait peser et mesurer les termes des lettres écrites ; il s'efforce de faire comprendre l'importance d'un écrit qui contient un engagement, donne un ordre et en un mot forme presque toujours un contrat.

Le précis du cours est aussi simple et clair que possible.

Les développements des définitions, toujours courtes, sont faits par les élèves devant toute la classe.

Chacun d'eux est tenu de savoir les définitions théoriques et d'en expliquer les applications pratiques.

Dès la 1re année, ils s'exercent à suivre les opérations de commerce au moyen des documents et des livres auxiliaires ; en 2e année, les exercices continuent sur les mêmes bases, mais avec les livres obligatoires en plus.

Enfin, en 3e année, l'élève doit voir : comment s'est engagée une affaire, en dresser les pièces comptables ; s'intéresser aux réceptions et aux expéditions ; classer les documents, passer les écritures aux livres auxiliaires et de là au journal, aux grands livres et déterminer les résultats acquis.

En 4e année, les cotes, les mercuriales, les calculs des prix de revient, les opérations de Bourse et de change sont expliqués aux élèves et viennent compléter leur éducation commerciale.

ENSEIGNEMENT DE L'ÉCRITURE

Le but de l'enseignement de l'écriture est l'étude des principes simples, fondamentaux, sur lesquels doivent reposer l'exécution rationnelle des caractères des diverses écritures usitées et les applications pratiques des écritures à la confection de documents de comptabilité ou de travaux administratifs.

De là, pour cet enseignement, la division suivante :

En 1re année, écriture anglaise à main posée et expédiée ;
En 2e année, écriture ronde, écriture bâtarde ;
En 3e année, applications pratiques des diverses écritures.

En 4e année, étude sommaire comparative des genres d'écriture les plus usités ; établissement et exécution de pièces d'écriture d'après diverses données s'appliquant à des travaux de correspondance et de comptabilité commerciales, financières et administratives.

Au cours des deux premières années, dès les prescriptions préliminaires passées en revue, il est procédé à l'exécution d'exercices gradués, présentant entre eux certaine concordance de distribution. Des modèles soigneusement gravés, sont mis à la disposition des élèves, qui ont, sous la direction du maître, à les reproduire de leur mieux.

Lorsque les élèves sont suffisamment exercés, des transcriptions de textes peuvent leur être demandées, soit à main posée, soit à main rapide.

En 3e et en 4e année, le cours d'écriture est exclusivement pratique. Il a pour objet non seulement l'expédition de documents de correspondance ou de comptabilité commerciales, de travaux administratifs donnés comme spécimens, mais encore la confection de pièces similaires à établir d'après des données que le maître peut proposer en vue de rendre le travail plus varié et de provoquer ainsi l'initiative des élèves.

L'utilité d'une bonne écriture est incontestable. Il ne s'agit pas, bien entendu, d'avoir pour objectif l'art calligraphique proprement dit. Il faut que l'écriture demandée aux élèves soit ample, simple d'allure, exempte de fioritures et conforme le plus possible aux principes élémentaires.

ENSEIGNEMENT DU CHANT

CLASSES PRIMAIRES

Au cours élémentaire, l'oreille de l'enfant est formée par des chants appris par audition.

Au cours moyen, un peu de théorie musicale vient se joindre à la pratique, l'enfant commence à apprendre la lecture musicale.

Au cours supérieur, ses facultés musicales se développent par l'explication très simple de la théorie, l'étude du solfège, le chant à deux ou trois parties, et enfin la dictée musicale.

ENSEIGNEMENT PRIMAIRE SUPÉRIEUR

Tout en complétant l'enseignement musical donné dans les classes primaires, le professeur s'attache surtout à développer chez les élèves le goût et l'amour du chant, afin qu'ils puissent perfectionner plus tard leur instruction et propager autour d'eux le goût de la musique.

L'un des moyens les plus efficaces d'arriver à ce résultat est de faire exécuter par les élèves des chants scolaires à l'unisson.

Le professeur choisit, autant que possible, des morceaux que les élèves peuvent apprendre et réciter.

La poésie est déjà par elle-même une musique, et, lorsqu'elle est belle, l'élève éprouve un grand plaisir à la chanter.

Les exercices proprement dits de solfège et d'intonation tiennent une grande place dans l'enseignement; la théorie n'intervient que mêlée à la pratique, de manière à intéresser l'élève et à l'aider à comprendre plus facilement les divers théorèmes de la musique.

La dictée musicale a aussi sa place marquée, car c'est par elle que le professeur arrive à former l'oreille de l'enfant, et c'est ce qui importe tout d'abord.

En 1re année, les élèves ont presque tous encore la voix d'enfant; l'heure de la leçon est employée de la manière suivante :

Dès le commencement, cinq ou dix minutes sont consacrées aux exercices d'intonation proprement dits, à la position des voix, aux divers conseils pour la tenue du corps, de la respiration, de la diction, etc. ; cinq minutes pour la dictée orale.

La théorie expliquée au tableau est toujours suivie de leçons de solfège, d'abord rythmées, puis ensuite solfiées et complétant la leçon théorique.

La fin de la classe est réservée à l'étude d'un chant scolaire.

En 2ᵉ année, les élèves commencent à muer. Il faut donc choisir les leçons de solfège et les chants scolaires dont la téssiture est assez restreinte.

Dans cette année, la théorie est plus développée, et l'on commence l'étude du solfège à deux voix.

Pour habituer les élèves à chanter en chœur, le professeur écrit souvent au tableau un canon très simple à deux parties, avec ou sans paroles.

En 3ᵉ année, l'enseignement musical, tout en conservant son caractère théorique et pratique des deux années précédentes, devient un peu plus artistique.

Les jeunes gens qui composent cette année ont en moyenne de quinze à dix-sept ans; il est nécessaire de leur donner une instruction solide.

Dans le but de leur faire désirer de continuer ultérieurement ces études, le professeur écrit les plus belles pages des grands maîtres de la musique.

Une courte mélodie tirée du *Pré aux Clercs*, d'Hérold, ou de *Faust*, de Gounod, permet de faire un aperçu historique de l'art musical en général et de l'art dramatique en particulier.

Enfin, comme complément de l'éducation musicale, on réunit dans le grand amphithéâtre de l'École les élèves de plusieurs divisions pour leur faire exécuter soit des chants scolaires à l'unisson, soit des chœurs à plusieurs parties.

L'expression des sentiments collectifs est le véritable but de l'enseignement vocal.

Par l'école primaire, on développe le goût chez l'enfant. Par l'école supérieure, on formera son jugement et on l'habituera à discerner le beau du vulgaire, et l'art du métier.

ENSEIGNEMENT DU TRAVAIL MANUEL

Le programme de travail manuel comprend un ensemble d'exercices méthodiques dont la liste est arrêtée au commencement de l'année scolaire.

Ces exercices sont actuellement répartis, au point de vue de la matière d'œuvre employée, en trois séries principales : cartonnage, bois et fer.

Les travaux de cartonnage sont la revision de ce qui se fait au cours supérieur de l'école primaire; vu la facilité de leur exécution, ils permettent d'initier très rapidement au travail manuel un grand nombre d'élèves de 1ʳᵉ année provenant des lycées ou d'institutions libres.

Deux nouvelles séries d'exercices, l'une de modelage, l'autre de stéréotomie, viendront compléter les précédentes dès que les salles affectées à cet enseignement seront aménagées.

Tout exercice est l'application d'un croquis coté ou d'un dessin à l'échelle et doit comporter, dans l'exécution, plusieurs modifications permettant aux élèves plus habiles d'utiliser tout le temps de la leçon.

Toute série d'exercices doit satisfaire en outre aux conditions suivantes : 1° se composer d'un certain nombre d'exercices théoriques aboutissant à la confection de quelques objets utiles ; 2° présenter, relativement aux difficultés du tracé et de l'emploi des outils, une gradation bien marquée.

Leçon.

La leçon de travail manuel se divise en deux parties distinctes : 1° la partie technique ou théorique, qui a pour but de relier le travail manuel à l'enseignement général ; 2° la partie pratique, comprenant les manipulations nécessaires pour l'exécution d'un exercice déterminé.

La leçon technique est donnée par un maître auxiliaire, et la leçon pratique, par un maître ouvrier.

Personnel.

L'École compte en ce moment deux maîtres auxiliaires, dont l'un est chargé des divisions de 1re année et l'autre des divisions de 2e et de 3e année, et deux maîtres ouvriers, l'un pour l'atelier du bois, l'autre pour l'atelier du fer.

Rôle du maître auxiliaire. Caractère de la leçon technique.

A chaque leçon technique, le maître auxiliaire trace au tableau noir le croquis coté de l'objet à exécuter et les constructions géométriques utilisées sur la matière d'œuvre. Ces divers tracés donnent lieu à des remarques, à des démonstrations géométriques sur lesquelles le professeur insiste tout particulièrement.

Les formes réalisées, étant une combinaison de plans, prismes, cylindres, se prêtent également à de nombreux exercices de calcul en application du système métrique : évaluation de la surface, du volume, etc.

Le professeur donne ensuite la marche à suivre dans l'exécution du travail et indique au fur et à mesure les outils à employer, leur maniement, le rôle des différentes pièces qui les constituent et les précautions à prendre pour éviter les accidents.

La leçon est complétée, s'il y a lieu, par des notions sur la matière d'œuvre, les propriétés des bois ou métaux, leur usage. Des échantillons convenablement choisis sont montrés aux élèves.

Ceux-ci reproduisent en les résumant les indications qui précèdent dans un carnet d'atelier, qui est tenu de la manière suivante :

Carnet d'atelier.

Sur la page de gauche figurent les tracés géométriques, les croquis cotés et au besoin des croquis schématiques expliquant les différentes phases d'une manipulation.

Sur la page de droite se trouvent la liste des outils employés, les dimensions des échantillons, de la matière d'œuvre, la marche à suivre dans l'exécution de l'objet, enfin un résumé succinct des notions techniques.

Le carnet d'atelier, étant destiné à servir de guide aux élèves pendant l'exécution du travail, a une importance spéciale et doit être tenu avec le plus grand soin : les croquis relevés proprement, le texte disposé en alinéas courts et écrits lisiblement, les sous-titres placés en marge, de telle sorte que l'élève puisse trouver rapidement un détail utile.

Pour chaque exercice réalisé, le professeur y inscrit deux notes d'appréciation, l'une relative à l'objet exécuté, l'autre, à la tenue du carnet.

Le maître ouvrier, outre la leçon pratique, est chargé de l'entretien et de l'affûtage des outils. Ce travail se fait en dehors des leçons. Pour éviter toute perte de temps, il prépare également à l'avance la matière d'œuvre suivant les dimensions indiquées pour chaque exercice.

Au début de la leçon, le professeur groupe autour de lui les élèves munis du carnet d'atelier et passe rapidement en revue les différentes manipulations dans l'ordre où elles sont notées au carnet d'atelier. Puis chaque élève prend sa place et se met à l'œuvre.

Pendant l'exécution du travail, le maître ouvrier procède par conseils individuels, s'assure que le maniement des outils est conforme aux principes enseignés et corrige les positions défectueuses.

Il peut arriver qu'une manipulation n'ait pas été comprise d'un certain nombre d'élèves; dans ce cas, à un signal convenu, la section se groupe de nouveau autour du professeur, qui donne une explication collective.

Dès que les élèves plus habiles ont achevé la partie fondamentale de l'exercice, ils passent aux modifications sans attendre les retardataires qui, stimulés par le désir de faire aussi bien que les premiers, apportent à leur travail plus d'activité et plus d'attention.

Un maître répétiteur assiste le maître ouvrier et veille à ce que la discipline et l'ordre le plus rigoureux règnent toujours à l'atelier.

Le travail terminé, chaque élève remet ses outils en place et, avant le départ de la section, le maître ouvrier passe rapidement l'inspection de l'outillage. Ce contrôle a son importance; comme un grand nombre d'élèves doivent se servir des mêmes outils, il est indispensable que l'outillage soit maintenu en bon état, par économie d'abord et ensuite pour éviter les pertes de temps.

L'École possède deux ateliers : l'un pour le travail du bois, l'autre pour le travail du fer.

L'atelier du bois contient seize établis à deux places et peut recevoir trente-deux élèves.

Celui du fer contient quatre établis à dix étaux et peut recevoir quarante élèves.

Chaque atelier est, en outre, pourvu de deux tables de cartonnage autour desquelles peuvent prendre place trente élèves en moyenne.

Cette installation a permis d'adopter la répartition suivante :

Dans les trois années, toute division est partagée en deux sections égales, dont l'une travaille à l'atelier du bois, l'autre à l'atelier du fer.

En 1re année, l'enseignement est collectif; pendant le premier trimestre, les deux sections font du cartonnage dans leur atelier respectif; pendant le second trimestre, l'une des sections travaille au bois et l'autre au fer; au troisième trimestre, la section du bois passe au fer et réciproquement.

En 2e et en 3e année, il n'y a plus d'alternance : chacune des sections reste au même atelier pendant toute l'année.

Un spécimen de chacun des exercices est conservé pour former une série complète destinée à être exposée dans les ateliers. Tous les travaux d'une exécution soignée sont remis à leurs auteurs à la leçon suivante, à titre de récompense.

***

ENSEIGNEMENT DE LA GYMNASTIQUE

L'éducation physique est divisée en trois parties, qui correspondent aux trois années normales d'études.

Les élèves ont deux séances par semaine. Chaque leçon comprend quatre phases distinctes : 1° les mouvements rythmés; 2° les mouvements lents (poses plastiques); 3° les mouvements avec engins et agrès; 4° les exercices récréatifs. A la fin de chaque trimestre a lieu un examen individuel qui porte sur toutes les matières enseignées et qui a pour sanction le remaniement des places et la nomination des moniteurs.

Programme des groupes d'exercices.

1re *année.* — Exercices d'ordre, marches diverses, attitudes variées, courses, mouvements rythmés, danses, jeux.

2e *année.* — Revision des exercices de la 1re année, plus l'école du soldat sans armes, les sauts, les danses, les mouvements de natation, la boxe, les exercices avec engins et agrès, les jeux.

3e *année.* — Revision des exercices de la 2e année, plus les exercices de barres, massues, l'école du soldat, l'école de section, les exercices aux agrès.

CONCOURS INTERSCOLAIRE DE GYMNASTIQUE

Depuis l'inauguration du concours interscolaire de gymnastique (mai 1892), l'École J.-B. Say a remporté chaque année deux prix pour les exercices d'ensemble, soit seize prix, dont cinq premiers et dix seconds. Les élèves ont obtenu, en outre, quinze prix individuels pour les exercices aux appareils.

Nous engageons nos élèves à ne pas se spécialiser dans un travail particulier et nous leur conseillons, au contraire, de se familiariser avec tous les appareils. Les exercices d'ensemble sont surtout en honneur à l'École J.-B. Say. A cause de l'attention, de l'obéissance, de la précision et d'une certaine responsabilité mutuelle qu'ils exigent ces exercices contribuent à développer chez les élèves l'esprit d'ordre, de discipline et de solidarité.

***

EXERCICES D'ENSEMBLE (MAINS LIBRES).

PERSONNEL

Les conditions d'organisation et de fixation des traitements du personnel ont été prévues par la loi du 19 juillet 1889 (art. 48), puis déterminées par le décret du 3 août 1890, dont nous reproduisons les différents articles qui concernent l'École J.-B. Say.

DÉCRET DU 3 AOUT 1890.

ARTICLE PREMIER. — Dans les Écoles primaires supérieures de la Ville de Paris, établies ou maintenues conformément à l'article 13 de la loi du 30 octobre 1886, le personnel administratif et enseignant comprend :

Un directeur ;

Des professeurs ;

Des maîtres auxiliaires pour les enseignements accessoires ;

Des maîtres répétiteurs.

Il peut comprendre, en outre, un surveillant général.

ART. 2. — Les directeurs et les professeurs sont nommés dans les conditions prescrites article 28, § 1er, de la loi du 30 octobre 1886.

Toutefois, ils sont dispensés de la justification du certificat d'aptitude au professorat des Écoles normales et des Écoles primaires supérieures, s'ils sont munis soit d'une licence, soit du certificat d'aptitude à l'enseignement secondaire spécial (lettres ou sciences).

Le surveillant général doit justifier des titres de capacité exigés des professeurs.

Il est nommé par le Ministre.

ART. 3. — Les maîtres auxiliaires pour les enseignements accessoires doivent être pourvus du diplôme spécial correspondant aux fonctions qu'ils exercent et tel qu'il est déterminé par les règlements universitaires. A défaut du diplôme requis, ils ne peuvent être que délégués à titre provisoire dans leurs fonctions.

Ils sont nommés ou délégués par le Préfet, dans les conditions spécifiées par l'article 28, § 2, de la loi du 30 octobre 1886.

Art. 4. — Les maîtres répétiteurs doivent être pourvus soit du brevet supérieur, soit de l'un quelconque des baccalauréats.

Ils sont nommés par le Préfet, sur la proposition de l'Inspecteur d'académie, directeur de l'enseignement primaire de la Seine.

Art. 5. — Les professeurs et les maîtres répétiteurs sont répartis en cinq classes, suivant les proportions fixées par l'article 13 de la loi du 19 juillet 1889.

Art. 6. — Les Directeurs reçoivent un traitement de 5000 francs par an, qui peut s'élever jusqu'à concurrence de 7000 francs au maximum par augmentations successives de 500 francs ; mais ces augmentations ne peuvent être accordées qu'après trois années au moins de jouissance du dernier traitement.

Ils jouissent, en outre, de tous les avantages réservés par la loi du 19 juillet 1889 aux Directeurs d'Écoles primaires supérieures.

Art. 7. — Les surveillants généraux reçoivent un traitement de 3000 francs, qui peut s'élever, dans les conditions prescrites à l'article précédent, jusqu'à 5000 francs au maximum.

Ils ont droit, en outre, à une allocation non soumise à retenue et fixée à 1000 francs.

Cette allocation leur tient lieu de toute indemnité de résidence.

Ils doivent être logés dans l'établissement où ils exercent leurs fonctions.

Art. 8. — Le traitement des professeurs est fixé ainsi qu'il suit :

5ᵉ classe	1800 fr.
4ᵉ classe	2100 »
3ᵉ classe	2400 »
2ᵉ classe	2700 »
1ʳᵉ classe	3000 »

Dans ce traitement est comprise l'indemnité spéciale prévue par l'article 20 de la loi du 19 juillet 1889.

Ils jouissent, en outre, de tous les avantages réservés par la loi du 19 juillet 1889 aux instituteurs adjoints des Écoles primaires supérieures.

Art. 9. — Le nombre d'heures de classe exigibles des professeurs est fixé, par semaine, à quatorze heures au minimum et à seize heures au maximum.

Il pourra leur être demandé des heures supplémentaires chaque fois que les besoins du service l'exigeront.

Ils seront rémunérés de chaque heure supplémentaire d'enseignement par semaine au moyen d'une indemnité, non soumise à retenue, de 300 francs par an.

Art. 10. — Le traitement des maîtres répétiteurs est ainsi établi :

5ᵉ classe	1100 fr.
4ᵉ classe	1300 »
3ᵉ classe	1600 »
2ᵉ classe	1900 »
1ʳᵉ classe	2100 »

Ils ont droit, en outre, à une allocation fixée à 1500 francs, non soumise à retenue et qui leur tient lieu de toute indemnité de résidence ou de logement.

Art. 11. — L'avancement des professeurs et des maîtres répétiteurs a lieu par classe et au fur et à mesure des vacances dans chacune des classes.

Il se fait sur l'ensemble du personnel attaché aux Écoles primaires supérieures de la Ville de Paris et exclusivement au choix.

Nul ne peut être promu à une classe plus élevée qu'après avoir passé trois années au moins dans la classe immédiatement inférieure.

Art. 12. — Les maîtres auxiliaires pour les enseignements accessoires reçoivent une allocation annuelle, non soumise à retenue et dont le taux, calculé à raison d'une heure de leçon par semaine, est fixé ainsi qu'il suit :

Langues vivantes, dessin et comptabilité, de 250 à 350 francs ;
Calligraphie et chant, de 200 à 300 francs ;
Gymnastique et exercices militaires, de 150 à 250 francs ;
Travail manuel, de 100 à 150 francs.

Les maîtres chargés de ces divers enseignements reçoivent, au moment de leur nomination, l'allocation la moins élevée ; ils peuvent, après trois années au moins d'exercice, obtenir des augmentations successives de 25 francs par an, jusqu'à ce qu'elles aient atteint le taux maximum.

Art. 13. — Lorsque l'enseignement d'une des matières obligatoires dans les Écoles primaires supérieures n'est pas susceptible de comporter le nombre minimum d'heures fixé par l'article 9, le Ministre peut charger de cet enseignement des maîtres pris en dehors de l'École, pourvu qu'ils justifient des titres de capacité exigés des professeurs. Ils sont rémunérés de chaque heure d'enseignement au moyen d'une allocation annuelle, non soumise à retenue, dont le taux peut varier entre 300 francs et 400 francs.

Art. 15. — Le Ministre peut, après avis du Conseil départemental, autoriser la Ville de Paris à annexer, dans les conditions déterminées, un internat aux Écoles primaires supérieures.

Dans ce cas, le Directeur, le surveillant général et les maîtres répétiteurs sont chargés de la direction et de la surveillance de l'internat.

L'arrêté ministériel fixe le supplément de rétribution qui pourra leur être dû par la Ville de Paris.

Les maîtres répétiteurs qui sont logés et nourris dans l'École cessent d'avoir droit à l'allocation qui leur est attribuée par l'article 10.

Art. 16. — Les traitements des fonctionnaires et professeurs, ainsi que les diverses indemnités et allocations prévues par le présent décret, sont mandatés par le Préfet. Ils sont payés mensuellement et par douzièmes, sur le vu d'un état dressé par l'Inspecteur d'académie, directeur de l'enseignement primaire de la Seine.

Art. 17. — Sont, en outre, applicables aux Écoles visées dans l'article 1er toutes les dispositions de lois et règlements concernant le personnel des Écoles primaires supérieures qui ne sont pas contraires au présent règlement.

Art. 18. — Les fonctionnaires en exercice lors de la publication du présent règlement sont dispensés de la justification des titres requis pour l'emploi qu'ils occupent.

Les professeurs et les maîtres répétiteurs seront rangés dans les classes correspondant au traitement qui leur sera attribué en exécution du présent décret.

Les effectifs de chaque classe seront ramenés, s'il y a lieu, aux proportions fixées au fur et à mesure des vacances.

Art. 19. — Si le total des allocations attribuées en vertu du présent règlement aux fonctionnaires et professeurs actuellement en exercice, tant comme traitement et supplément de traitement que comme indemnité de résidence ou de logement, est inférieur au traitement dont ils jouissent, il leur sera alloué un supplément de traitement égal à la différence.

Les indemnités et allocations prévues par les articles précédents, et dont bénéficieront ces mêmes fonctionnaires et professeurs, sont soumises à retenue et comptent pour la liquidation de la pension, mais seulement dans la mesure où elles complètent ou remplacent le traitement qui leur était antérieurement alloué.

Fait à Paris, le 3 août 1890.

CARNOT.

Par le Président de la République :

*Le Ministre de l'Instruction publique
et des Beaux-Arts,*

Léon BOURGEOIS.

ADDITIONS A DIVERS ARTICLES

Des arrêtés de M. le Préfet de la Seine, pris conformément aux délibérations du Conseil municipal, ont déjà complété divers articles de ce décret.

Addition à l'article 7. — L'arrêté préfectoral en date du 15 mai 1896 admet le principe de l'allocation d'une somme de 500 francs, à titre de supplément de traitement soumis à retenue, aux surveillants généraux pourvus du certificat d'aptitude au professorat des Écoles normales (délibération du Conseil municipal en date du 24 avril 1896).

8. L'arrêté préfectoral en date du 14 mai 1897 fixe, ainsi qu'il suit, le taux de l'indemnité de logement pour les professeurs des Écoles primaires supérieures de Paris et pour les instituteurs adjoints auxquels ils sont assimilés :

1ʳᵉ *catégorie :* 600 francs par an pour les professeurs célibataires, veufs ou divorcés sans enfants.

2ᵉ *catégorie :* 800 francs par an pour les professeurs mariés, veufs ou divorcés avec enfants.

(Délibération du Conseil municipal en date du 29 mars 1897.)

10. L'arrêté préfectoral en date du 1ᵉʳ mai 1893 accorde aux maîtres répétiteurs, pourvus du certificat d'aptitude au professorat des Écoles normales, l'indemnité de 500 francs prévue, en faveur desdits maîtres, par l'article 20 de la loi du 19 juillet 1889 (délibération du Conseil municipal en date du 1ᵉʳ avril 1893).

ARRÊTÉ PRÉFECTORAL CONCERNANT LA RÉORGANISATION DU TRAVAIL MANUEL A L'ÉCOLE J.-B. SAY

12 ARTICLE PREMIER. — Le travail manuel à l'École J.-B. Say est réorganisé sur les bases suivantes :

L'enseignement technique est confié à des maîtres auxiliaires, conformément au décret du 3 août 1890.

L'exécution des modèles est confiée aux maîtres ouvriers.

ART. 2. — Les maîtres auxiliaires chargés des leçons techniques recevront un traitement fixe et annuel calculé sur le taux de 150 francs l'heure, conformément à l'article 12 du décret du 3 août 1890.

ART. 3. — Les maîtres ouvriers seront au nombre de deux : l'un attaché à l'atelier du bois ; l'autre, à celui du fer.

Ils donneront, en principe, à l'École tout le temps de la journée scolaire. Ils seront chargés non seulement de surveiller l'exécution des modèles d'après les indications du carnet, mais aussi, en dehors des heures d'atelier, ils auront à préparer la matière d'œuvre, à disposer les outils pour le travail des divisions et surtout à entretenir eux-mêmes l'outillage.

ART. 4. — Les maîtres ouvriers recevront une indemnité fixe et annuelle de 2600 fr., qui pourra être portée à 3200 francs par augmentations triennales de 200 francs.

Paris, le 10 mai 1898.

Le Préfet de la Seine,
Signé : DE SELVES.

<table>
<tr><td style="width:25%; vertical-align:top">

Loi de finances
du 13 avril 1898.

</td><td>

La loi de finances du 13 avril 1898, article 50, apporte une heureuse modification à l'article 8 du décret du 3 août 1890, en décidant que la retenue pour pensions civiles devra être opérée, à partir du 1ᵉʳ janvier 1898, sur l'indemnité de résidence des Directeurs, des professeurs titulaires et des instituteurs adjoints des Écoles primaires supérieures.

</td></tr>
</table>

Fixation du taux des indemnités de suppléance.

Le décret du 3 août 1890 ne prévoit pas le cas d'absence, l'interruption de service volontaire ou forcé, ni le mode de remplacement des fonctionnaires que des raisons diverses pourraient distraire momentanément de leurs occupations professionnelles.

Une décision de M. le Préfet de la Seine en date du 12 mars 1891 donne les moyens d'assurer la continuité de l'enseignement et établit le tarif d'après lequel seront rétribués les professeurs et maîtres chargés d'un service de suppléance. Ces indemnités sont fixées ainsi qu'il suit :

1° 6 francs de l'heure pour la suppléance des professeurs titulaires et délégués et pour celle des maîtres auxiliaires dont le traitement varie de 250 à 350 francs par an, pour chaque heure donnée par semaine ;

2° 5 francs de l'heure pour la suppléance des maîtres auxiliaires recevant de 200 à 300 francs par an, pour chaque heure donnée par semaine ;

3° 4 francs de l'heure pour la suppléance des maîtres auxiliaires recevant de 150 à 250 francs par an, pour chaque heure donnée par semaine ;

4° 2 francs de l'heure pour la suppléance des maîtres auxiliaires recevant de 100 à 150 francs par an, pour chaque heure donnée par semaine.

En ce qui concerne la suppléance des répétiteurs, le taux est fixé à 6 francs pour chaque jour de suppléance effective.

Règlement d'ordre intérieur.

L'article 15 du décret du 3 août 1890 prévoit des conditions spéciales d'organisation pour l'École primaire supérieure à laquelle est annexé un internat. Ces dispositions complémentaires sont contenues dans l'arrêté préfectoral en date du 3 mars 1893 (délibération du Conseil municipal en date du 30 décembre 1892 et lettre de M. le Ministre de l'Instruction publique en date du 6 février 1893).

RÈGLEMENT DE L'ÉCOLE J.-B. SAY

ARTICLE PREMIER. — Le personnel de l'École J.-B. Say comprend :

1° *Personnel administratif :*
    Un Directeur ;
    Un économe ;
    Un surveillant général ;
    Un professeur ou répétiteur adjoint au surveillant général ;
    Quatre commis d'économat, dont un secrétaire de la Direction ;
    Un médecin.

2° *Personnel enseignant :*

Les professeurs titulaires;
Les professeurs délégués;
Les maîtres auxiliaires pour les enseignements accessoires ;
Les examinateurs.

3° *Personnel d'enseignement et de surveillance :*

Les instituteurs adjoints, chargés de l'enseignement général dans les classes
primaires.

4° *Personnel de surveillance :*

Les répétiteurs externes (un au plus par division);
Les répétiteurs internes (un pour vingt-cinq internes, un pour cinquante
demi-pensionnaires et un pour le service de l'infirmerie) ;
Des maîtres suppléants.

5° *Service des laboratoires :*

Deux répétiteurs (un pour le laboratoire de physique et d'histoire naturelle,
un pour le laboratoire de chimie).

6° *Les gagistes.*

Art. 2. — L'économe et les commis d'économat sont des agents délégués de
l'administration préfectorale.

Le médecin est nommé par le Préfet de la Seine.

Les gagistes sont nommés par le Directeur.

Art. 3. — Une indemnité supplémentaire et annuelle de 1500 francs est allouée
au directeur de l'École J.-B. Say.

Le surveillant général reçoit une indemnité fixe et annuelle de 500 francs.

Le professeur ou le répétiteur adjoint au surveillant général reçoit une indemnité supplémentaire fixe et annuelle de 500 francs.

Les instituteurs adjoints, chargés de l'enseignement général dans les classes primaires, sont nommés conformément aux articles 24 et 28 de la loi du 19 juillet 1889.
Ils reçoivent, en outre, l'indemnité de résidence prévue à l'article 12. Ils ont droit au
logement ou à une indemnité représentative de 600 francs.

Art. 4. — Les maîtres suppléants sont pourvus des titres exigés des maîtres
répétiteurs. Ils sont nommés par le Directeur. Ils doivent à l'École deux heures de
service par jour et peuvent être astreints à faire temporairement un service de
suppléance. Ils sont nourris et logés et ne reçoivent aucun traitement.

Art. 5. — Les examinateurs sont désignés par le Directeur. Ils reçoivent une
indemnité calculée à raison de 5 francs l'heure effective pour les divers enseignements, et de 6 francs l'heure effective pour les mathématiques spéciales.

Art. 6. — Le nombre et les émoluments des gagistes sont fixés par un arrêté préfectoral.

Art. 7. — Sont rapportées les dispositions des arrêtés précédents, en ce qu'elles ont de contraire aux termes du présent règlement, qui aura son effet à partir du 1er janvier 1893.

Fait à Paris, le 3 mars 1893.

Pour le Préfet et par délégation :

Le Secrétaire général de la Préfecture,

Signé : Félix GRELOT.

ADDITIONS A DIVERS ARTICLES

Addition à l'article 1er (1°). Un emploi de médecin oculiste a été créé par arrêté préfectoral en date du 18 mars 1895 (délibération du Comité de patronage en date du 22 janvier 1895).

Un emploi de médecin auriste a été créé par arrêté préfectoral en date du 14 mars 1896 (délibération du Comité de patronage en date du 17 janvier 1896).

Modification de l'article 1e (4°). Par arrêté préfectoral en date du 4 février 1897 (délibération du Conseil municipal en date du 18 décembre 1896), les maîtres répétiteurs internes ne sont plus chargés que de la surveillance des internes et les études des demi-pensionnaires sont confiées à des maîtres répétiteurs externes.

Ces maîtres répétiteurs externes, au nombre de cinq au plus, recevront de ce chef une indemnité supplémentaire fixée à 600 francs par maître et par an.

Addition à l'article 3. L'arrêté préfectoral en date du 4 février 1897 attribue une indemnité supplémentaire de 600 francs à chacun des deux surveillants généraux de l'École J.-B. Say (délibération du Conseil municipal en date du 30 décembre 1896).

Exonération des frais d'études en faveur de fils de fonctionnaires à l'École J.-B. Say. L'arrêté préfectoral en date du 20 juillet 1897 (délibération du Conseil municipal en date du 28 juin 1897) décide que les enfants de fonctionnaires, professeurs et instituteurs à l'École J.-B. Say ont droit dans cet établissement à l'exonération des frais d'externat.

Pour la 1re, la 2e et la 3e année d'études, ces enfants n'obtiendront l'exonération que s'ils ont passé avec succès le concours d'admission afférent à ces classes.

L'ATELIER DU BOIS.

ORGANISATION PÉDAGOGIQUE

D'après le décret du 3 août 1890 et le règlement intérieur de l'École J.-B. Say, le personnel se trouve divisé en trois grandes catégories : le personnel de direction et d'administration, le personnel enseignant, le personnel de surveillance.

PERSONNEL DE DIRECTION ET D'ADMINISTRATION

Le personnel de direction et d'administration comprend : le Directeur et les surveillants généraux, l'économe, les commis d'économat et le médecin.

Le Directeur exerce sa surveillance sur toutes les parties du service. Il prend des décisions sur les cas urgents et imprévus, sauf à rendre compte à l'autorité supérieure. Les obligations qui lui incombent sont relatives à la direction pédagogique qui embrasse tout ce qui concerne les études et la discipline, à la direction administrative qui comprend les rapports avec la Direction de l'enseignement primaire de la Seine, à la direction économique qui consiste à surveiller la comptabilité et à ordonnancer les dépenses.

Le surveillant général est l'aide et, en cas d'absence, le suppléant du Directeur.

Il est le chef des répétiteurs, qu'il dirige et seconde de son autorité et de son expérience.

Dans un établissement qui reçoit des internes et où le Directeur se trouve chargé des fonctions de préfet des études, les surveillants généraux ont un rôle très important. Pour mieux le mettre en évidence, il suffit de rappeler les principales fonctions du Directeur, qui sont de deux sortes : les unes relatives à la direction pédagogique, les autres à la direction administrative.

La direction pédagogique embrasse tout ce qui concerne les études et la discipline.

L'inspection des classes, qui permet de constater si les programmes sont fidèlement observés, si les cours professés par des maîtres différents marchent parallèlement dans les divisions d'une même année, s'ils se suivent et s'enchaînent dans les divisions d'années différentes, si les devoirs donnés n'excèdent pas la somme de travail qu'il convient d'exiger des élèves, la réception des familles, etc., toute cette partie de la direction pédagogique incombe spécialement au Directeur.

Au contraire, le surveillant général apparaît dans la discipline des classes, des études, des récréations, des mouvements généraux et dans la surveillance de l'internat.

Les conflits qui s'élèvent pendant les classes peuvent rendre nécessaire l'intervention du surveillant général, et une enquête faite sur l'heure suffit en général pour terminer l'affaire. Cependant les choses ne se passent pas toujours aussi simplement, un élève peut être obstiné et même quelque peu content d'attirer l'attention de ses camarades, de faire intervenir ses parents, ses protecteurs, etc. C'est au surveillant général qu'il appartiendra de reconnaître les fautes qui peuvent être graves par leurs suites et de les signaler au Directeur. On conçoit donc que le rôle du surveillant général exige beaucoup de tact, d'habileté, la connaissance du caractère de l'élève et même des parents. Il aura à reprendre tantôt légèrement, tantôt sévèrement, mais toujours avec mesure et à-propos.

Le surveillant général a pour mission de parcourir les études et de constater si l'emploi du temps de ces études est bien observé. Il faut remarquer que, dans les divisions de 2e et de 1re année, un emploi du temps spécial à chaque division fixe les devoirs que les élèves doivent faire à l'École. Cette indication, utile pour les élèves de 2e année, est nécessaire pour ceux de 1re année, qui viennent des classes de l'enseignement primaire élémentaire et ne savent pas encore distribuer leur temps. Il convient de les suivre, pour ainsi dire, pas à pas.

La surveillance des récréations est assurée, il est vrai, par les répétiteurs à tour de rôle, mais ceux-ci ne connaissent bien que les élèves de leur division. Il est donc nécessaire qu'un membre de l'Administration, connaissant tous les élèves et de tous également connu, assiste à ces exercices, tant pour constater que le service est effectivement assuré que pour empêcher les jeux considérés comme dangereux, etc.

Le surveillant général préside aux mouvements généraux. Ces mouvements généraux ont une certaine importance dans les Écoles supérieures à cause de la présence permanente à l'École de tous les élèves, de huit heures du matin à cinq heures du soir, et ils sont nombreux, parce que les programmes portent sur beaucoup de matières distinctes. Aussi les élèves des 1re, 2e, 3e et 4e années doivent se rendre dans des locaux spéciaux pour certains enseignements : physique, chimie, manipulations, histoire naturelle, dessin géométrique, dessin d'ornement, modelage, chant, travail manuel, gymnastique, exercices militaires. A chaque mouvement, il faut constater la présence du professeur ou du répétiteur et pourvoir immédiatement, en cas de besoin, à son remplacement. Comme ces mouvements sont nombreux, il faut qu'ils s'effectuent rapidement, afin d'éviter une trop grande perte de temps. Ils doivent s'exécuter d'une façon régulière, sans secousse, comme ceux d'une horloge et sans que l'étranger, qui visite l'École, s'aperçoive du mouvement intérieur des classes.

Les mouvements généraux ont cet excellent résultat, au point de vue hygiénique, de ne laisser les élèves que peu de temps dans la même salle.

La surveillance telle que nous venons de la définir est celle qui correspond à la journée scolaire de tous les élèves; mais l'École est un internat, et le service s'étend du lever au coucher des internes.

Le surveillant général préside lui-même au réfectoire des internes et des demi-pensionnaires.

Sous cette dénomination nous comprenons les rapports du Directeur avec la Direction de l'enseignement et le Comité de patronage, puis avec le personnel administratif de l'École, qui comprend le service de surveillance, le service économique et le service médical ; enfin la comptabilité scolaire. Nous ne nous occuperons ici que du service de surveillance représenté par les surveillants généraux.

Pour qu'un établissement puisse à la fois maintenir ses traditions, se développer et introduire dans son organisation des améliorations qui soient l'expression de besoins nouveaux, il est avant tout nécessaire qu'un même esprit anime le personnel chargé de représenter le Directeur dans le détail des différents services, de transmettre, d'interpréter et d'appliquer ses décisions. Cette entente est la première condition de vitalité pour une École. Chaque matin, le Directeur reçoit les surveillants généraux.

Ils remettent au Directeur la feuille de rapport donnant l'effectif des élèves, les mutations, les absences, etc. Ces feuilles forment à la fin de l'année un registre, qui est conservé dans les archives de l'École.

Ils résument les observations des professeurs et des répétiteurs contenues dans le registre de chaque division.

Ils dressent chaque semaine, pour le service des récréations et le service de l'internat, l'emploi du temps des répétiteurs externes et internes et des maîtres suppléants, de façon que le service indiqué à l'avance soit considéré comme personnel.

Le service des surveillants généraux n'est pas indépendant du service économique. Ils président à la distribution des fournitures scolaires dans les différentes divisions, suivant le nombre des élèves et les besoins, afin d'éviter le gaspillage.

Un des surveillants généraux est spécialement attaché au grand collège (2ᵉ, 3ᵉ et 4ᵉ année) et l'autre au petit collège (classes primaires et 1ʳᵉ année).

PERSONNEL ENSEIGNANT

Le personnel enseignant comprend : les professeurs titulaires de lettres et de sciences, les professeurs délégués, les maîtres auxiliaires et les instituteurs adjoints.

Les professeurs titulaires sont chargés des enseignements fondamentaux : morale, instruction civique, langue française, histoire, géographie, législation et économie, mathématiques, physique, chimie, histoire naturelle et hygiène. Ils donnent de quatorze à seize heures de leçons par semaine et reçoivent des traitements fixés ainsi qu'il suit :

| CLASSES | TRAITEMENTS | INDEMNITÉS | | TOTAL |
		Résidence.	Logement.	
	Fr.	Fr.	Fr.	Fr.
1ʳᵉ classe................	3.000	2.000	600	5.600
2ᵉ classe..............	2.700	2.000	600	5.300
3ᵉ classe..............	2.400	2.000	600	5.000
4ᵉ classe...............	2.100	2.000	600	4.700
5ᵉ classe.............	1.800	2.000	600	4.400

Pour les professeurs mariés, veufs ou divorcés avec enfants, l'indemnité de logement est de 800 francs.

Heures supplémentaires. — L'emploi du temps ne comporte pas en général un nombre d'heures qui soit un multiple exact des nombres 14, 15 et 16; les heures qui dépassent celles attribuées aux professeurs titulaires sont appelées supplémentaires. Si on les ajoute au service des professeurs titulaires, ceux-ci reçoivent, pour chaque heure supplémentaire, une indemnité de 300 francs par an.

Professeurs délégués. — Si on les confie à un nouveau professeur, celui-ci prend le titre de professeur délégué et reçoit, pour chaque heure d'enseignement, une allocation annuelle qui s'élève de 300 francs à 400 francs, suivant le mode d'augmentation défini par l'article 12 du décret du 3 août 1890 (lettre ministérielle du 17 décembre 1892).

Maîtres auxiliaires. — Les maîtres auxiliaires sont chargés des enseignements suivants : langues vivantes, dessin géométrique, comptabilité, dessin d'art, calligraphie, chant, gymnastique, exercices militaires, travail manuel. Ils reçoivent des traitements à l'heure non soumis à retenue et dont le taux est indiqué dans le tableau qui suit :

NATURE DE L'ENSEIGNEMENT	TAUX minimum.	TAUX maximum.	AUGMENTATION par heure.
1er *groupe*.	Fr.	Fr.	Fr.
Langues vivantes	250	350	25
Dessin géométrique	250	350	25
Dessin d'art	250	350	25
Comptabilité	250	350	25
2e *groupe*.			
Calligraphie	200	300	25
Chant	200	300	25
3e *groupe*.			
Gymnastique	150	250	25
Exercices militaires	150	250	25
4e *groupe*.			
Travail manuel	100	150	25

Les maîtres auxiliaires chargés de l'enseignement des langues vivantes et du dessin géométrique sont assimilés aux professeurs titulaires et délégués, s'ils justifient des titres exigés des professeurs (arrêté ministériel du 29 décembre 1891).

Promotions. — Les professeurs titulaires, qui constituent un personnel à traitement fixe, ne peuvent être promus à la classe supérieure qu'après avoir passé trois ans au moins dans la classe immédiatement inférieure.

Les professeurs délégués et les maîtres auxiliaires, qui forment un personnel à traitements rétribués à l'heure, peuvent, après trois ans d'exercice au taux minimum, recevoir des augmentations successives et annuelles de 25 francs par heure. Leur avancement est donc plus rapide que celui des professeurs titulaires.

Cette conséquence est parfaitement justifiée. En effet, le traitement de classe et l'indemnité de résidence des professeurs titulaires sont soumis à retenue et donnent droit à une pension de retraite, tandis que les délégués et les maîtres auxiliaires ne reçoivent que des allocations non soumises à retenue.

Les professeurs titulaires, les délégués et les maîtres auxiliaires constituent un personnel qui répond au principe de la spécialisation des divers enseignements. Ce principe a d'ailleurs été appliqué dans les Écoles supérieures de Paris depuis leur création.

Les instituteurs adjoints forment un personnel qui répond à un principe différent. Ils sont chargés de l'enseignement général dans les classes d'enseignement primaire et assistent aux cours et exercices des maîtres auxiliaires : cours de dessin, de chant, exercices de gymnastique, aux études du jour et aux petites récréations. Comme ils sont en contact avec leurs élèves pendant les études et les récréations, ils peuvent exercer sur eux une véritable direction morale.

Les instituteurs adjoints sont, comme les professeurs titulaires, des fonctionnaires à traitement fixe. Comme ils participent à l'enseignement et à la surveillance de leur division, ils se trouvent classés entre les professeurs titulaires et les répétiteurs externes. Ils reçoivent le même traitement de classe que les répétiteurs et les mêmes indemnités que les professeurs, comme l'indique le tableau suivant :

CLASSES	TRAITEMENT	INDEMNITÉS		TOTAL.
		Résidence.	Logement.	
	Fr.	Fr.	Fr.	Fr.
1re classe...............	2.100	2.000	600	4.700
2e classe...............	1.900	2.000	600	4.500
3e classe...............	1.600	2.000	600	4.200
4e classe...............	1.300	2.000	600	3.900
5e classe...............	1.100	2.000	600	3.700

Pour les instituteurs adjoints mariés, veufs ou divorcés avec enfants, l'indemnité de logement est de 800 francs.

Les instituteurs adjoints pourvus du certificat d'aptitude au professorat dans les Écoles normales reçoivent une indemnité personnelle de 500 francs soumise à retenue (loi du 19 juillet 1889).

La surveillance est une des conditions fondamentales de l'éducation. Sans être tyrannique, elle doit être permanente, de façon à donner à l'enfant de bonnes habitudes en lui évitant la pensée d'une foule d'écarts qui conduisent à des fautes plus ou moins graves et toujours regrettables. Cette surveillance est assurée par les répétiteurs, dont l'institution doit être considérée comme le pivot de l'organisation des Écoles primaires supérieures de Paris.

Le rôle des répétiteurs ne se réduit pas à une simple surveillance, leur mission est plus active et d'une plus haute portée. Sans doute les professeurs concourent à l'éducation, d'abord par leur influence personnelle, puis par leur enseignement, qui forme et cultive l'esprit de l'élève; mais leur action n'est qu'intermittente et ne s'exerce que pendant les heures de classe. Ils ne peuvent donc bien connaître les élèves qu'au point de vue intellectuel. Les répétiteurs, au contraire, sont en contact avec les élèves de leur division d'une façon presque continue, pendant les études, les récréations, les promenades, c'est-à-dire pendant les exercices où le naturel de l'élève se découvre tel qu'il est et où le maître peut intervenir auprès de lui. Ce sont eux qui vivent le plus avec les élèves, qui peuvent le mieux les étudier, connaître leur caractère et combattre leurs défauts.

Aux principes qui servent de base à une éducation sérieuse, il faut ajouter de bonnes habitudes, car la vie comme la vertu se composent surtout d'habitudes, plus encore que d'idées et de sentiments. Développer chez l'enfant l'esprit d'ordre, d'exactitude, de régularité, lui apprendre à obéir et à se commander, et cela tous les jours, c'est toujours une tâche difficile. C'est la mission de nos répétiteurs. Ces habitudes, qui recommandent nos élèves dans le monde de l'industrie et du commerce, sont en même temps les meilleures garanties de moralité pour l'avenir. Pour être moins faciles à mesurer que les connaissances acquises, ces qualités n'en ont pas moins une importance capitale, parce qu'elles sont la véritable préparation à la pratique du devoir.

Nous considérons donc les répétiteurs comme les premiers agents de l'éducation et c'est toujours ainsi que nous avons compris la dignité de leur rôle.

Principe
de la répartition
du service.

Le service de ces maîtres est défini avec autant de précision que celui des professeurs. Ils sont partagés en deux catégories : les répétiteurs externes et les répétiteurs internes. La répartition du service est réglée d'après le principe suivant :

Le service des répétiteurs externes est déterminé par le temps de présence à l'École des élèves externes; celui des répétiteurs internes, en général, par le temps d'absence des externes. Ces deux services sont donc complémentaires de la journée de vingt-quatre heures.

Service des
répétiteurs externes.

Les répétiteurs externes ont un service semblable à celui des répétiteurs des Écoles primaires supérieures de la Ville de Paris. En principe, ils doivent à l'École tout le temps de présence des élèves externes.

Ils surveillent les études du jour, les récréations, les classes et exercices qui réclament une surveillance (chant, gymnastique, exercices militaires) ou pendant lesquels le professeur est appelé à donner des conseils individuels (dessin géométrique, dessin d'art, modelage, calligraphie, travail manuel).

Ils recueillent les devoirs faits par les élèves, soit dans les familles, soit à l'École, pour les remettre aux professeurs avec une note signalant les devoirs non faits, incomplets ou négligés. Ils relèvent chaque jour les notes données par les professeurs pour les reporter sur une feuille hebdomadaire qui sert à établir le livret envoyé aux familles le samedi soir, ainsi que le classement trimestriel.

Ils veillent à ce que le cahier de textes soit tenu au courant. Ils sont chargés, en outre, de la bibliothèque, des livres de lecture de leur division.

Ils dressent chaque mois la liste de leurs élèves classés par ordre de mérite. Cette liste est soumise à la Commission du tableau d'honneur, dont ils font eux-mêmes partie avec les professeurs de l'École.

En cas d'absence d'un professeur, le répétiteur le remplace, soit en tenant les élèves en étude, soit en les occupant utilement par des interrogations, soit en faisant la classe.

Les répétiteurs internes sont chargés spécialement de l'internat.

Ils surveillent chaque jour le dortoir, les études, les récréations des internes, les promenades des dimanches et des jours de congé.

Ils partagent avec les répétiteurs externes le service de la récréation de midi.

Ils font tous les matins, avant de quitter le dortoir, l'inspection des vêtements et de la chaussure des internes et ont, sous leurs ordres, pour ce service qui concerne le soin des élèves, le domestique attaché à chaque dortoir et à l'étude correspondante.

Pendant les études, les répétiteurs veillent à ce que les devoirs donnés par les professeurs soient faits convenablement et pour l'heure marquée au tableau de l'emploi du temps. Ils surveillent les livres de lecture et, à l'étude du matin, font réciter les leçons. Le répétiteur n'est pas un simple surveillant, mais il est pour les élèves un conseil et un guide. L'élève trouve chez son répétiteur, avec l'exemple du travail, cet empressement affectueux et spontané à prendre part à la difficulté de ses travaux et à le mettre au besoin sur la bonne voie.

Le nombre des répétiteurs externes est égal à celui des classes distinctes. C'est là une condition essentielle pour assurer l'unité de direction morale et disciplinaire.

Dans le service de l'internat, les élèves sont groupés suivant leur âge et par divisions de vingt-cinq environ. Chaque division d'internes a son dortoir spécial, sa salle d'étude, sa bibliothèque et est placée sous la direction d'un répétiteur interne.

De là un répétiteur interne pour vingt-cinq internes.

Grâce à cette organisation, l'élève se trouve chaque jour en présence d'un très petit nombre de maîtres. Dans les classes primaires, l'élève passe toute sa journée sous la direction de son instituteur adjoint, qui est un véritable précepteur, et il n'a qu'un seul maître répétiteur : le répétiteur interne. Dans les autres classes, l'externe ne connaît qu'un seul répétiteur : le répétiteur externe ; l'interne en a deux : le répétiteur externe pendant les heures de classe et les exercices du jour, et, pour tout le reste du temps, le répétiteur interne.

On peut remarquer en outre que le répétiteur interne, qui est chargé d'une division de vingt-cinq élèves, est à même d'exercer sur ce petit nombre d'enfants une action individuelle et pénétrante. Il n'est guère possible que le maître et l'élève restent long-temps indifférents l'un à l'autre et il arrive, au contraire, que l'élève s'attache au maître comme le maître à l'élève.

Recrutement. — Les répétiteurs externes sont recrutés parmi les instituteurs d'élite et parmi les jeunes gens qui désirent compléter leur instruction et se préparer à la carrière de l'enseignement. La Direction de l'École J.-B. Say propose de préférence au choix de l'Administration les instituteurs mariés et pères de famille.

Les répétiteurs internes sont des jeunes gens qui, en général, se destinent à l'ensei-gnement et cherchent à affermir leur vocation au milieu des élèves, tout en préparant des examens ou des concours. Comme ils sont logés, nourris, chauffés et libres presque toute la journée, ils peuvent suivre régulièrement les cours des Facultés.

Répétiteurs préparateurs. — Ces répétiteurs sont chargés de préparer les cours de physique, de chimie et d'his-toire naturelle sous la direction des professeurs. Ils assistent aux cours de physique et de chimie et aux manipulations.

Bien que l'économe demeure responsable du matériel, les préparateurs ont une responsabilité spéciale en ce qui concerne les appareils et instruments de physique et de chimie, les collections d'histoire naturelle et les produits dont ils ont la disposi-tion. Sauf le cas de réparation ou de reprise par l'Administration municipale, ils ne doivent laisser sortir de l'École aucun appareil, aucun objet, aucun produit sans l'autorisation écrite du Directeur.

Au laboratoire de chimie, un registre mentionne les produits consommés pour le service des classes, indique la date de chaque classe et l'évaluation aussi exacte que possible des quantités employées.

Tous les ans, au mois de janvier, le Directeur ou l'économe fait, en présence des préparateurs, la visite des cabinets de physique, du laboratoire de chimie et des collections d'histoire naturelle.

Les traitements des maîtres répétiteurs sont établis ainsi qu'il suit :

CLASSES	TRAITEMENT soumis à retenue.	ALLOCATION des répétiteurs externes.	TOTAL	OBSERVATIONS
	Fr.	Fr.	Fr.	Les répétiteurs in-ternes n'ont pas droit à l'allocation de 1500 fr. Ils sont nourris, logés, chauffés, éclairés.
1re classe...........	2.100	1.500	3.600	
2e classe...........	1.900	1.500	3.400	
3e classe...........	1.600	1.500	3.100	
4e classe...........	1.300	1.500	2.800	
5e classe...........	1.100	1.500	2.600	

Les maîtres répétiteurs pourvus du certificat d'aptitude au professorat des Écoles normales reçoivent l'indemnité de 500 francs, soumise à retenue.

Les maîtres répétiteurs externes sont chargés, à tour de rôle, de la surveillance des études des demi-pensionnaires et des externes surveillés, et ils reçoivent chacun, pour ce service supplémentaire, une indemnité calculée sur le pied de 600 francs pour les dix mois de l'année scolaire.

Les maîtres répétiteurs, comme les professeurs titulaires et les instituteurs adjoints, ne peuvent être promus à la classe supérieure qu'après avoir passé trois ans au moins dans la classe immédiatement inférieure.

M. BELLAN, SYNDIC DU CONSEIL MUNICIPAL, PRÉSIDENT DU COMITÉ DE PATRONAGE DE L'ÉCOLE.

LE COMITÉ DE PATRONAGE

Le Comité de patronage comprend, d'après l'arrêté ministériel du 18 janvier 1887, des membres de droit et des membres désignés par le Conseil municipal. Établi dès 1884, il a eu pour présidents :

De 1884 à 1887, M. VAUTHIER, conseiller municipal ;
De 1887 à 1888, M. CERNESSON,   —
De 1888 à 1889, M. DE BOUTEILLER,   —
De 1889 à 1894, M. GAUFRÈS,   —
Depuis 1894, M. BELLAN, syndic du Conseil municipal.

Les membres du Conseil municipal qui ont fait partie de ce Comité, pendant la période décennale de 1888 à 1898, sont :

MM. ASTIER (député de l'Ardèche), BELLAN, BERNIER, BOMPARD (député de la Seine), DE BOUTEILLER, CHÉRIOUX, CLAIRIN, DAVRILLÉ DES ESSARTS, DANIEL, DELHOMME, GAUFRÈS, GAY, HOVELACQUE (ancien député de la Seine), HUMBERT (député de la Seine), LAMPUÉ, LAURENT, LAVY (ancien député de la Seine), LE BRETON, LONGUET, MILL, PERRICHON, VIGUIER.

Le Comité de patronage est aujourd'hui composé ainsi qu'il suit :

MM. GRÉARD, recteur de l'Académie de Paris ;
BEDOREZ, directeur de l'enseignement primaire de la Seine ;
BIÉTRIX, inspecteur primaire ;
BELLAN, syndic du Conseil municipal, *président* ;
BERNIER, conseiller municipal ;
CHÉRIOUX,   —
DANIEL,   —
GAY,   —
LE BRETON,   —
LOUIS MILL,   —
GAUFRÈS, ancien Conseiller municipal ;
LÉVÊQUE, directeur de l'École, *secrétaire*.

Le Comité de patronage représente auprès du Directeur l'autorité administrative et la Commission municipale de l'enseignement, par suite l'Assemblée municipale elle-même. Il s'intéresse à toutes les questions qui concernent la bonne tenue, la prospérité de l'École et les intérêts des élèves : organisation du système d'éducation, orientation des études pour les mettre en harmonie avec les besoins des élèves, traitements du personnel, installation matérielle des services, etc.

Le Comité donne son avis sur les questions qui concernent la nomination des boursiers. De plus, le président reçoit chaque trimestre le bulletin des élèves titulaires de bourse et intervient au besoin personnellement auprès des familles. Il y a là, pour les progrès de ces enfants, un stimulant qui a déjà profité à plusieurs.

Chaque année, depuis dix ans, le président du Comité de patronage adresse au Conseil municipal un rapport sur les recettes et les dépenses de l'École. Ce rapport est un compte rendu à la fois moral et financier; il mentionne les créations, les modifications à introduire pour l'amélioration des services ; puis il constate, pour l'année écoulée, le mouvement de la population scolaire, donne la statistique relative à la destination des élèves sortis, les résultats obtenus par les élèves aux différents concours et examens ; enfin, il résume les travaux de reconstruction achevés pendant l'année qui finit et ceux qui doivent être entrepris pendant celle qui commence. L'ensemble de ces rapports, établis depuis dix ans, de 1889 à 1893, par M. Gaufrès, et depuis 1893 par M. Bellan, constituent des documents authentiques pour l'histoire de l'École.

RÉFECTOIRE DES INTERNES.

ORGANISATION ADMINISTRATIVE
ET FINANCIÈRE

L'École J.-B. Say jouit de son autonomie financière; les opérations de comptabilité, recettes et dépenses, sont faites dans l'établissement.

Le Directeur, en sa qualité d'administrateur de l'École, engage les dépenses et ordonnance les payements.

L'économe, placé sous l'autorité du Directeur, remplit les fonctions d'agent comptable et est en même temps chargé de l'administration intérieure.

En sa qualité d'agent comptable, subordonné du receveur municipal de la Ville de Paris, il est chargé de poursuivre la rentrée des sommes dues à l'École, et d'acquitter les dépenses ordonnancées par le Directeur jusqu'à concurrence des crédits accordés. Il a la responsabilité du matériel et des approvisionnements.

En sa qualité de chef de l'administration intérieure, il est chargé de tous les détails du service intérieur. Il choisit les domestiques, les surveille et les dirige. Il fait les achats, prépare les cahiers des charges et les conditions des marchés. Il assiste à la réception des fournitures de toute espèce, et personnellement aux livraisons quotidiennes de la viande et du pain. Il arrête la caisse chaque soir et tient personnellement le registre des consommations journalières, ainsi que le livre d'entrée et de sortie des denrées et marchandises.

L'économe a sous ses ordres quatre commis d'économat.

Le premier commis est chargé de la caisse, de la tenue des livres qui se rapportent aux opérations de caisse, de la rédaction des comptes et pièces de comptabilité, de la tenue des livres en partie double. Il est aussi chargé de l'habillement et de la chaussure des élèves.

Le second commis s'occupe de la comptabilité en matières, des copies et expéditions de pièces comptables. Il est chargé de visiter chaque jour les dortoirs, les classes, les études, les réfectoires, les couloirs et les escaliers.

Le troisième commis remplit les fonctions de commis d'ordre; il veille au classement des archives; il est chargé de la réception et de la distribution des fournitures classiques; il supplée au besoin le caissier pour la tenue de la caisse et des registres de comptabilité.

Le quatrième commis est le secrétaire de la Direction. Il tient en outre les registres de la bibliothèque littéraire et scientifique et ceux de la bibliothèque classique (catalogues, registres de prêts, d'entrée et de sortie).

LES DÉPENSES ET LES RECETTES

Le tableau suivant donne le mouvement des dépenses et des recettes pendant les dix derniers exercices, de 1889 à 1898, et indique, pour chaque année, l'excédent des dépenses, le nombre des élèves présents et la dépense par tête. Pour établir l'effectif des élèves, nous avons pris pour unité l'élève présent à l'École pendant les dix mois de l'année. L'élève présent pendant un mois a été compté pour un dixième, l'élève présent pendant deux mois pour deux dixièmes, etc. Cette statistique économique, qui permet de constater l'importance de la recette annuelle, donne évidemment des chiffres inférieurs à la statistique relative à la destination des élèves.

Résumé des dépenses et des recettes.

ANNÉES	DÉPENSES	RECETTES	EXCÉDENT des dépenses.	ÉLÈVES présents.	DÉPENSE par tête.
	Fr. c.	Fr. c.	Fr. c.	Fr. c.	Fr. c.
1889.........	509.735 12	289.575 86	220.159 26	544 70	404 18
1890.........	501.408 33	270.769 28	230.639 05	510 90	451 43
1891.........	507.371 81	269.981 33	237.390 48	533 15	445 26
1892.........	521.714 20	270.311 24	251.372 96	603 95	416 21
1893.........	530.531 30	255.870 »	274.661 30	654 15	419 87
1894	538.619 05	261.016 36	277.602 69	736 95	376 69
1895.........	553.936 02	260.516 30	293.419 72	762 85	384 63
1896.........	570.889 18	262.238 30	308.650 88	799 »	386 29
1897.........	582.958 97	285.770 71	297.188 16	820 »	362 42
1898.........	598.742 97	309.522 10	289.220 87	822 15	351 78

Le mouvement général des dépenses ne suit pas, en général, celui des recettes. En effet, les dépenses les plus importantes, qui sont relatives à l'enseignement, à la surveillance et à la marche régulière des services, sont souvent indépendantes de la qualité scolaire des élèves, tandis que les recettes ne proviennent que des internes, des demi-pensionnaires et des externes payants.

Si l'on prend pour bases les chiffres de l'exercice 1889, on voit que les dépenses ont augmenté de 17 pour 100 et les recettes de 7 pour 100, pendant que la population scolaire présente un accroissement de 50 pour 100. La dépense par tête d'élève, qui s'élevait en 1889 à 404 fr. 18, se trouve ramenée, en 1898, à 351 fr. 78.

Passons rapidement en revue les augmentations principales de dépenses et de recettes depuis dix ans.

Les augmentations de dépenses concernent le personnel et le matériel.

Le décret du 3 août 1890, qui est la loi du personnel des Écoles primaires supérieures, a eu pour conséquences d'augmenter les dépenses du personnel. Ainsi les commis d'économat, autrefois considérés comme répétiteurs internes, sont, depuis la nouvelle loi, assimilés aux agents de la Préfecture de la Seine. Le taux des professeurs délégués a été élevé et leur avancement par promotion, ainsi que celui de tous les maîtres auxiliaires, est devenu plus rapide. Enfin, depuis le décret du 3 août 1890, une série de mesures favorables au personnel ont été adoptées par le Conseil municipal.

D'autres dépenses ont eu pour causes l'augmentation du nombre des élèves, l'orientation de l'enseignement vers les études commerciales et industrielles et des améliorations apportées dans le service économique et le service médical, dans le régime de l'internat et de l'externat :

Création d'une seconde section préparatoire aux Écoles d'Arts et Métiers ;

Organisation de la 4ᵉ année en quatre sections distinctes ;

Réorganisation de l'enseignement du travail manuel ;

Création de nouvelles heures de langues vivantes (anglais, allemand, espagnol), de calligraphie et de dessin ;

Création d'un emploi de commis d'économat et de plusieurs emplois de garçons de service ;

Création de deux emplois de médecins (oculiste et auriste) ;

Création de matinées et récréations littéraires ;

Création d'études surveillées pour les externes gratuits.

Nous n'avons mentionné que les créations qui ont nécessité une dépense nouvelle, sans nous occuper des créations introduites sans augmentation et parfois avec réduction de dépense.

L'augmentation des crédits pour le matériel résulte d'abord des conditions des marchés par adjudication ou au comptant, qui peuvent faire varier sensiblement la dépense, puis d'un certain nombre d'améliorations :

Deux bourses de voyage à l'étranger ont été créées par le Conseil municipal ;

Le chauffage à la vapeur a été substitué au chauffage au coke dans tous les locaux neufs ;

Les salles de classe et d'étude, plus nombreuses dans la nouvelle École, sont aussi mieux éclairées et exigent une plus grande consommation de gaz ;

La création d'une seconde section préparatoire aux Écoles d'Arts et Métiers et la réorganisation du travail manuel réclament une dépense plus grande pour l'outillage et les matières premières ;

Enfin l'augmentation notable de l'effectif et la création de nouvelles sections justifient un accroissement de dépenses pour les articles qui dépendent de l'*effectif* : fournitures scolaires, livres de prix, etc.

Le mouvement des recettes présente deux périodes ; l'une, de 1889 à 1893, correspond à un mouvement de décroissance ; l'autre, de 1893 à 1898, à une augmentation des recettes.

La diminution des recettes provient de la diminution du nombre des internes, qui avait alors plusieurs causes. D'abord l'état déplorable des anciens bâtiments, étayés à l'extérieur et à l'intérieur, inquiétait les familles. Puis la suppression de l'externat payant privait l'École d'élèves libres qui, une fois habitués au régime de l'établissement, seraient devenus demi-pensionnaires ou internes. Enfin un certain nombre de familles, au lieu de placer leurs enfants comme internes, se décident à venir habiter Auteuil ou les environs de l'École pour faire bénéficier leurs enfants de la demi-pension ou de l'externat.

Le nombre des demi-pensionnaires atteint son minimum en 1890, l'année même du rétablissement de l'externat payant. Ce fait est facile à expliquer. Les familles qui, ne pouvant point placer leurs enfants comme externes, avaient consenti à payer les frais de la demi-pension, s'empressèrent de profiter de l'externat payant.

Le mouvement d'accroissement des recettes commence en 1894. On peut voir d'ailleurs, par le tableau ci-après, que les élèves payants sont devenus plus nombreux chaque année, les internes depuis 1897, les demi-pensionnaires depuis 1891 et les externes depuis 1890.

La reconstruction de l'École, la substitution aux vieux bâtiments de locaux neufs, mieux appropriés aux divers services, le rétablissement de l'externat payant, l'introduction d'un système de surveillance et d'éducation qui se rapproche chaque jour davantage de la vie de famille, la stabilité de nos programmes consacrés par l'autorité ministérielle, l'orientation de notre enseignement vers les carrières industrielles et commerciales, la sollicitude du Conseil municipal pour tout ce qui intéresse l'instruction et le bien-être des élèves ; enfin et surtout l'unité de vues entre le Comité de patronage et la Direction de l'École, voilà les causes qui expliquent l'augmentation du nombre de nos élèves payants et par suite le mouvement progressif des recettes.

Élèves payants de 1889 à 1898.

ANNÉES	INTERNES	DEMI-PENSIONNAIRES	EXTERNES PAYANTS	TOTAL
1889	171,85	172,40	»	344,25
1890	165,90	148,90	25	339,80
1891	167,75	152,90	29,80	350,45
1892	162,55	166,35	42,15	371,05
1893	144,10	171,20	66,15	381,45
1894	137,90	185,15	82,35	405,40
1895	134,75	179,15	100,90	414,80
1896	133,30	168,35	110,30	411,95
1897	144,35	178,45	125,90	448,70
1898	154,35	187,15	140,30	481,80

Nous indiquons dans le tableau qui suit le détail des dépenses et des recettes pour les exercices 1889 et 1898 que nous venons de comparer :

Dépenses.

DÉSIGNATION DES DÉPENSES	DÉPENSES en 1889.	DÉPENSES en 1898.
Personnel.	Fr. c.	Fr. c.
Traitements..	249.361 59	311.168 98
Gages	23.125 65	27.293 04
Matériel.		
Nourriture...	101.660 92	125.648 99
Blanchissage	3.357 90	3.225 15
Raccommodage	5.743 70	4.345 80
Renouvellement de trousseaux......................	22.662 03	20.017 04
Entretien linge de maison.........................	999 »	998 45
Frais d'infirmerie................................	1.379 51	1.379 90
Entretien du mobilier.............................	2.999 46	2.995 92
Matériel de propreté..............................	1.399 63	1.400 »
Entretien locatif.................................	8.999 43	6.000 »
Habillement du service	2.954 23	3.998 81
Chauffage...	8.222 16	12.480 »
Éclairage	11.352 59	11.999 75
Collections, laboratoire..........................	2.999 »	2.999 99
Ateliers..	1.999 99	2.999 92
Bibliothèque......................................	700 »	699 96
Fournitures scolaires.............................	14.136 15	16.499 98
Impressions.......................................	2.996 95	2.996 02
Distribution des prix.............................	2.990 »	4.499 95
Abonnement aux eaux...............................	3.180 »	»
Dépenses imprévues................................	1.458 »	1.500 »
Voyage de vacances................................	2.473 05	»
Bourses à l'étranger..............................	»	3.000 »
Trousseaux..	17.563 64	14.233 09
Répétitions.......................................	12.727 50	9.032 80
Literie...	1.394 79	2.399 93
Remboursements et divers..........................	898 25	4.929 50
Totaux............................	509.735 12	598.742 97

Recettes.

DÉSIGNATION DES RECETTES	RECETTES en 1889	RECETTES en 1898
RECETTES ORDINAIRES.		
Élèves internes.............................	168.414 27	151.850 »
— demi-pensionnaires.....................	76.315 77	82.325 »
— externes payants.....................	»	27.730 »
— externes surveillés...................	»	1.285 »
RECETTES DIVERSES.		
Abonnement à la literie...................	3.100 »	3.710 »
Trousseaux...............................	25.632 40	22.823 70
Répétitions...............................	13.438 »	9.402 50
Frais accessoires.........................	2.300 42	7.395 90
Bourses	375 »	3.000 »
Totaux.....................	289.575 86	309.522 10

L'EMPLOI DU TEMPS

L'École J.-B. Say est partagée en trois grandes sections ou collèges qui correspondent à l'âge des élèves et à leur année d'études :

Le petit collège, formé des élèves des classes primaires ;

Le moyen collège, formé des élèves de 1re année ;

Le grand collège, des élèves de 2e, 3e et 4e année.

Chaque collège a son emploi du temps et son personnel spécial de surveillance, ses cours de récréation, ses classes, ses études et ses dortoirs séparés. Les élèves de deux collèges différents ne peuvent avoir de relations entre eux que s'ils sont frères ou parents.

Nous allons indiquer la distribution du temps dans les trois tableaux qui suivent, lesquels résumeront, aussi exactement que possible, la vie d'un interne à l'École J.-B. Say. Chaque tableau renferme trois colonnes, la première pour les jours ordinaires, la seconde pour le jeudi, la troisième pour le dimanche.

Le dimanche et le jeudi, les élèves internes peuvent suivre, sous la surveillance de la Direction de l'École et suivant les instructions de leurs familles, les exercices relatifs aux différents cultes auxquels ils appartiennent.

EMPLOI DU TEMPS DES INTERNES

PETIT COLLÈGE		
JOURS ORDINAIRES	**JEUDI**	**DIMANCHE**
6 h. 1/2 Lever.	6 heures Lever.	6 heures Lever.
7 heures Étude.	6 h. 1/2 Étude.	6 h. 1/2 Étude.
7 h. 1/2 Déjeuner, récréation.	7 h. 1/2 Déjeuner, récréation.	7 heures 1re sortie. Étude.
8 h. 1/4 Classe.	8 h. 1/4 Classe.	7 h. 1/2 Déjeuner, récréation.
9 h. 1/4 Classe.	9 h. 1/4 Classe.	8 h. 1/2 2e sortie. Récréation.
10 h. 1/4 Récréation.	10 h. 1/4 Récréation.	9 heures Étude.
10 h. 1/2 Classe.	10 h. 1/2 Étude.	10 h. 1/2 Récréation.
11 h. 1/2 Dîner, récréation.	12 heures Dîner, récréation.	11 heures Étude.
1 heure Étude.	1 h. 1/2 Étude.	12 heures Dîner, récréation.
2 heures Classe.	3 heures Récréation.	Le soir, comme le jeudi.
3 heures Récréation.	3 h. 1/2 Étude.	
3 h. 1/2 Classe.	4 h. 1/2 Goûter, promenade.	
4 h. 1/2 Goûter, récréation.	8 heures Souper.	
5 h. 1/2 Étude.	8 h. 1/2 Coucher.	
6 h. 1/2 Récréation.		
7 heures Étude.	*En hiver.*	
8 heures Souper.	1 h. 1/2 Promenade.	
8 h. 1/2 Coucher.	4 h. 1/2 Goûter, récréation.	
	5 h. 1/2 Étude.	
	8 heures Souper.	
	8 h. 1/2 Coucher.	

MOYEN COLLÈGE

JOURS ORDINAIRES		JEUDI		DIMANCHE	
6 heures	Lever.	6 heures	Lever.	6 heures	Lever.
6 h. 1/2	Étude.	6 h. 1/2	Étude.	6 h. 1/2	Étude.
7 h. 1/2	Déjeuner, récréation.	7 h. 1/2	Déjeuner, récréation.	7 heures	1re sortie. Étude.
8 h. 1/4	Classe.	8 h. 1/4	Classe.	7 h. 1/2	Déjeuner, récréation.
9 h. 3/4	Récréation.	9 h. 3/4	Récréation.	8 h. 1/2	2e sortie. Récréation.
10 heures	Classe.	10 heures	Étude ou classe.	9 heures	Étude.
11 h. 1/2	Diner, récréation.	11 heures	Classe ou étude.	10 h. 1/2	Récréation.
1 heure	Étude ou classe.	12 heures	Diner, récréation.	11 heures	Étude.
2 heures	Classe.	1 h. 1/2	Étude.	12 heures	Diner, récréation.
2 h. 52	Récréation.	3 heures	Récréation.		Le soir, comme le jeudi.
3 h. 8	Classe.	3 h. 1/2	Étude.		
4 heures	Étude ou classe.	4 h. 1/2	Goûter, promenade.		
5 heures	Goûter, récréation.	8 heures	Souper.		
5 h. 3/4	Étude.	8 h. 1/2	Coucher.		
8 heures	Souper.				
8 h. 1/2	Coucher.		*En hiver.*		
		1 h. 1/2	Promenade.		
		4 h. 1/2	Goûter, récréation.		
		5 h. 1/2	Étude.		
		8 heures	Souper.		
		8 h. 1/2	Coucher.		

GRAND COLLÈGE

JOURS ORDINAIRES	JEUDI	DIMANCHE
5 h. 1/2 Lever.	5 h. 1/2 Lever.	5 h. 1/2 Lever.
6 heures Étude.	6 heures Étude.	6 heures Étude.
7 h. 1/2 Déjeuner, récréation.	7 h. 1/2 Déjeuner, récréation.	7 heures 1re sortie.
8 h. 1/4 Classe.	8 h. 1/4 Classe.	7 h. 1/2 Déjeuner, récréation.
9 h. 3/4 Récréation.	9 h. 3/4 Récréation.	8 h. 1/2 2e sortie.
10 heures Classe.	10 heures Exercices militaires.	9 heures Étude.
11 h. 1/2 Dîner, récréation.	12 heures Dîner, récréation.	10 h. 1/2 Récréation.
1 heure Étude ou classe.	1 h. 1/2 Étude.	11 heures Étude.
2 heures Classe.	3 heures Récréation.	12 heures Dîner, récréation.
3 heures Récréation.	3 h. 1/2 Étude.	Le soir, comme le jeudi.
3 h. 1/4 Classe.	4 h. 1/2 Goûter, promenade.	
4 h. 1/4 Étude ou classe.	8 heures Souper.	
5 h. 1/4 Goûter, récréation.	8 h. 1/2 Coucher.	
6 heures Étude.		
8 heures Souper.		
8 h. 1/2 Coucher.		
	En hiver.	
Pour les Élèves de 4e année.	1 h. 1/2 Promenade.	
MATIN.	4 h. 1/2 Goûter, récréation.	
8 h. 1/4 Classe.	5 h. 1/2 Étude.	
10 h. 1/4 Récréation.	8 heures Souper.	
10 h. 1/2 Classe ou étude.	8 h. 1/2 Coucher.	
11 h. 1/2 Dîner, récréation.		

En hiver, le lever et la première étude du matin sont retardés d'une demi-heure.

Au petit collège, la durée des classes est d'une heure. Pour le cours élémentaire, les classes ne sont que de cinquante minutes au maximum et sont toujours séparées par une récréation.

Au moyen et au grand collège, les classes du matin sont d'une heure et demie, les classes et les études de l'après-midi sont d'une heure.

Les élèves de 4e année ont, le matin, une classe de deux heures, puis, dans la journée, des classes et des études d'une heure et demie et d'une heure.

Emploi du temps des demi-pensionnaires. Les demi-pensionnaires arrivent à l'École à huit heures un quart et participent à tous les exercices de la journée, comme les internes. Ils ont la faculté d'assister à la première étude du soir pour faire leurs devoirs sous la direction des maîtres répétiteurs. Cette étude a lieu :

> De cinq heures à six heures et demie au petit collège ;
> De cinq heures un quart à six heures trois quarts au moyen collège ;
> De cinq heures et demie à sept heures au grand collège.

ps des
ints.

Les externes payants ont le même emploi du temps que les demi-pensionnaires, mais ils ne prennent pas à l'École le repas de midi.

ps des
uits

Les externes gratuits surveillés ont le même emploi du temps que les externes payants.

ps des
oles.

Les externes simples assistent aux classes, études et exercices du jour. Le matin, ils entrent à huit heures un quart et sortent à onze heures et demie. Ils reviennent à une heure et quittent l'École après la dernière classe du soir.

L'ATELIER DE FER.

SYSTÈME

D'ÉMULATION ET DE DISCIPLINE

Le système d'émulation et de discipline a pour base le livret hebdomadaire remis aux familles le samedi soir.

Le livret contient l'emploi du temps de l'élève à l'École et l'indication des devoirs à faire chaque jour en dehors des classes. Les parents peuvent donc suivre les travaux de leurs enfants et prendre une part très efficace au progrès de leurs études.

Il donne une appréciation exacte du travail et de la conduite de l'élève et permet d'établir une sanction pour chaque jour, une pour chaque semaine, une pour chaque mois et une à la fin de chaque trimestre.

Elles consistent en notes données par les professeurs et les répétiteurs pour les devoirs, les leçons, les interrogations, la conduite et l'application. Les notes sont données sur l'échelle de 0 à 10.

10 signifie parfaitement bien.
9 — très bien.
8 — bien.
7 — satisfaisant.
6 — assez bien.
5 — passable, mais déjà au-dessous de ce que l'élève peut donner.
4 — médiocre.
3 — très médiocre.
2 — mal.
1 — très mal.
0 — nul.
X — devoir non fait.

La note X diminue de deux points le total des notes de la semaine.
Les notes ont une valeur relative dans l'appréciation du travail, car avant tout elles

doivent tenir compte de l'effort de l'élève pour encourager sa bonne volonté. Elles n'ont une valeur absolue que dans la correction des compositions.

Les notes, qui forment ainsi les éléments du système d'émulation et de discipline, servent en même temps à renseigner les familles sur les progrès de leurs enfants et elles sont prises en très sérieuse considération par la Commission municipale chargée de l'attribution des bourses et promotions de bourses.

Dans les classes primaires, outre le livret hebdomadaire, les demi-pensionnaires et les externes ont un carnet signé chaque jour par les familles et qui contient l'indication des notes obtenues et des devoirs à faire.

Sanction à la fin de la semaine.

Les notes données par les professeurs sont inscrites le jeudi sur le livret. On y joint la note du répétiteur externe et, pour les élèves internes, celle du répétiteur interne. On obtient ainsi la moyenne hebdomadaire, d'où résulte le classement. L'élève connaît ainsi le rang qu'il occupe dans sa classe et peut comparer la moyenne de chaque semaine avec celle de la semaine précédente. De là une double émulation par laquelle il cherche à surpasser ses camarades et à se surpasser lui-même.

La moyenne hebdomadaire n'a une valeur réelle que si les notes qui la déterminent sont en nombre suffisant. Le tableau qui suit indique le nombre des notes à donner chaque semaine aux élèves pour les devoirs, les leçons, les interrogations, la conduite et l'application.

NOMBRE DE NOTES A DONNER PAR SEMAINE A CHAQUE ÉLÈVE

DE 1ʳᵉ, 2ᵉ ET 3ᵉ ANNÉE

(Devoirs, Leçons, Interrogations. Conduite et Application)

NATURE DES ENSEIGNEMENTS	1ʳᵉ ANNÉE	2ᵉ ANNÉE	3ᵉ ANNÉE industrielle.	3ᵉ ANNÉE commerciale.
Morale	1	1	1	1
Français	de 2 à 3	de 2 à 3	de 2 à 3	de 2 à 3
Mathématiques	de 2 à 3	de 2 à 3	de 2 à 4	de 2 à 3
Langues	de 2 à 3	de 2 à 3	de 2 à 3	de 2 à 4
Physique	1	1	de 2 à 3	1
Chimie	»	1	de 2 à 3	1
Histoire	1	1	1	1
Géographie et instruction civique	1	1	1	1
Histoire naturelle	1	1	1	1
Comptabilité	1	1	1	1
Législation et économie	»	»	1	1
Calligraphie	1	1	»	1
Dessin géométrique	1 par quinzaine	1 par quinzaine	1 par quinzaine	1 par quinzaine
Dessin d'ornement	Id.	Id.	Id.	Id.
Chant	Id.	Id.	Id.	Id.
Gymnastique	Id.	Id.	Id.	Id.
Travail manuel	Id.	Id.	Id.	Id.
Notes du répétiteur externe.				
Conduite et application	1	1	1	1
Notes du répétiteur interne.				
Conduite et application	1	1	1	1
Récitation des leçons	1	1	1	1

Tout élève, pour être classé, doit avoir à la fin de la semaine un total minimum de dix notes.

fin
neur.

A la fin de chaque mois se réunit la Commission du tableau d'honneur, composée pour chaque collège du Directeur, du surveillant général, des professeurs et des répétiteurs. Une liste de propositions dressée par le répétiteur de chaque division, d'après les notes de travail, de conduite, et surtout d'après les efforts des élèves, est étudiée et discutée par l'assemblée. L'inscription mensuelle au tableau d'honneur est mentionnée sur le livret et sert de base à la liste de mérite.

Lorsque les notes du livret indiquent, pendant plusieurs semaines consécutives, un travail insuffisant, la famille est appelée chez le Directeur.

Sanction à la fin
du trimestre.

La famille reçoit chaque trimestre un bulletin qui indique les places de composition et les moyennes obtenues dans les différentes facultés ; il contient de plus sur le travail, les aptitudes, le caractère et la conduite des élèves une appréciation qui résume celles des professeurs et des répétiteurs.

Sanction à la fin
de l'année.
Liste des élèves les plus
méritants.

A la fin de l'année, on compte les inscriptions mensuelles au tableau d'honneur pour établir la liste définitive des élèves les plus méritants. Cette liste, adressée à l'Administration et à la Commission municipale, sert à signaler ceux des élèves qui peuvent être plus particulièrement l'objet d'une proposition favorable.

Examen de passage.

Un examen pour le passage d'une division à la division supérieure a été institué par une délibération du Conseil municipal en date du 7 juillet 1882, et les formes en ont été réglées par un arrêté préfectoral en date du 29 avril 1886.

Aucun élève n'est admis à suivre les cours d'une division supérieure s'il n'a obtenu, à l'examen de passage :

1° Pour chacune des épreuves, un chiffre de points au moins égal au minimum obligatoire indiqué au tableau ci-dessous :

MATIÈRES	MAXIMUM	MINIMUM
Langue française..	20	8
Mathématiques	20	8
Dessin géométrique	10	3
Dessin d'ornement...........	10	3

2° Pour l'ensemble des épreuves, un total d'au moins trente points.

Un élève qui ne réussirait pas à l'examen dans une des épreuves peut cependant obtenir la note moyenne dans cette faculté, si les notes de son livret sont jugées suffisantes par la Commission.

MOYENS DE DISCIPLINE

L'insuffisance du travail et les fautes ordinaires contre la discipline ont pour sanction les mauvaises notes.

Les fautes plus graves sont réprimées par les punitions.

Les punitions en usage sont :

    1° Les leçons à rapprendre ;
    2° Le quart de consigne ;
    3° La demi-consigne ;
    4° La consigne avec faculté de rachat ;
    5° La consigne sans faculté de rachat ;
    6° La consigne avec privation partielle de sortie ;
    7° La consigne avec privation de sortie ;
    8° L'exclusion temporaire ;
    9° L'exclusion définitive.

Les consignes consistent en travaux utiles et écrits à main posée, tels que devoirs à refaire, pages de calligraphie, cartes de géographie, dessins géométriques, calculs, devoirs de mathématiques, de langues vivantes, exercices de travail manuel. Ces travaux sont corrigés et appréciés par une note, comme les devoirs ordinaires.

La consigne correspond à un travail de deux heures.

Les consignes ne sont exigibles que le lendemain des jours de congé.

Les internes les font à l'École ; les externes, dans leurs familles, ou à l'École, le dimanche matin.

Les consignes sont toujours accompagnées d'un rapport écrit et signé. Les motifs sont examinés par le Directeur. Le samedi matin, les élèves dont les consignes sont maintenues sont avertis à dix heures ; ils peuvent ainsi prévenir leurs familles.

RÉCOMPENSES

L'exemption a un double objet. Elle sert d'abord à récompenser l'élève qui s'est distingué par son travail et sa bonne conduite, puis à lui permettre d'atténuer l'effet d'une punition.

Il y a trois sortes d'exemptions : l'exemption bleue, l'exemption rouge et l'exemption blanche.

Exemption bleue. Une exemption bleue est accordée :

1° A tout élève inscrit au tableau d'honneur ;

2° A l'élève qui a obtenu la place de premier dans une composition avec une note supérieure ou égale à 14 (sur 20) ;

3° A l'élève dont la moyenne hebdomadaire est supérieure ou égale à 8,50 (sur 10) ;

4° Sur la demande du professeur de la classe, à l'élève des classes primaires spécialement signalé par son application et sa conduite.

Une exemption bleue peut annuler une consigne.

Dix exemptions bleues donnent droit à un prix.

Exemption rouge. Une exemption rouge est accordée :

1° A l'élève qui a obtenu la place de deuxième en composition avec une note supérieure ou égale à 14 (sur 20) ;

2° A l'élève dont la moyenne hebdomadaire est supérieure ou égale à 7,50 (sur 10) ;

3° A l'élève dont la note d'étude (note du répétiteur interne) est 10 ;

4° A l'élève dont la note de classe (note du répétiteur externe) est 10 ;

5° A l'élève qui a obtenu une note égale ou supérieure à 8 pour une interrogation individuelle (candidats à des examens et concours) ;

6° Sur la demande du professeur de la classe, à l'élève des classes primaires signalé par son application et sa conduite.

Une exemption rouge peut annuler une demi-consigne.

Vingt exemptions rouges donnent droit à un prix.

Exemption blanche. Une exemption blanche est accordée :

1° A l'élève dont la moyenne hebdomadaire est supérieure ou égale à 7 ;

2° A l'élève dont la note d'étude (note du répétiteur interne) est supérieure ou égale à 9 ;

3° A l'élève dont la note de classe (note du répétiteur externe) est supérieure ou égale à 9 ;

4° A l'élève qui a mérité la note 10 pour un devoir, une leçon, une explication en classe ;

5° A l'élève qui a obtenu la note 7 pour une interrogation individuelle (candidats à des examens et concours) ;

6° Sur la demande du professeur de la classe, à l'élève des classes primaires signalé par son application et sa conduite.

Une exemption blanche peut annuler un quart de consigne.

Quarante exemptions blanches donnent droit à un prix.

STATISTIQUE

L'École J.-B. Say fut ouverte, le 6 janvier 1873, sous le nom d'École supérieure municipale annexée à l'École normale primaire de Paris. De janvier à juillet 1873, elle compta 47 élèves. Depuis son origine, elle s'est développée d'une façon progressive et continue, comme le prouve le tableau ci-après, qui donne le nombre des élèves ayant fréquenté les cours de l'École, pendant chaque année scolaire, depuis le mois d'octobre 1873 :

Années scolaires.	Nombre des élèves.	Années scolaires.	Nombre des élèves.
1873-1874	135	1886-1887	651
1874-1875	167	1887-1888	636
1875-1876	154	1888-1889	663
1876-1877	174	1889-1890	568
1877-1878	222	1890-1891	598
1878-1879	256	1891-1892	676
1879-1880	263	1892-1893	678
1880-1881	276	1893-1894	803
1881-1882	363	1894-1895	811
1882-1883	440	1895-1896	866
1883-1884	538	1896-1897	906
1884-1885	556	1897-1898	898
1885-1886	613		

La population scolaire se composa d'abord d'élèves payants : internes, demi-pensionnaires et externes.

Le 1er août 1873, le Conseil municipal nomma les premiers titulaires de bourses d'externat et le 1er octobre 1876 les titulaires de bourses d'internat.

Le 1er octobre 1876, le Conseil départemental désigna des titulaires de bourses d'externat et le 1er janvier 1885 des titulaires de bourses d'internat.

Les premiers titulaires de bourses Mylius furent nommés le 1er octobre 1875.

L'État entretint aussi, mais seulement de 1880 à 1887, quelques élèves titulaires de bourses d'enseignement primaire supérieur.

En 1882, la gratuité complète de l'externat fut établie à l'École J.-B. Say et l'externat payant supprimé.

Nous ne reviendrons pas ici sur les inconvénients de la suppression de l'externat payant ; nous préférons montrer que son rétablissement en 1891 a permis à l'École de recevoir une clientèle nouvelle, qui augmente chaque année. Pour s'en convaincre, il suffit de consulter le tableau ci-après, qui donne le nombre des élèves internes, demi-pensionnaires, externes payants et gratuits, ayant fréquenté l'École pendant chaque année scolaire, depuis l'année scolaire 1890-1891.

ANNÉES SCOLAIRES	INTERNES	DEMI-PENSIONNAIRES	EXTERNES PAYANTS	EXTERNES GRATUITS	TOTAL
1890-91	169	158	33	238	598
1891-92	187	193	49	247	676
1892-93	160	205	64	249	678
1893-94	152	206	87	358	803
1894-95	145	206	118	342	811
1895-96	146	195	128	397	866
1896-97	162	199	150	395	906
1897-98	167	196	156	379	898

Ce qui frappe le plus dans l'examen de ce tableau, c'est l'augmentation constante du nombre des externes payants. En 1890, on estimait à 50 le nombre des élèves qui bénéficieraient du rétablissement de l'externat payant ; mais la mesure prise par le Conseil municipal répondait si bien aux besoins que les résultats ont dépassé toutes les prévisions.

Clientèle actuelle de l'École.

La clientèle actuelle de l'École, considérée au point de vue de la rétribution scolaire, peut se diviser en trois catégories :

1° Les élèves payant entièrement les frais de la pension, de la demi-pension et de l'externat ;

2° Les élèves titulaires d'une demi-bourse payant le complément de la pension et les externes gratuits payant le complément de la demi-pension ;

3° Les externes gratuits, les demi-pensionnaires titulaires d'une demi-bourse et les internes titulaires d'une bourse entière d'internat.

Le tableau qui suit donne les répartitions des élèves, d'après les différentes qualités scolaires, pour l'année 1897-1898 :

Internes payant la pension entière	146	
— titulaires d'une demi-bourse	12	
— titulaires d'une bourse entière	5	167
— titulaires d'une bourse entière (Mylius)	4	
Demi-pensionnaires payant la demi-pension entière	69	
— titulaires d'une demi-bourse	54	196
— externes gratuits admis à la demi-pension	73	
Externes payant l'externat	156	
— gratuits	379	535
	898	**898**

Les élèves libres, internes, demi-pensionnaires et externes, qui payent entièrement la rétribution scolaire, sont donc au nombre de 371. Ces élèves peuvent être reçus, à toute époque de l'année, dans les classes de l'enseignement primaire et de l'enseignement primaire supérieur ; il suffit qu'ils soient en état de suivre les cours.

Les élèves boursiers, qui versent le complément des frais de la pension ou de la demi-pension, sont au nombre de 85 et se partagent en deux groupes :

Les uns, internes et titulaires d'une demi-bourse municipale ou départementale, n'ont à fournir que le complément de la pension ; les autres, externes gratuits, sont considérés comme titulaires d'une bourse d'externat et peuvent devenir demi-pensionnaires moyennant le complément de la demi-pension.

La troisième catégorie comprend les élèves gratuits, dont le nombre s'élève à 442. Ils peuvent être partagés en quatre groupes d'après les conditions dans lesquelles ils bénéficient de la gratuité.

Les plus nombreux sont les élèves admis à bénéficier de la gratuité de l'externat simple. Ils entrent à l'École à la suite du concours qui a lieu, chaque année, au mois de juillet, pour l'admission dans les Écoles primaires supérieures. Un certain nombre peuvent obtenir, au cours de leurs études, des bourses ou demi-bourses d'entretien fondées par le Conseil municipal et destinées à venir en aide à des familles peu fortunées, afin de permettre à des enfants méritants de terminer leurs études.

Le bénéfice de la gratuité est accordé aux élèves pour toute la durée de leurs études et sans condition d'âge.

Les élèves de la banlieue sont aussi admis à l'externat gratuit dans des conditions spéciales que nous avons déjà fait connaître.

Les élèves titulaires de demi-bourses municipales et départementales bénéficient gratuitement de tous les avantages de la demi-pension. S'ils obtiennent une promotion d'un quart de bourse, ils ont droit, en plus, à l'étude complète du soir et au dîner des internes.

Les élèves titulaires d'une bourse entière sont en très petit nombre. D'abord titulaires d'une demi-bourse, ils ont obtenu une première promotion d'un quart de bourse, après une année au moins et s'ils figurent au tableau d'honneur des boursiers. C'est donc après une seconde année au moins qu'ils peuvent bénéficier d'une bourse entière.

Enfin les élèves titulaires d'une bourse Mylius sont au nombre de quatre. Ces bourses sont attribuées à des élèves qui justifient de certaines conditions spéciales. Elles sont très recherchées, parce qu'elles ne sont pas fractionnées et qu'elles représentent à la fois la pension entière et l'entretien de l'élève.

En résumé, la clientèle de l'École peut se diviser en deux grandes catégories :

1° Élèves payants :

Élèves libres payant la totalité des frais de pension, de demi-pension et d'externat	371
Élèves boursiers payant le complément de ces frais	85
2° Élèves gratuits	442
Total	898

LES ORIGINES DES ÉLÈVES — RECRUTEMENT

Pour nous faire une idée du caractère de la clientèle actuelle, nous allons indiquer les professions exercées par les parents, puis les établissements fréquentés par les élèves immédiatement avant leur entrée à l'École, enfin le domicile des familles. Nos tableaux correspondent à l'année scolaire 1897-1898.

Origine des élèves d'après la profession des familles. En relevant sur le registre de Direction les situations occupées par les familles, nous arrivons à la liste ci-après :

Propriétaires et rentiers	70
Patrons (chefs d'une maison de commerce)	130
Représentants de commerce	41
Employés de commerce	54
Patrons (chefs d'un établissement industriel)	65
Entrepreneurs (industries du bâtiment)	30
Employés dans une industrie	28
Constructeurs, mécaniciens	38
A reporter	456

Report	456
Dessinateurs	9
Artistes, architectes, ingénieurs	57
Avocats, médecins, pharmaciens	22
Professeurs, instituteurs	32
Journalistes	8
Militaires	24
Agriculteurs	4
Banquiers et employés de banque	20
Comptables	27
Employés d'administration :	
Ministères, préfectures, mairies	51
Chemins de fer	47
Postes et télégraphes	30
Assurances, gaz, omnibus	21
Ouvriers (personnes exerçant, moyennant salaire, une profession manuelle)	82
Domestiques	8
Total	898

À l'aide de cette nomenclature, on constate que la catégorie des personnes appartenant au commerce et à l'industrie est la plus nombreuse.

Les commerçants, représentants et employés de commerce (225); les industriels, entrepreneurs, employés de l'industrie, constructeurs, mécaniciens, dessinateurs (170), forment 44 pour 100 de la clientèle de l'École.

Les employés d'administration (149) donnent une proportion beaucoup plus faible, 16 pour 100.

Les professions libérales : artistes, architectes, ingénieurs, avocats, médecins, professeurs, journalistes, fournissent 13 pour 100.

Viennent ensuite les ouvriers (82), qui représentent 9 pour 100; puis les propriétaires et rentiers (70), 7 pour 100; ensuite les comptables, banquiers et employés de banque (47), 5 pour 100.

Enfin les militaires, au nombre de 24, donnent à peine la proportion de 3 pour 100.

L'École J.-B. Say est située dans un quartier éloigné de tout centre d'industrie et de commerce, puis elle se trouve à l'extrémité ouest de Paris, presque au sommet de l'angle droit formé par la ligne des fortifications. Elle ne peut donc recevoir qu'un petit nombre d'externes gratuits et la part la plus importante de sa clientèle est formée d'élèves payants, internes, demi-pensionnaires et externes.

On peut classer en quatre catégories, d'après le domicile des parents, les élèves qui ont suivi les cours de l'École pendant l'année 1897-1898 :

1° Familles parisiennes.

Ier	arrondissement		13
IIe	—		13
IIIe	—		9
IVe			5
V^e	—		16
VIe	—		8
VIIe	—		43
VIIIe	—		30
IXe	—		14
X^e	—		12
XIe	—		7
XIIe	—		9
XIIIe	—		6
XIVe	—		29
XVe	—		98
XVIe	—		244
XVIIe	—		99
XVIIIe	—		10
XIXe	—		3
XXe	—		3
			671

2° Familles qui habitent	les communes de la Seine		163
3°	—	les centres des départements	56
	—	les colonies	1
4°	—	à l'étranger	7
		Total	898

Chacun des arrondissements de Paris fournit donc des élèves à l'École, et cette clientèle, essentiellement parisienne, est de beaucoup la plus considérable et renferme des élèves internes, demi-pensionnaires et externes. Le XVIe arrondissement, qui est celui de l'École, et les deux arrondissements voisins forment évidemment presque toute la population des externes gratuits.

Le tableau précédent montre que, sur 100 familles :

75 ont leur domicile à Paris;
18   —   dans le département de la Seine;
6   —   dans les autres départements;
1   —   à l'étranger.

olaire des
es.

Au point de vue de l'origine scolaire, c'est-à-dire au point de vue des établissements d'où sortent nos élèves avant leur entrée à l'École, les élèves de l'année 1897-1898 se répartissent ainsi qu'il suit :

Élèves provenant :

1° De l'enseignement primaire :

Écoles primaires publiques	573
— libres laïques	136
— congréganistes	63

2° De l'enseignement secondaire (classique et moderne) :

Lycées et collèges	89
Établissements libres	21
3° Directement de la famille	16

Ainsi l'on peut dire que, sur 100 élèves de l'École, 86 viennent de l'enseignement primaire, dont 64 de l'enseignement public, 15 de l'enseignement laïque et 7 de l'enseignement congréganiste ; puis 12 des établissements d'enseignement secondaire ; enfin 2 seulement ont reçu l'instruction dans la famille.

C'est donc l'enseignement primaire et surtout l'enseignement primaire public qui fournit la grande majorité de nos élèves. En effet, c'est dans les écoles communales que les enfants trouvent la meilleure préparation à l'enseignement des Écoles supérieures. L'élève le plus apte à en tirer profit est celui qui, pourvu du certificat d'études primaires, affermit et complète son instruction en suivant pendant une année le cours supérieur d'une école primaire, avant d'entrer dans les cours de 1re année de l'École supérieure. En général, s'il n'a pas suivi avec fruit ce cours supérieur, l'élève n'a pas la maturité suffisante pour comprendre la portée des notions des diverses sciences qui forment la base de notre enseignement et le dominent chaque jour davantage.

Aussi, depuis la suppression des sections préparatoires à la 1re année et l'organisation du nouveau plan d'études, les Directeurs des Écoles supérieures ont-ils été unanimes à demander que la limite d'âge fût reculée pour l'entrée en 1re année. Cette limite, fixée à douze ans au 1er octobre de l'année du concours d'après le règlement de 1882, fut ainsi fixée à douze ans au 1er janvier de l'année du concours d'après le règlement de 1886.

Le décret du 21 janvier 1893 donne d'ailleurs à cette appréciation, confirmée par l'expérience, la sanction de l'autorité ministérielle. En effet, l'article 38 du décret exige que tout élève admis dans une École primaire supérieure possède le certificat d'études primaires et justifie avoir suivi pendant une année au moins le cours supérieur d'une École primaire élémentaire.

Si ces conditions sont bien observées, l'élève recueillera tout le fruit désirable de l'enseignement des Écoles municipales. L'École primaire supérieure sera alors vraiment ce qu'elle doit être, la continuation de l'école primaire élémentaire.

25

SÉJOUR DES ÉLÈVES A L'ÉCOLE

Nous étudierons la durée du séjour des élèves dans les classes d'enseignement primaire supérieur, indépendamment du temps passé dans chaque classe. Cette étude présente un certain intérêt à cause de l'organisation spéciale de l'École au point de vue des études et de la surveillance. Bien que l'École J.-B. Say reçoive des internes, la présence des externes n'y est pas limitée, comme dans la plupart des établissements d'enseignement, aux heures de classe. Tous nos élèves, quelle que soit leur qualité scolaire, assistent à tous les exercices de la journée, de huit heures du matin à cinq heures du soir. Ce régime, emprunté aux Écoles supérieures de Paris qui sont des externats, a été introduit par M. Marguerin à l'École J.-B. Say, la première des Écoles supérieures parisiennes pourvue d'un internat.

Ce système d'éducation a pour effet de multiplier les moyens d'action sur l'enfant et de lui donner rapidement ces habitudes d'ordre, d'exactitude, de travail régulier qui sont, par elles-mêmes, un véritable enseignement pratique et moral, et constituent le meilleur apprentissage de la vie d'employé de commerce et d'industrie. Puis l'élève qui demeure à l'École toute la journée n'est pas sollicité par les distractions souvent périlleuses de la rue. Le danger n'est pas chimérique, à Paris et pour des élèves de l'enseignement primaire supérieur, âgés de treize à dix-huit ans.

C'est pour cela que nous avons d'abord cherché à constater le nombre des élèves qui ont passé trois, quatre et cinq années sous l'influence permanente de l'École.

Pour établir notre statistique, nous avons relevé, sur notre registre de Direction, les noms des élèves nouveaux entrés dans les divisions de 1re année et nous les avons suivis, année par année, jusqu'à leur sortie.

Nous laissons de côté les élèves entrés dans les classes primaires, ainsi que ceux entrés en cours d'études, c'est-à-dire en 2e, 3e et 4e année.

Ceci posé, nous avons obtenu, pour la période des dix dernières années scolaires, le tableau suivant :

ANNÉES SCOLAIRES — Promotions.	ÉLÈVES entrés en 1ʳᵉ année.		ÉLÈVES QUI ONT CONTINUÉ LEURS ÉTUDES			
			une 2ᵉ année.	une 3ᵉ année.	une 4ᵉ année.	une 5ᵉ année.
1888	Internes..........	35	27	19	5	1
	Demi-pensionnaires	65	44	23	11	3
	Externes	109	62	31	13	3
	Totaux.......	209	133	73	29	7
1889	Internes	65	43	32	10	2
	Demi-pensionnaires	68	42	35	14	4
	Externes	109	57	26	8	3
	Totaux.......	242	142	93	32	9
1890	Internes	35	29	24	5	6
	Demi-pensionnaires	49	38	25	11	6
	Externes payants..	14	10	6	2	»
	Externes	121	67	36	14	3
	Totaux.......	219	144	91	42	15
1891	Internes	39	34	25	11	2
	Demi-pensionnaires	66	46	30	15	4
	Externes payants..	14	9	6	5	3
	Externes	144	80	50	22	7
	Totaux.......	263	169	111	53	16
1892	Internes	25	20	12	3	2
	Demi-pensionnaires	61	44	33	17	6
	Externes payants..	24	19	14	6	1
	Externes	124	76	40	15	5
	Totaux.......	234	159	99	41	14

ANNÉES SCOLAIRES — Promotions.	ÉLÈVES entrés en 1re année.		ÉLÈVES QUI ONT CONTINUÉ LEURS ÉTUDES			
			une 2e année.	une 3e année.	une 4e année.	une 5e année.
1893	Internes	35	30	20	13	1
	Demi-pensionnaires	73	57	32	11	5
	Externes payants..	23	14	6	3	2
	Externes	184	115	72	22	10
	Totaux.......	315	216	130	49	18
1894	Internes	26	23	15	8	4
	Demi-pensionnaires	58	29	20	9	3
	Externes payants..	49	37	27	17	10
	Externes	121	84	47	17	6
	Totaux.......	254	173	109	51	23
1895	Internes..........	30	18	11	5	»
	Demi-pensionnaires	63	47	25	10	»
	Externes payants..	32	21	10	5	»
	Externes	167	119	67	27	»
	Totaux.......	292	205	113	47	»
1896	Internes	34	31	21	»	»
	Demi-pensionnaires	47	37	26	»	»
	Externes payants..	48	36	25	»	»
	Externes	159	115	73	»	»
	Totaux.......	288	219	145	»	»
1897	Internes	38	30	»	»	»
	Demi-pensionnaires	71	45	»	»	»
	Externes payants..	56	43	»	»	»
	Externes	121	89	»	»	»
	Totaux.......	286	207	»	»	»

De l'examen de ce tableau il résulte que, pour la période de huit années, de 1888 à 1895, sur 2028 élèves entrés en 1re année, 1341 ont continué leurs études une deuxième année, 819 une troisième et 344 une quatrième année. On peut donc dire que, sur 100 élèves entrés en 1re année, 66 continuent leurs études une deuxième année, 40 une troisième et 17 une quatrième année.

Un premier fait à constater est que 34 pour 100, ou environ le tiers des élèves entrés en 1re année, ne restent qu'une année à l'École.

Les 66 élèves de 2e année se réduisent à 40 pour la 3e. Donc, sur 100 élèves entrés en 2e année, 40, c'est-à-dire plus du tiers, quittent l'École après un séjour de deux ans, et 60 restent une 3e année. Ce séjour de trois ans correspond au cycle complet des études de l'enseignement primaire supérieur.

Les 40 élèves de 3e année se réduisent à 17 pour la 4e année. La proportion est évidemment plus faible pour cette année complémentaire.

On conçoit qu'un certain nombre d'élèves restent à l'École au delà de quatre ans.

Ce sont d'abord les élèves qui ont redoublé une de leurs classes avant d'aborder les études de 4e année, puis ceux qui, pour leur instruction personnelle, suivent pendant plusieurs années soit les cours d'une même section, soit les cours de sections différentes de 4e année, enfin les candidats à certaines Écoles spéciales dont le temps de préparation est fixé par une limite d'âge.

Comparaison entre la durée du séjour des élèves payants et des élèves gratuits.

La clientèle de l'École J.-B. Say peut être partagée en deux catégories : d'une part, les élèves payants, internes, demi-pensionnaires et externes; d'autre part, les externes gratuits entrés à la suite du concours annuel pour l'admission dans les Écoles primaires supérieures. Pour comparer la durée du séjour à l'École de ces deux catégories d'élèves, nous prendrons les chiffres de notre tableau, qui correspondent à la période de huit années, à partir de 1888. Nous trouvons ainsi que, sur 949 élèves payants entrés en 1re année, 681 continuent leurs études une deuxième année, 450 une troisième et 206 une quatrième année; et que, sur 1079 élèves gratuits entrés en 1re année, 660 poursuivent leurs études une deuxième année, 369 une troisième et 138 une quatrième année. Pour comparer plus facilement les résultats, ramenons à 100 le nombre des élèves de chaque catégorie entrés en 1re année. Le calcul indique que les 100 élèves payants de 1re année se réduisent successivement à 70, à 47 et à 21 pour la deuxième, la troisième et la quatrième année de séjour à l'École; et que les 100 élèves gratuits de 1re année se réduisent successivement à 61, à 34 et à 12 pour la deuxième, la troisième et la quatrième année de séjour à l'École.

De là nous concluons que, pendant la première année d'études, les élèves payants sont moins nombreux que les élèves gratuits, puis qu'à partir de la deuxième année de séjour à l'École, ils deviennent constamment plus nombreux que leurs camarades, enfin que, pendant la quatrième année de séjour, le nombre des élèves payants est devenu presque le double de celui des élèves gratuits.

La statistique qui précède donne la durée du séjour des élèves à l'École, c'est-à-dire le nombre d'années pendant lesquelles ils sont restés sous notre influence, dans les classes d'enseignement primaire supérieur et indépendamment des classes parcourues. Nous allons maintenant étudier la durée du séjour au point de vue de l'instruction, c'est-à-dire le nombre d'élèves qui ont suivi effectivement les programmes de 1re, de 2e, de 3e et de 4e année.

Le tableau que nous venons d'étudier donnerait ces résultats si tous les élèves étaient admis, à la fin de chaque année, dans une division normale immédiatement supérieure. Pour avoir une idée de la répartition des élèves dans les différentes classes après quelques années de séjour à l'École, recherchons les élèves d'une promotion, de la promotion d'octobre 1896, par exemple, après un séjour de trois années. Notre tableau accuse la présence de 145 de ces élèves pendant l'année scolaire 1898-1899. Or, sur ce nombre, 68 seulement se trouvent dans les divisions de 3e année. Les 77 autres se partagent en deux groupes bien distincts : 30 terminent leurs études dans les sections de préparation aux Écoles d'Arts et Métiers, et 47 suivent les cours des divisions normales de 2e année après avoir redoublé une de leurs classes. La plupart de ceux-ci entreront dans les divisions de 3e année en 1899-1900. On voit par là que, pour parcourir le cycle normal des trois années d'études, les élèves d'une même promotion mettent les uns trois ans et les autres quatre ans. De même ce n'est qu'après quatre, cinq et six ans que les élèves d'une même promotion parcourent le cycle complet des quatre années d'études.

C'est pour cela que notre statistique, qui commence à l'année scolaire 1888-89, s'arrête à l'année 1894-95.

Nous avons donc relevé, sur notre registre de Direction, les noms des élèves de ces promotions, nous les avons suivis en 2e, 3e et 4e année et avons ainsi obtenu le tableau suivant :

ANNÉES SCOLAIRES --- Promotions.	ÉLÈVES entrés en 1re année.		ÉLÈVES QUI ONT FAIT		
			la 2e année.	la 3e année.	la 4e année.
1888	Internes..............	35	23	14	4
	Demi-pensionnaires....	65	41	19	8
	Externes..............	109	57	28	13
	Totaux............	209	121	61	25
1889	Internes..............	65	40	22	6
	Demi-pensionnaires....	68	41	26	10
	Externes..............	109	55	20	7
	Totaux............	242	136	68	23
1890	Internes..............	35	29	20	9
	Demi-pensionnaires.....	49	36	15	8
	Externes payants.......	14	8	3	1
	Externes..............	121	63	31	11
	Totaux............	219	136	69	29
1891	Internes..............	39	31	15	9
	Demi-pensionnaires....	66	46	21	13
	Externes payants.......	14	7	6	5
	Externes..............	144	74	35	18
	Totaux............	263	158	77	45
1892	Internes..............	25	17	6	2
	Demi-pensionnaires....	61	39	25	13
	Externes payants.......	24	15	9	5
	Externes..............	124	70	36	11
	Totaux............	234	141	76	31
1893	Internes..............	35	27	15	8
	Demi-pensionnaires.....	73	52	20	6
	Externes payants.......	23	11	4	3
	Externes..............	184	105	51	17
	Totaux............	315	195	90	34
1894	Internes..............	26	17	10	6
	Demi-pensionnaires.....	58	31	13	6
	Externes payants.......	49	35	22	8
	Externes..............	121	78	32	12
	Totaux............	254	161	77	32

L'examen de ce second tableau montre que, pour la période des sept années scolaires, de 1888 à 1894, sur 1736 élèves entrés en 1re année, 1048 ont suivi effectivement les cours de 2e année, 518 ceux de 3e et 219 ceux de 4e année. Ainsi, sur 100 élèves entrés en 1re année, 60 ont suivi les cours de 2e année, 30 ceux de 3e et 12 ceux de 4e année.

Sur 100 élèves entrés en 1re année, 60 ont donc parcouru le programme de 2e année, et 40 ont quitté l'École après un an ou deux ans de séjour en 1re année, mais sans aborder le programme de 2e année.

Sur les 60 élèves entrés en 2e année, la moitié a parcouru le programme de la 3e année et l'autre moitié a quitté l'École sans aborder le programme de 3e année. Sur les 30 élèves entrés en 3e année, 12 sont entrés dans les sections de 4e année et 18 ont quitté l'École sans aborder les études de la 4e année.

La proportion des élèves qui parcourent le cycle normal des trois années d'études est donc de 30 pour 100 des élèves entrés en 1re année. Pour le cycle complet des quatre années d'études, la proportion est de 12 pour 100.

COMPARAISON ENTRE LA PROPORTION DES ÉLÈVES PAYANTS ET CELLE DES ÉLÈVES GRATUITS AYANT SUIVI LES COURS DE 1re, 2e ET 3e ANNÉE

Il est intéressant de comparer la proportion des élèves payants et celle des élèves gratuits au point de vue du profit que ces élèves retirent de l'enseignement primaire supérieur. Prenons les chiffres de notre tableau qui correspondent à la période de sept années, à partir de 1888. Nous trouvons que, sur 824 élèves payants entrés en 1re année, 546 ont suivi le programme de la 2e année, 285 celui de la 3e et 122 celui de la 4e année; et que, sur 912 élèves gratuits entrés en 1re année, 502 ont suivi le programme de la 2e année, 233 celui de la 3e et 89 celui de la 4e année. Sur 100 élèves payants entrés en 1re année, 66 ont donc suivi le programme de la 2e année, 34 celui de la 3e et 15 celui de la 4e année; et, sur 100 élèves gratuits entrés en 1re année, 55 ont suivi le programme de la 2e année, 25 celui de la 3e et 9 seulement celui de la 4e année.

Ainsi le nombre des élèves payants est inférieur à celui des élèves gratuits pendant la première année d'études; mais, dès la deuxième année, les élèves payants qui ont suivi les programmes de 2e, 3e et 4e année deviennent constamment plus nombreux que les élèves gratuits.

Sur le nombre des élèves payants entrés en 1re année, la proportion de ceux qui ont suivi le programme des trois années normales d'études est de 34 pour 100, tandis que la proportion n'est que de 25 pour 100 pour les élèves gratuits. La proportion de ceux qui ont parcouru le programme des quatre années d'études est de 15 pour 100 pour les élèves payants et de 9 pour 100 pour les élèves gratuits. Les élèves payants profitent donc plus largement que les élèves gratuits de l'enseignement primaire supérieur.

PROPORTION EXACTE DES ÉLÈVES AYANT PARCOURU LE CYCLE NORMAL DES TROIS ANNÉES D'ÉTUDES DE L'ENSEIGNEMENT PRIMAIRE SUPÉRIEUR

En établissant la proportion des élèves ayant parcouru les programmes des trois années normales, nous avons pris, comme second terme de notre rapport, le total des élèves entrés dans nos divisions de 1ʳᵉ année, lesquelles comprennent une section spéciale préparatoire aux Écoles d'Arts et Métiers. Pour obtenir la proportion exacte des élèves ayant suivi les trois années normales d'études, il faut retrancher du nombre des élèves, entrés en 1ʳᵉ année, les 242 candidats aux Écoles d'Arts et Métiers qui n'ont figuré que dans les sections de préparation. Le calcul donne 34,67 pour 100. Donc, la proportion des élèves des divisions normales ayant parcouru le programme des trois années d'enseignement primaire supérieur est un peu supérieure à 34 pour 100.

Un calcul analogue montre que la proportion des élèves ayant parcouru le cycle complet des quatre années d'études est un peu supérieure à 14 pour 100 (exactement 14,65 pour 100).

Remarque. Il faut remarquer que, parmi les candidats qui ont suivi nos cours de préparation aux Écoles d'Arts et Métiers, 145 ont complètement terminé leurs études dans ces sections spéciales, après y avoir passé trois ans. A ces élèves ajoutons ceux qui ont parcouru le cycle de nos trois années normales d'études ; nous trouvons ainsi que, sur le total des élèves entrés en 1ʳᵉ année, la proportion de ceux qui ont terminé leurs études, tant dans l'enseignement primaire supérieur que dans les sections professionnelles des Arts et Métiers, est un peu supérieure à 39 pour 100 (exactement 39,34 pour 100).

CAUSES POUR LESQUELLES LES DEUX TIERS DES ÉLÈVES ENTRÉS EN 1ʳᵉ ANNÉE NE PARCOURENT PAS LE CYCLE NORMAL DES TROIS ANNÉES D'ÉTUDES

Après avoir étudié la proportion des élèves qui terminent leurs études dans les divisions de 3ᵉ et de 4ᵉ année ou dans les sections préparatoires aux Écoles d'Arts et Métiers, nous allons étudier les causes qui, à notre avis, déterminent un grand nombre d'entre eux à quitter l'École avant d'avoir parcouru le cycle normal des trois années d'études.

On peut d'abord remarquer que l'enseignement primaire supérieur, comme l'enseignement secondaire, n'a pas le caractère obligatoire de l'enseignement primaire et que, seuls, les élèves pourvus d'aptitudes réelles achèvent complètement leurs études.

A l'École primaire, les élèves recherchent le certificat d'études, qui est bien la sanction des études primaires et devient un titre pour l'entrée dans les Écoles supérieures, dans les Écoles professionnelles, pour l'admission à certains concours, etc. Dans l'enseignement secondaire, l'élève vise le baccalauréat, qui est la sanction des études et auquel sont attachés de sérieux avantages. Mais l'élève de l'École J.-B. Say se préoccupe peu des examens, il songe, avant toutes choses, à la carrière qu'il doit embrasser immédiatement à la sortie de l'École.

Enfin, nos programmes, qui s'appuient sur le terrain solide des études scientifiques et littéraires, accordent une large part aux connaissances pratiques, et certains parents ne voient que ce côté immédiatement utilisable de notre enseignement. Bien que nos programmes soient rédigés en vue d'une période de trois années, celui de chaque année forme un ensemble assez complet, dont chaque partie s'étend et s'approfondit d'année en année. C'est ainsi que des familles sont tentées de retirer leurs enfants dès qu'elles les jugent suffisamment préparés à rendre quelques services.

Ces causes d'études incomplètes tiennent donc à la nature de notre enseignement. Elles disparaîtront en partie, quand le certificat d'études primaires supérieures ne sera plus obtenu que par les élèves ayant parcouru le cycle normal des trois années d'études des Écoles primaires supérieures et qu'il offrira, à ceux qui le possèdent, certains avantages en rapport avec les connaissances qu'il exige.

Parmi les élèves qui abandonnent leurs études avant la 3ᵉ année, il faut compter ceux dont les familles quittent Paris, puis ceux qui veulent profiter d'une bonne occasion, enfin ceux que la situation nouvelle des parents oblige à entrer en apprentissage. Quand une famille parisienne se trouve ainsi tout à coup éprouvée et que l'élève est méritant, il peut néanmoins achever toutes ses études, grâce à l'intervention du Comité de patronage, qui représente à l'École l'autorité municipale. Aussi nous est-il donné de constater, à la gloire du Conseil municipal de Paris, que jamais un excellent sujet ne s'est trouvé dans la nécessité de renoncer à ses études à cause de la situation de fortune de ses parents.

Il nous reste à dire un mot des élèves invités à quitter l'École. Nous avons pour principe de ne conserver dans nos classes que les élèves qui tirent un profit réel de l'enseignement et nous considérons comme un devoir de renseigner exactement les familles sur les aptitudes de leurs enfants. Elles reçoivent d'ailleurs, chaque samedi, le livret hebdomadaire, qui contient les notes de l'élève, puis le bulletin trimestriel, enfin le bulletin de fin d'année qui donne les résultats de l'examen de passage. Un certain nombre d'élèves s'éliminent ainsi dans le courant de l'année jusqu'à l'examen de passage dont nous avons déjà parlé. Nous indiquons ici la statistique de ces examens établie pour les dix dernières années :

ANNÉES SCOLAIRES	PASSAGE DE 1re EN 2e ANNÉE			PASSAGE DE 2e EN 3e ANNÉE		
	Ont subi l'examen.	Ont été ajournés.	Ajournés sortis.	Ont subi l'examen.	Ont été ajournés.	Ajournés sortis.
1888-89..........	173	47	13	90	23	17
1889-90..........	200	25	10	93	10	4
1890-91..........	199	27	9	105	14	8
1891-92..........	252	41	19	105	11	4
1892-93..........	172	21	6	116	17	10
1893-94..........	257	54	19	117	11	5
1894-95..........	228	50	18	155	34	15
1895-96..........	272	59	22	157	34	20
1896-97..........	264	60	20	169	55	24
1897-98..........	265	75	35	167	45	25
	2.822	459	171	1.304	254	132

A l'aide de ce tableau, on constate que ces examens de passage deviennent de plus en plus sérieux et ont pour effet d'éliminer un certain nombre d'élèves. Ainsi, sur 100 élèves appelés à redoubler leur classe, 37 quittent l'École à la fin de la 1re année et 52 à la fin de la 2e année.

RÉSULTATS DE L'ENSEIGNEMENT

Les sanctions les plus apparentes de l'enseignement primaire supérieur sont fournies par les admissions des élèves aux concours et examens, et marquent le niveau atteint par les études. Mais les sanctions les plus importantes résultent des destinations des élèves à leur sortie de l'École et révèlent le caractère à la fois général et professionnel de notre enseignement.

Dans les tableaux qui suivent, nous établissons la statistique des destinations des élèves sortis des classes de l'enseignement primaire supérieur pendant la période décennale de 1888 à 1898, puis la statistique des examens pour cette même période.

Destination des élèves sortis de l'École pendant la période décennale de 1888 à 1898.

	ÉLÈVES de 1re année.	ÉLÈVES de 2e, 3e et 4e année.	TOTAL.
Entrés dans des Écoles préparant à des professions diverses :			
École centrale des Arts et Manufactures.............	»	17	17
École de Physique et de Chimie industrielles de la Ville de Paris.	»	89	89
École normale supérieure de Saint-Cloud..........	»	5	5
Institut national agronomique....................	»	5	5
Écoles nationales vétérinaires....................	»	3	3
École des ponts et chaussées	»	2	2
Instituts industriels (Lille, Nancy)...............	»	6	6
École d'Agriculture coloniale de Tunis............	»	1	1
École militaire de Saint-Cyr.....................	»	1	1
École navale..................................	»	1	1
École des Hautes Études commerciales et École supérieure de Commerce........................	»	14	17
A reporter...............	»	147	147

	ÉLÈVES de 1re année.	ÉLÈVES de 2e, 3e et 4e année.	TOTAL.
Report	»	147	147
Écoles nationales d'Arts et Métiers	»	112	112
École des apprentis mécaniciens de Brest	»	2	2
Écoles d'Agriculture et d'Horticulture	4	7	11
Écoles normales primaires	»	30	30
École d'Horlogerie de Cluses	»	1	1
École des Beaux-Arts	»	3	3
École d'Hydrographie de Paimpol	»	1	1
École de Dessin géographique de l'armée	»	6	6
École coloniale	»	1	1
École dentaire de Paris	»	2	2
École des Arts décoratifs	5	14	19
Autres Écoles professionnelles	15	2	17
Entrés dans l'enseignement	»	4	4
Entrés comme engagés dans l'armée de terre	»	45	45
— — — de mer	»	6	6
Entrés comme employés dans des administrations publiques :			
Chemin de fer	9	31	40
Ponts et chaussées	»	12	12
Postes et télégraphes	3	8	11
Ministères	4	6	10
Mairies, justices de paix	»	7	7
Banques	»	2	2
Contributions indirectes	1	1	2
Tabacs	»	1	1
Eaux	»	1	1
Administrations diverses	2	8	10
Entrés comme employés dans des administrations privées :			
Commerce	146	371	517
Industrie	106	95	201
Banques	28	64	92
Compagnies d'assurances	6	11	17
Comptabilité commerciale	17	35	52
Arts industriels, industries diverses, dessin	22	61	83
Métreurs vérificateurs, géomètres, etc.	22	66	88
A reporter	390	1.163	1.553

	ÉLÈVES de 1re année.	ÉLÈVES de 2e, 3e et 4e année.	TOTAL.
Report..................	390	1.163	1.553
Rentrés dans leurs familles pour y être associés aux travaux de leurs parents dès la sortie de l'École :			
Industrie.......................	66	93	159
Commerce.......................	28	76	104
Arts industriels.................	2	2	4
Agriculture.....................	4	12	16
Banque.........................	2	9	11
Partis à l'étranger pour se perfectionner dans la connaissance de la langue :			
Comme boursiers de la Ville de Paris :			
En Angleterre...................	»	10	10
En Allemagne...................	»	9	9
Aux frais des familles :			
En Angleterre...................	11	63	74
En Allemagne...................	7	20	27
En Amérique....................	4	7	11
En Suisse......................	»	2	2
En Espagne.....................	1	4	5
Aux colonies....................	»	2	2
Continuent leurs études dans d'autres établissements :			
Primaires et primaires supérieurs....	91	43	134
Secondaires publics et privés.......	62	95	157
Dans les Facultés................	»	3	3
Continuent leurs études dans la famille...	43	51	94
Élèves sortis malades.............	17	20	37
Décédés........................	6	10	16
Élèves sans destination connue......	169	227	396
Totaux	903	1.921	2.824

EXAMENS

<table>
<tr><td>Baccalauréat ès sciences</td><td>25</td></tr>
<tr><td>Baccalauréat de l'enseignement spécial</td><td>11</td></tr>
<tr><td>Baccalauréat moderne (1re et 2e partie)</td><td>57</td></tr>
<tr><td>Brevets de l'enseignement primaire</td><td>114</td></tr>
<tr><td>Certificat d'études primaires supérieures</td><td>180</td></tr>
<tr><td>Certificat d'études commerciales (degré supérieur)</td><td>53</td></tr>
<tr><td>Certificat d'études commerciales (degré élémentaire)</td><td>183</td></tr>
<tr><td>Certificat d'études primaires</td><td>291</td></tr>
</table>

Destinations.

Les élèves sortis des classes de l'enseignement primaire supérieur de 1888 à 1898 peuvent se répartir en sept groupes principaux :

1° Le groupe des élèves entrés dans des Écoles préparant à des professions diverses, dans l'enseignement et dans l'armée.......................... 407

2° Celui des élèves entrés dans des administrations publiques........ 96

3° Celui des élèves pourvus d'un emploi dans des administrations privées (commerce, industrie, arts industriels, banques, etc.).............. 1.050

4° Celui des élèves rentrés dans leurs familles pour être associés aux travaux de leurs parents.. 294

5° Celui des élèves partis à l'étranger pour s'initier au commerce et se perfectionner dans la connaissance de la langue...................... 140

6° Celui des élèves qui continuent leurs études dans d'autres établissements ou dans leurs familles.. 388

7° Celui des élèves sortis qui appartiennent aux trois dernières catégories (*malades, décédés, sans destination*)........................... 449

Les jeunes gens entrés dans les Écoles préparant à des professions diverses sont au nombre de 352. Il est à remarquer que, parmi ces élèves, 328 ont fait des études complètes, les uns en parcourant le cycle des trois ou des quatre années d'études, les autres en suivant les cours de préparation aux Écoles d'Arts et Métiers. Les destinations de ce premier groupe marquent déjà le niveau et l'orientation de l'enseignement dans nos divisions supérieures. La préparation à l'École de Physique et de Chimie industrielles de la Ville de Paris a pris chaque année une importance nouvelle, et, depuis dix ans, nous comptons 89 élèves admis, dont quatre fois le premier et trois fois le deuxième de la promotion. Les cours de préparation aux Écoles d'Arts et Métiers sont aussi très recherchés par la clientèle de l'École et, depuis dix ans, nous avons 112 candidats admis (1).

Les élèves entrés dans des administrations publiques forment le groupe le plus restreint (96).

Au contraire, les élèves qui ont occupé des emplois dans le commerce, l'industrie, les arts industriels, la banque, etc., constituent un groupe de 1344 jeunes gens, qui est le plus considérable de tous. Dans ce nombre sont compris 294 élèves associés aux travaux de leurs parents. Il nous a paru intéressant, au point de vue du classement social, de former un groupe de ces élèves.

Nous constatons que 140 élèves sont allés à l'étranger pour se perfectionner dans la connaissance des langues. Plusieurs ont fait un séjour successivement en Angleterre et en Allemagne avant d'occuper un emploi définitif dans le commerce.

Les élèves qui appartiennent aux deux derniers groupes n'ont qu'une destination indéterminée.

Parmi ceux qui continuent leurs études dans des établissements d'enseignement primaire, quelques-uns rentrent à l'École primaire élémentaire; mais la plupart sont transférés, par suite du changement de domicile des parents, dans les Écoles primaires supérieures d'externes Turgot, Colbert, Lavoisier et Arago.

Les élèves qui continuent leurs études dans l'enseignement secondaire peuvent être partagés en deux catégories bien distinctes :

Les uns, obligés de quitter Paris à cause de la situation de leurs parents, ne peuvent souvent trouver que dans les lycées, collèges et établissements libres un enseignement qui leur permette d'achever leurs études. Presque tous suivent les cours de l'enseignement moderne, et quelques-uns les cours de préparation aux Écoles d'Arts et Métiers organisés dans un certain nombre d'établissements secondaires.

Les autres sont des élèves de 4ᵉ année qui, après avoir fait preuve d'aptitudes suffisantes et acquis le baccalauréat moderne à l'École, entrent dans les collèges de la Ville ou les lycées de l'État pour préparer leur admission aux grandes Écoles : École normale supérieure, École polytechnique, École de Saint-Cyr, École navale.

En examinant le tableau des destinations, on voit que l'École J.-B. Say prépare surtout ses élèves aux carrières commerciales et industrielles.

En effet, comptons d'abord, dans les catégories des élèves qui se destinent aux carrières commerciales, ceux qui, dès la sortie de l'École, ont été pourvus d'un emploi dans le commerce (517), ceux qui ont été associés aux travaux de leurs parents dans le commerce (104), ceux qui ont été chargés d'une comptabilité commerciale (52), puis ajoutons les élèves qui, avant d'occuper une situation définitive dans le commerce, ont voulu étendre et approfondir leurs connaissances en vue du commerce

---

(1) Les résultats obtenus dans les concours d'admission aux Écoles, à la fin de l'année scolaire 1898-1899, se résument ainsi : 2 élèves reçus à l'École centrale; 13 à l'École de Physique et de Chimie de la Ville de Paris; 15 aux Écoles d'Arts et Métiers; 7 aux Écoles normales; 1 à l'École d'Agriculture coloniale de Tunis; 1 à l'École supérieure de Commerce; 1 à l'École de Dessin géographique de l'armée.

27

international et ont suivi les cours des Écoles spéciales et de l'École coloniale de Commerce (17), ou bien sont allés à l'étranger pour se perfectionner dans l'étude des langues (140), nous obtenons ainsi un total de 831 élèves.

C'est le groupe le plus considérable.

Carrières industrielles.

Les élèves qui se destinent aux carrières industrielles forment ensuite le groupe le plus important. Parmi les élèves qui se destinent à ces carrières, nous inscrirons d'abord ceux qui, à la sortie de l'École, ont occupé un emploi dans l'industrie (204), dans les arts industriels (83), dans des professions qui relèvent des mathématiques et du dessin (88), ceux qui ont été associés aux travaux de leurs parents dans l'industrie et les arts industriels (163), puis nous comprenons les élèves qui, avant d'occuper un emploi dans l'industrie, ont complété leur instruction dans des Écoles professionnelles : École centrale (17), École de Physique et de Chimie industrielles de la Ville de Paris (89), Instituts industriels (6), École des Ponts et Chaussées (2), Écoles d'Arts et Métiers (112), École des Mécaniciens de Brest (2). A ces élèves nous pouvons joindre ceux qui sont entrés à l'École des Beaux-Arts (3), à l'École de Dessin géographique de l'armée (6), à l'École d'Horlogerie de Cluses (1), à l'École d'Hydrographie de Paimpol (1), à l'École des Arts décoratifs (19), enfin dans d'autres Écoles professionnelles (17). Nous constatons ainsi que ce second groupe contient 810 jeunes gens.

Si l'on retranche du total des élèves sortis (2824) le nombre des élèves qui n'ont pas une destination bien déterminée (837), il reste 1987 élèves ayant une destination. Sur ce nombre, 42 pour 100 se destinent aux carrières commerciales et 40 pour 100 aux carrières industrielles. Donc 28 pour 100 de ces élèves se destinent aux carrières commerciales et industrielles. L'École J.-B. Say dirige donc bien ses élèves vers les carrières actives du commerce et de l'industrie.

Banques et Compagnies d'assurances.

Après ces deux groupes principaux viennent les élèves entrés dans les maisons de banque ou dans les Compagnies d'assurances, au nombre de 120.

Administrations publiques.

Nous arrivons à la catégorie des élèves entrés dans les administrations publiques, qui comprend 96 jeunes gens.

Armée.

Puis vient la catégorie de ceux qui se sont destinés à la carrière militaire. Elle est représentée par 53 élèves.

Enseignement.

Enfin, les deux dernières catégories sont celles des élèves qui se destinent à l'enseignement (39) et à l'agriculture (33). Quelques élèves sont entrés directement dans l'enseignement (4), mais les autres ont été admis dans les Écoles normales, 5 à l'École normale supérieure de Saint-Cloud et 30 dans les Écoles normales primaires.

Agriculture.

Sur les 33 élèves qui se sont destinés à l'agriculture, 16 sont entrés directement dans l'agriculture, 17 ont été admis dans des Écoles spéciales d'agriculture.

La statistique que nous venons d'étudier comprend les élèves sortis des divisions de 1re, 2e, 3e et 4e année. Or les élèves qui abandonnent leurs études dans le courant ou à la fin de la 1re année n'ont pas véritablement profité de notre enseignement.

Au contraire, l'élève qui, après avoir été admis à l'examen de passage, a suivi les cours de 2e année, a déjà acquis un ensemble de connaissances pratiques que l'École supérieure seule peut donner. Pour avoir une idée plus exacte des carrières auxquelles l'École prépare les élèves, il nous a paru intéressant d'étudier séparément les destinations des élèves sortis de 2e, 3e et 4e année. C'est pour faciliter ce travail que notre tableau a été disposé en deux colonnes, qui contiennent, l'une les élèves sortis de 1re année, l'autre ceux de 2e, 3e et 4e année.

Les élèves sortis pour lesquels nous avons une destination bien déterminée sont au nombre de 1469. Nous les répartissons en huit catégories, en indiquant le nombre de chacune d'elles et la proportion par rapport au total :

DESTINATIONS DES ÉLÈVES sortis de 2e, 3e et 4e année.	NOMBRE D'ÉLÈVES	PROPORTION pour 100.
Commerce	614	41,79
Industrie	572	38,93
Banques, Compagnies d'assurances	84	5,71
Administrations publiques	77	5,24
Armée	53	3,60
Enseignement	39	2,65
Agriculture	25	1,70
Professions libérales	5	0,34

Ce tableau montre que 80 pour 100 des élèves sortis se destinent aux carrières commerciales et industrielles et se partagent par moitié entre le commerce et l'industrie. Ce résultat établit que l'École J.-B. Say n'a pas dévié de la voie marquée par ses fondateurs, qu'elle est bien une École de préparation professionnelle et qu'elle forme avant tout des officiers et des sous-officiers pour le commerce et l'industrie.

Les autres carrières ne représentent dans leur ensemble que 20 pour 100 du total et peuvent se diviser en deux groupes à peu près égaux. D'une part, les banques, les Compagnies d'assurances, les administrations publiques, et d'autre part, l'armée, l'enseignement, l'agriculture, enfin les carrières libérales.

EXAMENS

Les élèves qui ont réussi dans les examens peuvent se répartir en deux groupes :
1° Celui des élèves de l'enseignement primaire supérieur, qui ont obtenu 623 diplômes et certificats ;

2° Celui des élèves de nos classes primaires, qui ont obtenu 291 certificats d'études primaires.

Le baccalauréat.

Quelques élèves de 4e année se présentent aux examens du baccalauréat moderne. Ce diplôme est nécessaire à ceux qui désirent poursuivre leurs études en vue de l'admission aux grandes Écoles de l'État; puis il offre des avantages aux candidats à certaines Écoles industrielles; enfin, plusieurs élèves le recherchent, comme sanction de leurs études, avant d'entrer dans le commerce, l'industrie ou la banque.

Le certificat d'études
primaires supérieures.

L'examen du certificat d'études primaires supérieures a été institué en 1882 pour être la sanction des études de l'enseignement primaire supérieur. Chaque année, nous exhortons tous nos élèves de 3e année à obtenir ce diplôme; mais nous constatons que le certificat d'études primaires supérieures n'est pas encore considéré comme la sanction de nos études par les familles de nos élèves, ni par les chefs de maisons d'industrie et de commerce. C'est ce qui explique que la plupart des élèves qui terminent leurs études en 3e année n'ont pas l'ambition de le posséder. Quant à ceux qui doivent poursuivre leurs études en 4e année, ils préfèrent porter leurs efforts sur les matières qui font l'objet de leurs futurs concours ou examens et ne recherchent pas un diplôme qui ne leur assurera aucun avantage.

Cependant nous comptons que les élèves de 3e année tiendront à honneur d'obtenir ce diplôme, qui est, pour eux, comme le baccalauréat de l'enseignement primaire supérieur, et qu'ils comprendront qu'ils ne doivent pas devenir de simples employés, esclaves d'une spécialité, mais des hommes ayant reçu une culture générale de l'esprit et capables, au besoin, d'occuper plus tard avec autorité une situation importante dans le monde du commerce ou de l'industrie.

D'ailleurs, l'Administration vient de décider qu'à partir de 1900 les candidats à l'École de Physique et de Chimie industrielles de la Ville de Paris bénéficieront d'un certain nombre de points, s'ils possèdent le certificat d'études primaires supérieures.

Les brevets
de l'enseignement
primaire.

La statistique montre que 114 jeunes gens ont réussi aux examens du brevet, tandis que 39 seulement se sont destinés à l'enseignement. Il semble donc que les élèves voient dans la possession de ce diplôme une sanction de leurs études. Il faut simplement remarquer que le brevet élémentaire est recherché et apprécié, parce qu'il est bien connu de toutes les familles, qu'il a l'avantage de conférer des droits et qu'il offre en même temps une garantie de bonnes études primaires. Les élèves se présentent d'eux-mêmes à ces examens, car nous ne les poussons pas dans cette voie.

Les certificats d'études
commerciales
de la Ville de Paris.

Quelques élèves de 3e et de 4e année recherchent comme sanction de leurs études les certificats d'études commerciales institués par la Ville de Paris.

Le certificat d'études commerciales élémentaires est la sanction des études d'un enseignement professionnel commercial qui répond aux besoins du commerce parisien et qui convient aux jeunes gens qui débutent comme employés de commerce.

Le certificat d'études commerciales supérieures est la sanction des études d'un enseignement professionnel qui répond aux besoins du commerce international et qui comprend l'étude plus approfondie de la géographie commerciale et des langues vivantes, des notions de droit commercial et d'économie politique.

Le certificat d'études primaires est la sanction des études de nos classes primaires. Les élèves se présentent à cet examen à la fin du cours supérieur et la possession du certificat leur permet d'entrer dans les cours de 1re année de l'enseignement primaire supérieur.

En résumé, pendant la période décennale de 1888 à 1898, 333 élèves ont réussi dans les concours d'admission aux Écoles, et parmi eux 112 sont entrés dans les écoles nationales d'Arts et Métiers et 89 à l'École de Physique et de Chimie industrielles de la Ville de Paris; 623 ont réussi dans les examens et 291 élèves des classes primaires ont obtenu le certificat d'études.

Dans le courant et surtout à la fin de l'année scolaire, les personnes qui dirigent des maisons de commerce, d'industrie ou de banque s'adressent à l'École pour obtenir des employés. Le Directeur s'attache à placer les élèves dans des emplois conformes à leurs aptitudes, mais il ne s'occupe que de ceux qui ont achevé le cycle complet des trois années normales d'études.

Les élèves sortis peuvent faire partie de l'Association amicale des anciens élèves. Ils retrouvent ainsi leurs camarades de promotion, puis ils entrent en relations avec les anciens élèves des promotions précédentes, tout disposés à mettre leur expérience au service des plus jeunes.

L'Association est de date récente et son origine offre un certain intérêt. En 1875, sous les auspices de M. Marguerin, directeur de l'École, avait été fondée la « Société de bienfaisance de l'École J.-B. Say ». Le but de l'œuvre était de venir en aide aux familles infortunées du quartier. La Société se composait d'élèves de l'École, membres titulaires ou aspirants, et d'anciens élèves, membres honoraires. La cotisation mensuelle était de 1 franc. L'administration de la Société incombait à un Conseil composé de quinze membres, qui se réunissait chaque semaine. Pendant l'année scolaire 1877-1878, la dernière du fonctionnement régulier de la Société, seize familles étaient aidées par des secours mensuels. Les membres du Conseil, appelés conseillers, visitaient eux-mêmes les intéressés et leur remettaient les secours votés ou ratifiés par le Conseil. C'est avec les ressources provenant de cette Société que fut fondée, en 1881, sur l'initiative de M. Coutant, directeur de l'École, l'Association amicale des anciens élèves de l'École J.-B. Say.

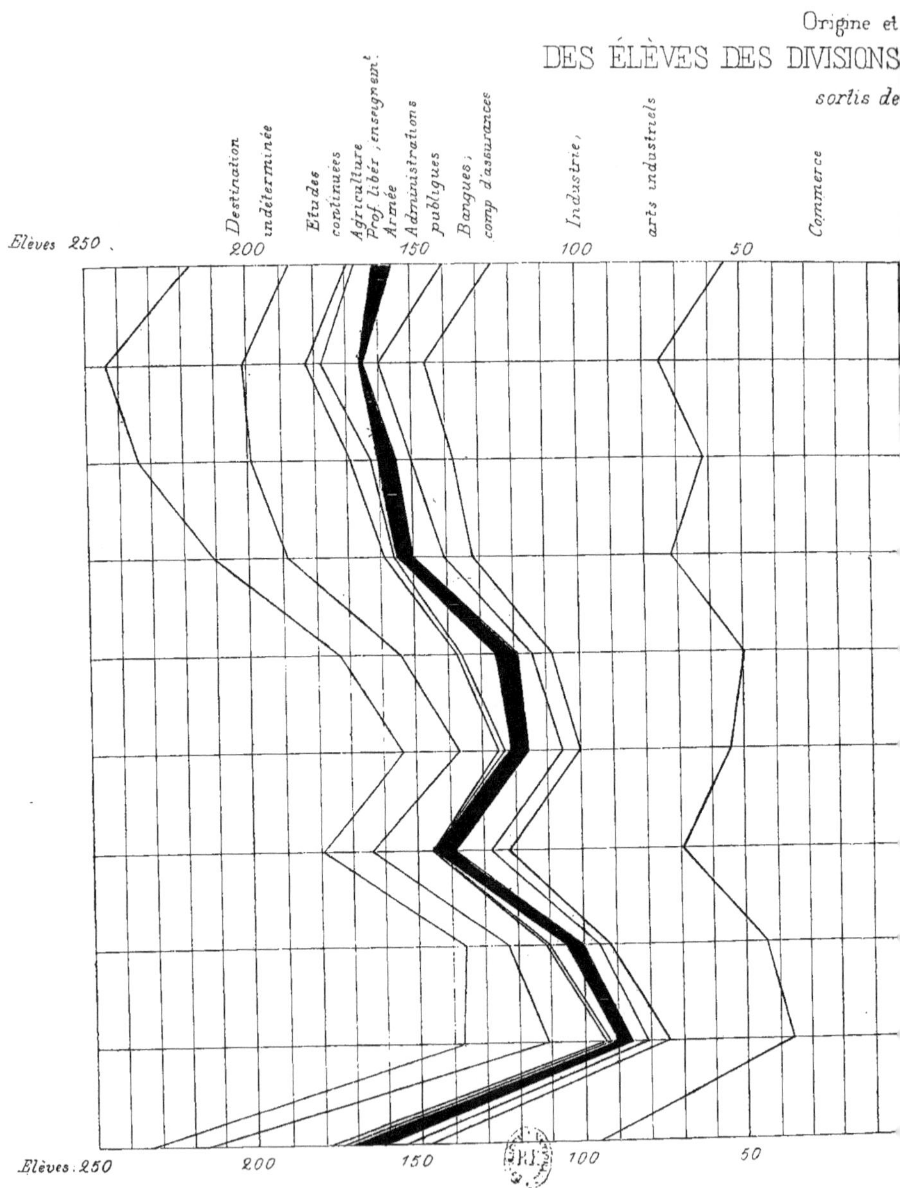

Origine et
DES ÉLÈVES DES DIVISIONS
sortis de
Destination indéterminée
Etudes continuées
Agriculture
Prof. libér, enseignem.
Armée
Administrations publiques
Banques, comp d'assurances
Industrie,
arts industriels
Commerce
Elèves 250
200
150
100
50
Elèves 250
200
150
100
50
Destination des élèves

stination

E 2ᴱ, 3ᴱ ET 4ᴱ ANNÉE

388 à 1898

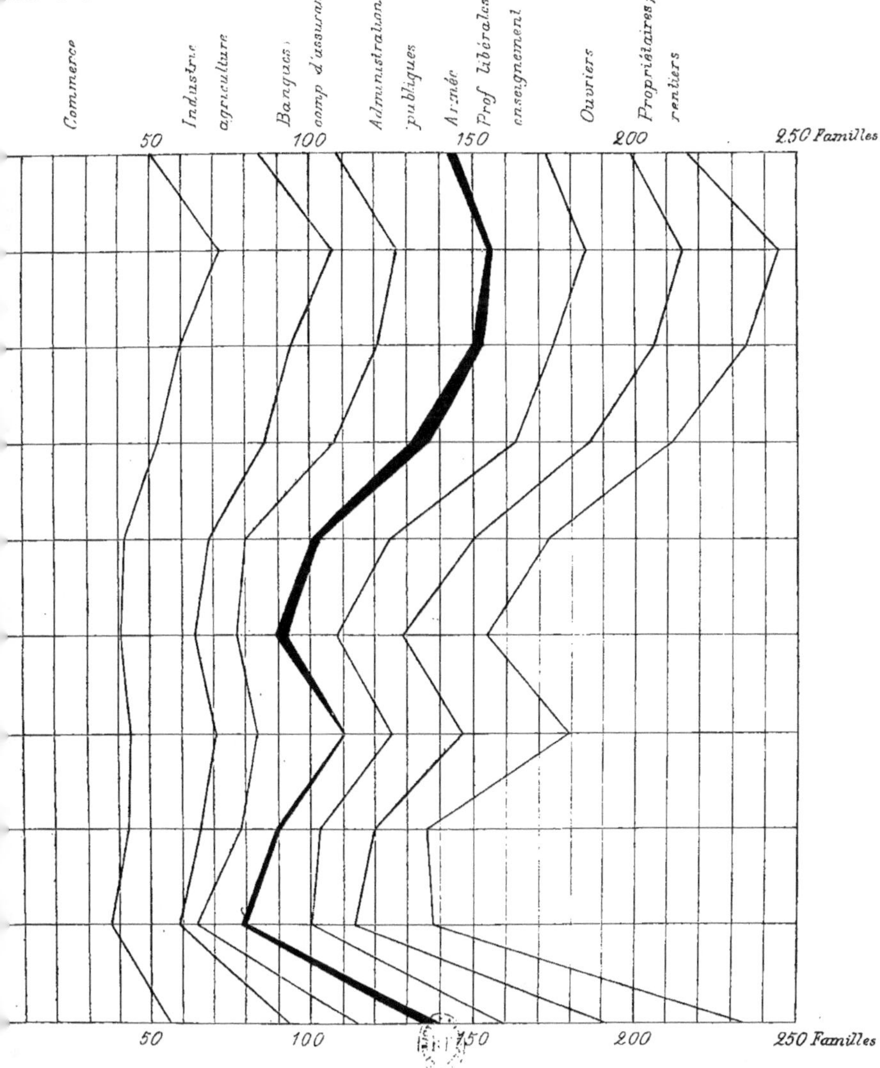

Commerce

Industrie
agriculture

Banques,
comp. d'assurances

Administrations
publiques

Armée

Prof. libérales,
enseignement

Ouvriers

Propriétaires,
rentiers

50   100   150   200   250 Familles

50   100   150   200   250 Familles

Profession des familles

L. B.

STATISTIQUE SOCIALE

ESSAI DE STATISTIQUE SOCIALE

Nous avons essayé d'établir une statistique qui fasse ressortir l'influence de l'École J.-B. Say sur le classement social, c'est-à-dire les rapports entre les professions des parents et les destinations des élèves.

Le premier emploi occupé par un élève à la sortie de l'École est plus qu'une indication pour son avenir. C'est une orientation dans une voie déterminée, acceptée par la famille, recherchée par l'élève et généralement conforme à son degré d'instruction et à ses aptitudes.

Cela est vrai, surtout pour celui qui a fréquenté l'École supérieure pendant plusieurs années et sait déjà peser les obligations et les avantages de l'emploi où il s'engage.

Aussi, pour donner plus de portée à notre travail, nous laisserons de côté les élèves sortis de 1re année et nous étudierons :

1° Les destinations des élèves sortis de 2e, 3e et 4e année pendant la période décennale de 1888 à 1898 ;

2° Les professions des familles de ces élèves.

Nous classerons les parents et les élèves en un petit nombre de catégories comprenant des professions suffisamment distinctes pour que l'idée générale se dégage mieux de notre statistique.

Un certain nombre d'élèves n'ont pas de destination déterminée. Les uns continuent leurs études, parmi lesquels se trouvent un grand nombre d'élèves transférés dans les Écoles primaires supérieures, les autres n'ont pas répondu à nos demandes de renseignements. Nous admettrons que ces élèves, à cause de leurs études antérieures, peuvent être classés dans nos sept catégories et proportionnellement aux nombres obtenus. Ces élèves, si leur destination était connue, auraient donc pour effet d'augmenter insensiblement nos chiffres, mais sans en altérer les rapports et sans modifier le sens de nos conclusions.

Destinations des Élèves sortis des divisions de 2e, 3e et 4e année (1888-1898).

DESTINATIONS	1888-89	1889-90	1890-91	1891-92	1892-93	1893-94	1894-95	1895-96	1896-97	1897-98	TOTAUX
Commerce	95	36	44	70	55	50	72	61	76	55	614
Industrie, arts industriels	52	38	48	52	45	58	60	77	72	70	572
Banques, Compagnies d'assurances	8	7	3	6	6	6	9	12	12	15	84
Administrations publiques	6	5	5	11	10	5	9	5	5	16	77
Armée	11	4	5	6	5	6	5	5	1	5	53
Professions libérales, enseignement	1	2	5	1	2	11	1	3	12	6	44
Agriculture	4	1	1	»	2	1	3	6	5	2	25
Élèves dont la situation est déterminée	177	93	111	146	125	137	159	169	183	169	1169
Élèves qui continuent leurs études	39	18	12	18	12	17	30	30	18	18	212
Élèves dont la situation est indéterminée	17	26	13	15	17	19	22	35	43	30	237
Totaux	233	137	136	179	154	173	211	234	244	217	1918

Destinations des élèves sortis de la section de préparation aux Écoles d'Arts et Métiers (1888-1898).

DESTINATIONS	1888-89	1889-90	1890-91	1891-92	1892-93	1893-94	1894-95	1895-96	1896-97	1897-98	TOTAUX
Industrie, Écoles d'Arts et Métiers.	13	17	13	11	13	18	17	21	13	17	153
Commerce....................	3	7	3	8	2	4	5	5	4	9	50
Administrations..............	2	1	1	1	1	3	2	1	3	4	19
Apprentissage (menuiserie, serru-rerie)......................	3	7	4	6	2	5	7	7	5	7	53
Destinations indéterminées......	4	1	1	4	4	5	6	1	1	3	30
Totaux.....	25	33	22	30	22	35	37	35	26	40	305

Professions des familles (1888-1898).

PROFESSIONS	1888-89	1889-90	1890-91	1891-92	1892-93	1893-94	1894-95	1895-96	1896-97	1897-98	TOTAUX
Industrie....................	6	13	4	8	7	7	11	7	7	11	81
Commerce....................	5	7	6	5	3	6	9	5	2	7	55
Administrations..............	6	4	4	7	5	11	6	9	11	8	71
Ouvriers....................	3	4	5	7	4	3	6	10	3	7	52
Professions libérales, rentiers...	5	5	3	3	3	8	5	4	3	7	46
Totaux.....	25	33	22	30	22	35	37	35	26	40	305

Notre tableau montre que l'industrie donne 81 élèves, tandis que l'École fournit à cette carrière 153 jeunes gens, parmi lesquels 112 ont perfectionné leurs études dans les Écoles d'Arts et Métiers et 41 sont entrés directement dans l'industrie. Il y a pour l'industrie un gain considérable.

Au contraire, le commerce nous envoie 55 élèves et en prend 50 ; les administrations publiques occupent 71 familles et seulement 19 élèves. Enfin 62 familles d'ouvriers correspondent aux 53 jeunes gens entrés en apprentissage pour se destiner à la menuiserie, à la serrurerie ou à des professions qui exigent la connaissance du dessin technique et du travail manuel. Un certain nombre deviennent ouvriers d'art. Nous les plaçons dans une catégorie analogue à celle des ouvriers, parce qu'ils débutent comme apprentis ; mais, grâce à leur instruction, ils arrivent assez vite à améliorer leur situation.

On peut donc conclure que, sur 305 élèves de la section des Arts et Métiers, 206, dès la sortie de l'École, tirent un profit réel de leur instruction professionnelle et suivent, chacun à son allure, la voie qu'ils s'étaient tracée à leur entrée à l'École.

Le dessin graphique traduit ces résultats et marque pour cette section le mouvement social avant et après l'École.

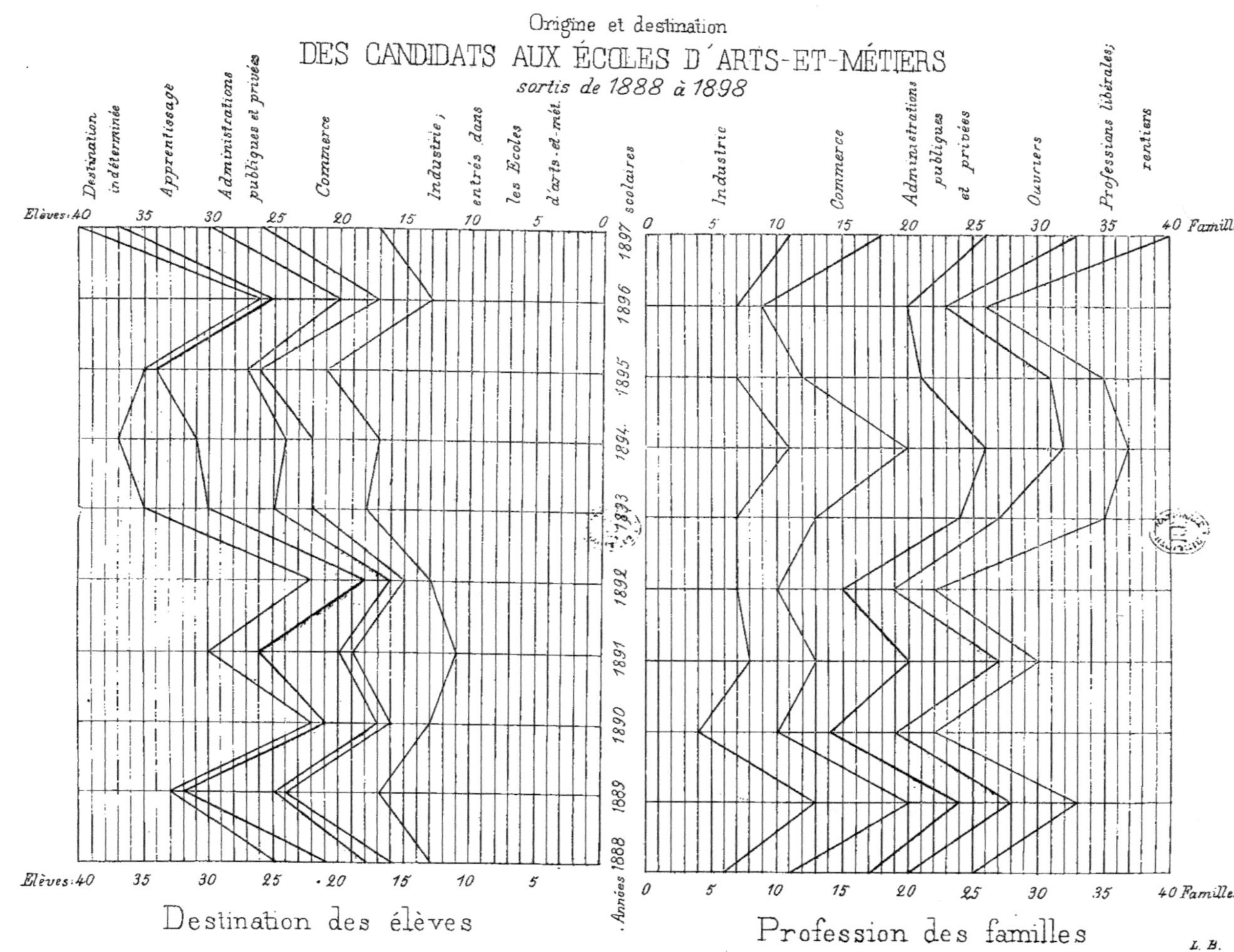

Origine et destination
DES CANDIDATS AUX ÉCOLES D'ARTS-ET-MÉTIERS
sortis de 1888 à 1898
Destination indéterminée
Apprentissage
Administrations publiques et privées
Commerce
Industrie; entrés dans les Écoles d'arts-et-mét.
scolaires
Industrie
Commerce
Administrations publiques et privées
Ouvriers
Professions libérales; rentiers
Élèves.40
35
30
25
20
15
10
5
0
1897
1896
1895
1894.
1893
1892
1891
1890
1889
Années 1888
0
5
10
15
20
25
30
35
40 Familles
Destination des élèves
Profession des familles
L. B.

INSTALLATION MATÉRIELLE

L'École J.-B. Say est située entre les rues d'Auteuil, du Buis, Chardon-Lagache, Molitor et Boileau. Elle a son entrée principale sur la rue d'Auteuil et une seconde entrée sur la rue Chardon-Lagache.

La propriété sur laquelle s'élève l'École a été longtemps le séjour de fermiers généraux. Elle fut ensuite acquise par un grand manufacturier, M. Ternaux-Rousseau, qui éleva dans le parc, allant alors jusqu'à la route de Versailles, les premiers mérinos importés en France. Aussi, cette belle propriété s'appelait-elle, au commencement de ce siècle, le château Ternaux.

M. Lavessière, un des derniers propriétaires, a morcelé le parc. Les lots aboutissant sur la rue Boileau ont été promptement vendus et se sont couverts de maisons de campagne.

En 1852, M. Lavessière fils vendit la propriété à M. Lévêque, préfet des études de l'institution Poiloux de Vaugirard, qui y fonda l'Institution Notre-Dame d'Auteuil; elle contenait alors près de 6 hectares (5 hectares 99 ares 30 centiares) et comprenait principalement le pavillon central et les bâtiments situés à droite et à gauche de l'allée qui forme la cour d'honneur. Au sud du pavillon s'étendait le parc, d'une superficie de 5 hectares environ. Le pavillon central et le groupe de bâtiments de la cour d'honneur existent encore et sont aujourd'hui les derniers vestiges du château Ternaux. Pour donner asile à une population scolaire de plus de deux cents élèves, M. Lévêque fit construire, à la hâte, de chaque côté du pavillon, deux grandes ailes, chacune de trois étages, et dont le développement occupait toute la largeur de la propriété.

M. Lévêque s'appliqua à instruire la jeunesse en lui conservant, autant que possible, la vie de famille. Au moment où il voyait la réputation de sa maison bien établie et ses efforts couronnés de succès, sa santé, usée par les veilles et le travail, s'altéra rapidement et il succomba dans les premiers jours du printemps 1864. Après lui, M. Chardon, son exécuteur testamentaire, puis M. Walframbert essayèrent vainement de ramener la prospérité de l'établissement. Malgré l'initiative et l'habileté du dernier directeur, M. Vallet, la distribution des prix de 1870 fut la dernière.

En 1865, le parc fut percé à la hauteur de l'établissement de Sainte-Périne, pour ouvrir la rue Molitor, qui devait relier la rue de la Municipalité (aujourd'hui rue Chardon-Lagache) à la rue Boileau. La portion de terrain isolée fut lotie et se couvrit de ces maisons élégantes qui forment la Villa Molitor. La propriété ne contenait plus que 4 hectares environ (3 hectares 95 ares 27 centiares).

En 1872, l'immeuble fut acheté par la Ville de Paris, afin d'y établir un groupe scolaire, comprenant l'École normale de la Seine et deux annexes : une École primaire élémentaire et une École primaire supérieure.

Les services furent installés dans les bâtiments de l'ancienne institution.

L'École normale avait ses classes et ses études dans le pavillon central et ses dortoirs dans l'aile droite. Les élèves prenaient leurs récréations dans le parc, où se trouvait un grand gymnase ouvert.

L'École primaire élémentaire était installée dans les salles du rez-de-chaussée de l'aile droite, qui avait une issue sur la rue de la Municipalité. La cour de récréation s'étendait jusqu'au parc.

L'École primaire supérieure avait ses classes, ses études, ses dortoirs et sa cour de récréation du côté de l'aile gauche. Ce bâtiment, affecté au service du culte depuis 1852, fut transformé en salles de classe et dortoirs. Une chapelle isolée, construite alors sur les limites de la cour de récréation et du parc, fut plus tard affectée au service scolaire.

L'École primaire supérieure répondait si bien aux besoins de la population parisienne qu'elle se développa rapidement et obtint son autonomie en 1875. Elle eut comme premier directeur M. Marguerin.

Le Département fit alors construire, à l'extrémité du parc, l'École normale des instituteurs et l'École élémentaire annexe.

En 1882, sous la direction de M. Coutant, tous les services furent séparés et l'École J.-B. Say prit une existence absolument indépendante. La limite provisoire établie entre les deux établissements est figurée dans le plan réduit par les deux lignes irrégulières aboutissant à l'ancienne chapelle. L'École J.-B. Say restait dans les anciens bâtiments et la superficie qui lui était provisoirement attribuée était de 13 571 mètres carrés.

Reconstruction de l'École J.-B. Say.

Les grands bâtiments situés de chaque côté du pavillon central renfermaient les services scolaires les plus importants, mais ils avaient été construits avec précipitation pour y recevoir les élèves de l'ancienne institution. Il fallut les étayer successivement. Puis tous ces locaux, appropriés le mieux possible aux besoins d'une École primaire supérieure, étaient devenus tout à fait insuffisants pour la population scolaire et ne répondaient plus aux exigences imposées par les progrès de la pédagogie moderne.

Le 24 juillet 1891, sur le rapport de M. Gaufrès, président de la Commission de patronage, le Conseil municipal adopta définitivement le plan de reconstruction présenté par M. Salard, architecte.

L'adjudication des travaux eut lieu le 7 novembre et l'on se mit à l'œuvre le 28 décembre 1891.

ANCIENNE ÉCOLE J.-B SAY

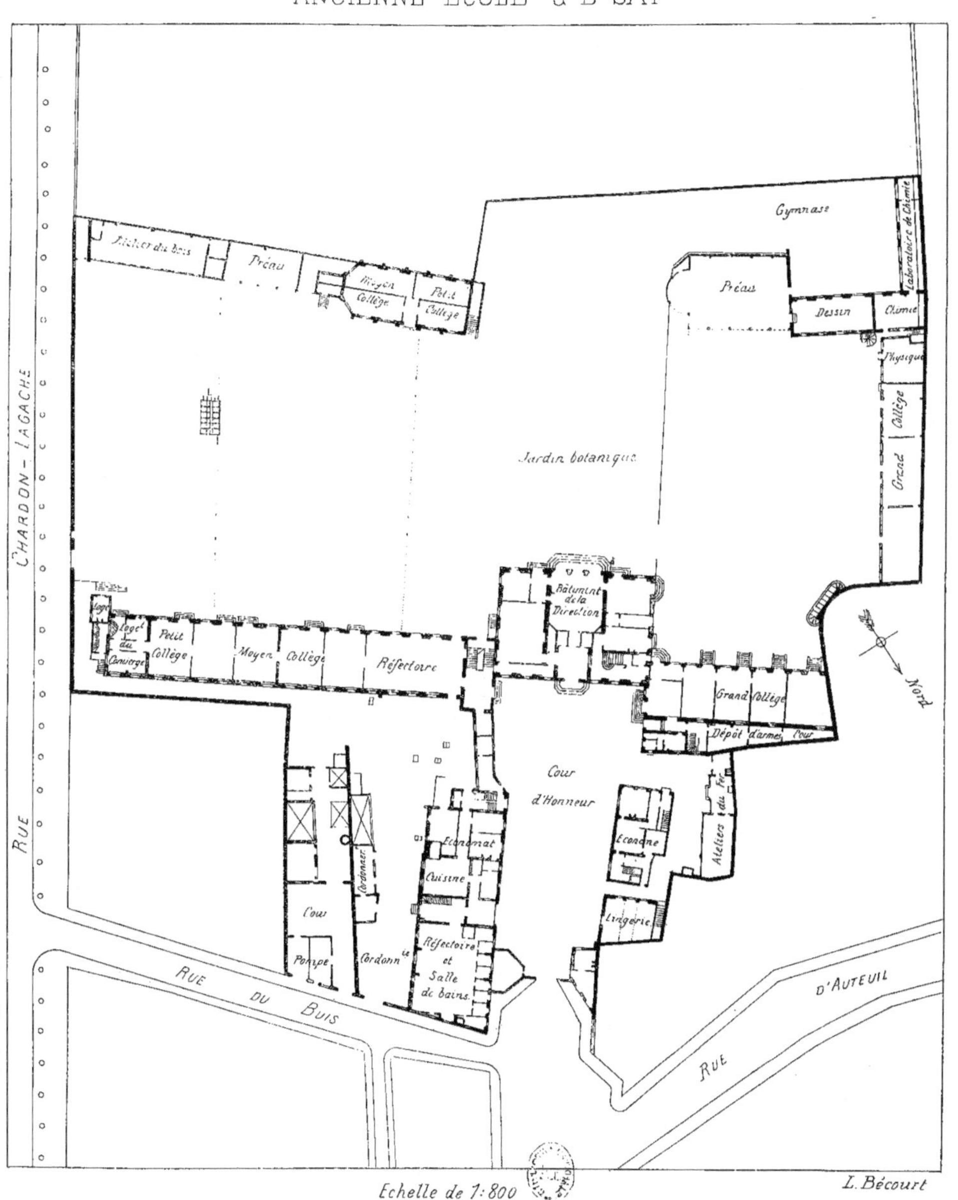

PLAN DE L'ANCIENNE ÉCOLE J.-B. SAY

Professions des familles (1888-1898).

PROFESSIONS	1888-89	1889-90	1890-91	1891-92	1892-93	1893-94	1894-95	1895-96	1896-97	1897-98	TOTAUX
Commerce...................	56	38	43	44	41	42	53	60	72	51	500
Industrie, agriculture..........	38	21	23	27	23	27	33	34	35	33	294
Banques, Compagnies d'assurances	20	5	12	12	13	11	22	27	20	25	167
Administrations publiques.......	21	15	12	28	12	21	24	29	28	34	224
Armée.....................	4	1	1	»	3	2	5	3	1	2	22
Professions libérales, enseignement.....................	20	20	12	14	16	22	26	22	29	28	209
Ouvriers...................	32	13	17	22	21	25	23	31	30	26	240
Propriétaires, rentiers..........	42	24	16	32	25	23	25	28	29	18	262
Totaux.....	233	137	136	179	154	173	211	234	244	217	1918

Notre tableau montre que 794 familles appartiennent au commerce et à l'industrie, tandis que l'École fournit 1186 élèves aux carrières commerciales et industrielles. Il y a donc un gain considérable pour le commerce et l'industrie.

Au contraire, nous trouvons 167 familles occupées dans les maisons de banque et les Compagnies d'assurances, et seulement 84 élèves.

De même, 224 familles sont attachées aux administrations publiques, qui ne reçoivent que 77 élèves.

Enfin nous constatons que 209 familles appartiennent aux professions libérales et à l'enseignement et que cette catégorie ne donne que 44 jeunes gens.

Pour rendre plus sensibles les résultats de notre statistique, nous avons eu recours à la disposition imaginée par M. René Leblanc dans ses ouvrages de pédagogie. Elle a l'avantage de se prêter à une représentation graphique qui donne l'impression exacte du mouvement social avant et après l'École.

Le dessin colorié traduit fidèlement les résultats de notre tableau et répond aux critiques des personnes qui ne connaissent pas nos Écoles supérieures et ignorent le but social qu'elles poursuivent victorieusement depuis leur origine.

STATISTIQUE PARTICULIÈRE CONCERNANT LA SECTION PRÉPARATOIRE
AUX ÉCOLES D'ARTS ET MÉTIERS

L'enseignement donné dans la section de préparation aux Écoles d'Arts et Métiers a un caractère nettement professionnel. Un grand nombre de familles inscrivent leurs enfants pour les cours de cette section et nous devons chaque année éliminer plus de la moitié des candidats. Sans doute des familles recherchent l'admission aux Écoles d'Arts et Métiers, mais beaucoup estiment que le plan d'études de cette section répond tout à fait à l'instruction qu'ils réclament pour placer leurs enfants dans les industries qui exigent la connaissance des mathématiques élémentaires, la pratique du dessin technique, une certaine habileté manuelle, et enfin des connaissances générales, dont on reconnaît de plus en plus la nécessité.

Il nous a paru intéressant d'établir une statistique particulière pour cette section.

La nouvelle École devait être reconstruite sur l'emplacement de l'ancienne. Sa superficie fut d'abord augmentée par l'achat d'une petite propriété située sur la rue d'Auteuil (153 mètres), puis par l'établissement d'une limite définitive (1194 mètres) et d'une emprise du côté de l'École normale (515 mètres). Enfin la propriété formant l'angle de la rue du Buis et de la rue Chardon-Lagache (1462 mètres), et enclavée dans le terrain de l'École, fut mise en vente, le 29 mai 1897. La Commission de patronage chargea son président, M. Bellan, syndic du Conseil municipal, d'en négocier l'achat auprès de l'autorité préfectorale. Cette acquisition, devenue nécessaire pour l'agrandissement de l'École et l'installation convenable des services de l'internat, donne aujourd'hui à l'École J.-B. Say son périmètre naturel et, de plus, l'isole complètement des propriétés voisines. Ce sont là des conditions avantageuses pour une maison d'éducation.

La superficie est donc de 16 895 mètres carrés.

Elle ne sera complètement achevée que dans quelques années; mais dès aujourd'hui la partie qui renferme les services scolaires les plus importants est terminée.

Elle sera disposée pour recevoir huit cents élèves.

Les bâtiments de l'École comprennent :

22 salles de classe et d'étude;
 3 grands amphithéâtres;
 2 salles de dessin ;
 2 salles pour les manipulations de chimie;
 2 ateliers de travail manuel et une salle de modelage;
10 salles pour les répétitions et les arts d'agrément;
 2 réfectoires pour les externes;
 2 salles de bibliothèque;
 1 grande salle pour les collections;
 4 cours de récréation avec préaux et jardins;
 1 gymnase couvert.

Les bâtiments spécialement affectés aux services de l'internat comprennent :

10 dortoirs de vingt-cinq élèves;
10 salles d'étude exclusivement réservées aux internes;
 2 réfectoires pour les internes et les demi-pensionnaires;
 1 parloir;
 1 infirmerie isolée avec des salles d'isolement;
 1 salle pour les bains ordinaires et 1 salle pour les bains par aspersion.

Puis, des locaux nécessaires pour le service de l'internat : l'économat avec ses dépôts, la cuisine avec ses annexes, la lingerie avec ses dépendances. Enfin, des logements pour le personnel administratif, économique, pour le personnel de surveillance et les employés.

<table>
<tr><td style="vertical-align:top; width:25%">

Distribution des bâtiments.

</td><td>

Le plan réduit, exécuté d'après les dessins de M. Salard, donne la distribution générale des bâtiments.

Le pavillon central (ancien château) et ses deux ailes forment une ligne de constructions qui occupent toute la largeur de la propriété et la divisent en deux portions inégales; l'une, au nord, contient la cour d'honneur et l'entrée principale; l'autre, au sud, représente le corps principal avec une entrée sur la rue Chardon-Lagache.

Les bâtiments situés au nord du pavillon central seront prochainement terminés. Ils comprendront : à l'ouest, la cour d'honneur, l'économat, la lingerie, l'infirmerie, les salles de bains, la cuisine, et, à l'est, des réfectoires destinés aux maîtres répétiteurs et aux élèves externes, puis, sur la rue Chardon-Lagache, quatre salles de classe et une cour de récréation pour les élèves les plus petits.

Le corps principal se compose d'un vaste rectangle construit au sud de la ligne de constructions formée par le pavillon central et ses deux ailes.

Le pavillon central contient : au rez-de-chaussée, le parloir, la bibliothèque et les cabinets des surveillants généraux; au premier étage, le cabinet et le logement du Directeur. L'aile droite renferme : au rez-de-chaussée, les ateliers du fer et du bois; au premier étage, les réfectoires des internes et des demi-pensionnaires; au deuxième, des dortoirs; au troisième, des logements et des chambres pour les employés et les gens de service. L'aile gauche contient : au rez-de-chaussée, des salles de classe; au premier et au second étage, des dortoirs.

Le bâtiment sud, parallèle au pavillon, n'a qu'un rez-de-chaussée où se trouvent des salles de classe et d'étude; au centre, le grand amphithéâtre disposé pour les projections lumineuses; à l'est, les deux amphithéâtres pour l'enseignement de la physique et de la chimie et, au-dessus, les deux salles pour le dessin géométrique et le dessin d'ornement. Au sud de ce bâtiment, le gymnase couvert, les salles de manipulations et un jardin forment la limite de séparation entre l'École J.-B. Say et l'École normale.

Ces deux bâtiments, qui forment les deux grands côtés du rectangle, sont reliés par deux autres. Le bâtiment sud-est et possède une entrée sur la rue Chardon-Lagache. Il renferme : au rez-de-chaussée, des salles de classe et d'étude; au premier étage, la salle des collections, les salles de répétitions et d'arts d'agrément et le logement d'un surveillant général; au deuxième étage, des dortoirs; au troisième, le logement d'un surveillant général et des chambres pour le personnel de surveillance.

Le bâtiment sud-ouest, parallèle au précédent, contient au rez-de-chaussée des salle de classe et d'étude; au premier et au second étage, des dortoirs. Un bâtiment annexe a été construit pour la salle de modelage.

L'École n'est pas encore achevée, mais nous devons dire un mot de l'installation de quelques services.

</td></tr>
<tr><td style="vertical-align:top">

Les cours de récréation.

</td><td>

L'École possède trois grandes cours de récréation, toutes plantées d'arbres et séparées les unes des autres par des claires-voies. Elles sont préservées des vents froids par la ligne des bâtiments nord, le pavillon central et ses deux ailes à plusieurs étages, et elles reçoivent l'air chaud et pur des parcs voisins, grâce au bâtiment sud qui n'a qu'un rez-de-chaussée. Une quatrième cour de récréation est réservée aux élèves les

</td></tr>
</table>

plus petits. Les préaux découverts, les quatre cours de récréation et les jardins occupent 7923 mètres carrés ; les préaux couverts et les galeries, 1514 mètres carrés.

Le grand amphithéâtre, de 160 mètres carrés, est disposé pour les projections lumineuses. L'appareil Molteni projette les vues photographiques sur un écran de 18 mètres carrés. Cet amphithéâtre est utilisé pour les conférences, les matinées littéraires et l'enseignement illustré de la géographie.

Les deux autres amphithéâtres, de 100 mètres carrés, sont destinés à l'enseignement de la physique et de la chimie. A côté de ces amphithéâtres se trouvent le laboratoire de chimie et deux salles de manipulations, l'une couverte et l'autre à l'air libre.

Les salles de dessin d'ornement et de dessin géométrique, de 130 et de 100 mètres carrés, ont été construites et aménagées d'après les indications de M. Pillet, inspecteur général. La lumière arrive du nord par de larges baies convenablement inclinées et donne un éclairage uniforme parfait. Toutes les pièces du mobilier d'installation de la salle de dessin d'ornement sont mobiles, ce qui laisse au professeur toute facilité pour placer les élèves. En général, les élèves de chaque division se partagent en deux groupes suivant deux hémicycles. Le mobilier de la salle de dessin géométrique se compose de tables horizontales fixes, de sièges individuels mobiles, puis de bancs mobiles nécessaires pour les leçons de croquis au tableau.

Les ateliers de travail manuel pour le bois et le fer ont 160 et 194 mètres carrés. L'un possède seize établis à deux places, l'autre contient une forge et ses accessoires, puis quatre grandes tables autour desquelles sont disposés quarante étaux. Dans chaque atelier sont installés, en outre, deux tables, destinées aux exercices de cartonnage et de stéréotomie, et un tableau spécial pour le dessin analytique des différentes pièces du modèle à exécuter.

Les salles de classe, d'une hauteur commune de $4^m,25$, ont 50, 55 et 60 mètres carrés. Elles sont largement éclairées par le jour unilatéral de gauche, bien aérées et pourvues d'appareils pour l'éclairage au gaz et le chauffage à la vapeur. La salle de classe sert aussi de salle d'étude pour chaque division, dont la direction est confiée à un maître répétiteur externe. On peut remarquer que l'emploi du temps est tel que les élèves ne passent jamais de longues heures dans une même salle. D'abord la matinée et l'après-midi sont coupés par une récréation ; puis, pour un certain nombre d'enseignements, les élèves se transportent dans des salles spéciales : amphithéâtres de physique et de chimie, salles de dessin d'ornement, de dessin géométrique et de modelage, ateliers de travail manuel, salle de chant, gymnase.

Les salles de classe sont disposées en amphithéâtre et possèdent une chaire pour le professeur et le répétiteur. Cette disposition permet à tous les élèves de voir le professeur et les objets qui servent aux démonstrations, et elle a l'avantage de rendre la surveillance facile.

Les tables sont à une et à deux places. Le professeur et le répétiteur peuvent donc parcourir les rangs et donner aux élèves des conseils individuels. Dans la table à deux places, l'élève est séparé de son voisin par la traverse qui relie le banc à la table et il sort facilement du côté libre, soit pour réciter une leçon, soit pour quitter sa place. L'arête de la tablette et celle du banc sont, à quelques millimètres près, dans le même plan vertical. Comme les élèves d'une même division ont souvent des tailles fort différentes, la salle contient des tables de dimensions différentes. Le pupitre est mobile et le fond est ouvert à sa partie supérieure. Le banc est muni d'un dossier.

Dans chaque classe se trouve une armoire qui contient un certain nombre de livres de lecture mis sous les yeux et à la disposition des élèves. Ces ouvrages appartiennent à la bibliothèque centrale de l'École et le répétiteur tient un registre spécial pour les livres prêtés chaque semaine à ses élèves.

Les salles des classes primaires ont 50 mètres carrés. Elles contiennent trente tables à une place et l'instituteur adjoint peut parcourir les rangs et faire le tour de la salle. Il domine facilement ses petits élèves et la disposition en amphithéâtre n'est plus utile. Derrière la chaire est un tableau qui occupe presque toute la largeur du mur et qui permet à l'instituteur de laisser sous les yeux des enfants, pendant un ou plusieurs jours, les indications qu'il juge nécessaires. Dans chaque division primaire, une petite bibliothèque est mise à la disposition des enfants.

Les locaux de la nouvelle École, spécialement affectés à l'internat, et qui sont en service aujourd'hui, comprennent :

Huit dortoirs, huit salles d'étude et deux réfectoires.

Chaque dortoir a une superficie de 208 mètres carrés et contient vingt-cinq élèves, plus le maître répétiteur interne. Près du dortoir se trouvent ses annexes : le lavabo, le vestiaire, la chambre du garçon de service.

A chaque dortoir correspond une salle d'étude exclusivement réservée aux élèves internes. Elle contient des tables à une et à deux places, suivant les divisions, des armoires, des portemanteaux, de façon que les internes se sentent chez eux. Chaque répétiteur interne est attaché à un groupe de vingt-cinq internes dont il a la direction morale et disciplinaire, pendant les études du soir et du matin et la nuit. Le répétiteur interne représente donc l'unité de direction dans l'internat, comme le répétiteur externe représente l'unité de direction pendant toute la journée scolaire.

Réfectoires.

La nouvelle École possède aujourd'hui trois réfectoires. Deux sont affectés au service de l'internat et du demi-pensionnat. Ils ont chacun une superficie de 170 mètres carrés et peuvent recevoir quatre cents élèves.

Depuis 1892 un réfectoire a été construit et organisé pour les externes qui apportent le déjeuner de midi. L'École fournit le couvert et se charge de faire réchauffer et préparer le repas de ces élèves.

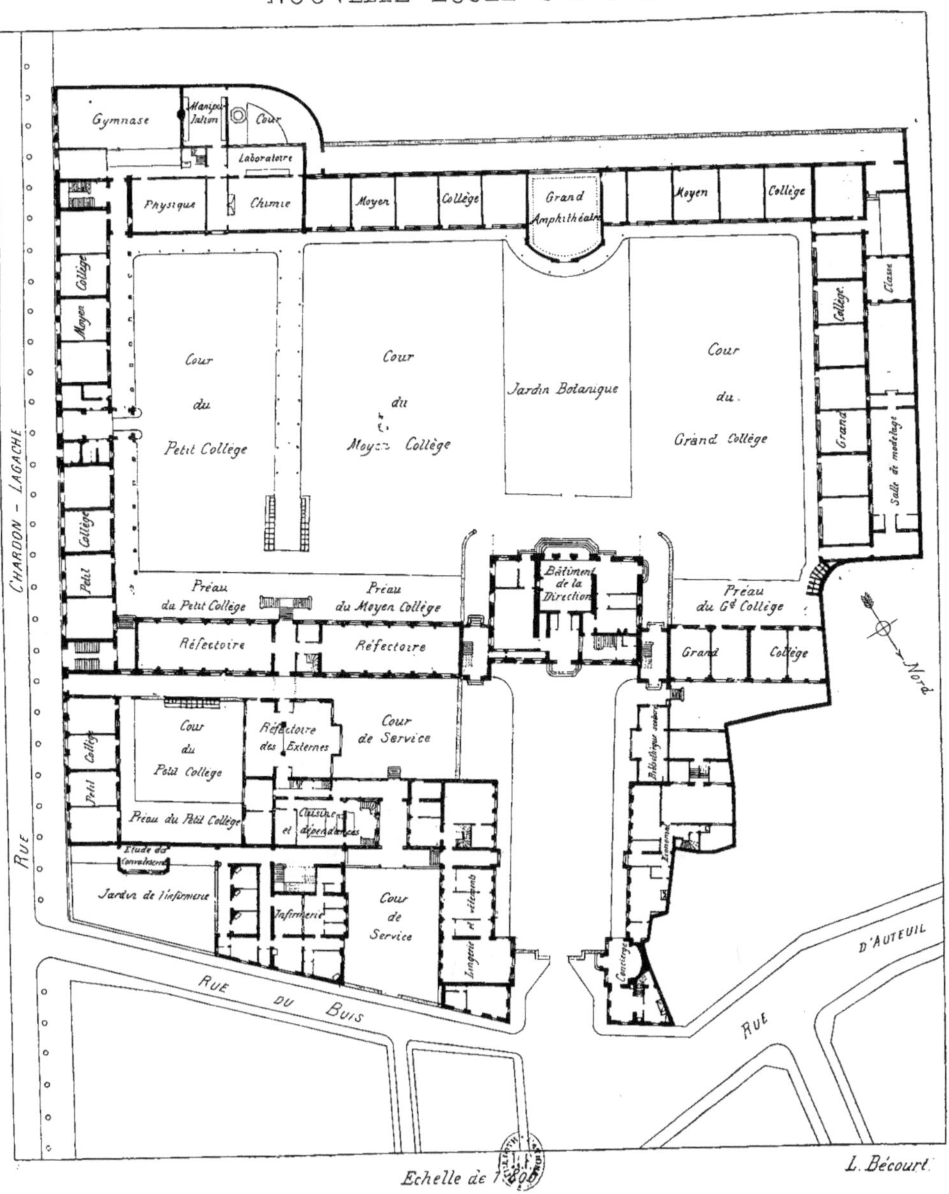

PLAN DE LA NOUVELLE ECOLE J.-B. SAY.

HYGIÈNE

·.
Les élèves se lèvent au son de la cloche, promptement et décemment, et commencent à s'habiller auprès de leur lit. Ils ont vingt minutes pour le lever et la toilette.

Aucun élève ne doit rester au lit; celui qui se trouverait malade est immédiatement conduit à l'infirmerie.

Au petit collège, des dames assistent à la toilette des plus jeunes enfants.

Au dortoir, le silence est de rigueur.

s.
Le déjeuner, le dîner et le souper se prennent au réfectoire. Le goûter est distribué dans les cours.

Le déjeuner se compose alternativement d'un potage, de chocolat au lait, de café au lait, de beurre frais et d'un dessert.

Au dîner, les élèves ont un plat de viande, un plat de légumes et un dessert; au souper, un potage, un plat de viande, un plat de légumes et un dessert.

La carte du menu de chaque semaine est soumise à l'approbation du médecin.

Le déjeuner doit durer un quart d'heure, le dîner une demi-heure, le souper une demi-heure.

Les élèves sont distribués par tables de dix; et toutes les tables, moins une, doivent toujours être au complet.

Les élèves peuvent causer pendant les repas, mais sans s'interpeller à haute voix et sans jouer.

Au petit collège, des dames assistent aux repas des plus jeunes élèves.

rie.
Le personnel de l'infirmerie comprend :

Un médecin, qui vient tous les jours pour visiter les élèves malades ou indisposés; un élève de la Faculté de médecine, qui réside à l'infirmerie, où il remplit l'office d'interne : il est spécialement chargé d'assurer et de surveiller l'exécution des prescriptions du médecin; une dame infirmière, qui préside à l'infirmerie et soigne les élèves.

ent.
Les élèves qui désirent voir le médecin en font la demande sur un billet qu'ils adressent au surveillant général. Ils sont conduits à l'infirmerie à l'heure de la visite du médecin.

Dès qu'un élève entre à l'infirmerie, sa famille est immédiatement prévenue. Si le médecin constate une indisposition légère de deux ou trois jours, les parents peuvent faire soigner l'enfant à l'infirmerie. Si le médecin reconnaît le début d'une maladie contagieuse, les parents sont invités à reprendre leur fils. Cependant, dans le cas où le transport présenterait quelque danger, l'élève est soigné à l'infirmerie dans une chambre isolée.

Les élèves qui doivent prendre quelques substances fortifiantes sont conduits par l'interne à l'infirmerie deux fois par jour, le matin et le soir.

Médecin oculiste et médecin auriste. — Deux médecins spécialistes, l'un oculiste, l'autre auriste, sont attachés à l'École et viennent une fois par semaine. Les résultats obtenus par l'examen de la vue, ainsi que par l'examen des oreilles, de la gorge et du nez, ont déjà rendu de réels services à bon nombre d'élèves.

Chez un grand nombre d'enfants, les anomalies de réfraction sont légères, et quelques conseils hygiéniques sur l'attitude pendant le travail scolaire, l'éclairage et la division du travail suffisent seuls; mais, dans d'autres cas, où l'amétropie est d'un degré plus élevé et nécessite le port de verres correcteurs, il est d'une grande utilité que ces verres soient scientifiquement choisis et bien appropriés à la vue des enfants. Cette condition est surtout nécessaire chez les myopes, pour empêcher la marche progressive de cette maladie, contre laquelle on lutte dans tous les pays. De plus, il importe que les élèves soient renseignés sur l'état de leur vue, de façon à ne pas diriger leurs efforts vers une carrière où ils ne peuvent avoir accès, ou vers une profession qu'ils seraient obligés d'abandonner plus tard.

Les affections des oreilles, de la gorge et du nez restent, le plus souvent, ignorées des parents. En effet, la plupart de ces maladies ne s'accompagnent pas d'un cortège bruyant de symptômes. Elles guérissent assez facilement lorsqu'elles sont traitées d'une manière opportune, comme aussi, dans le cas contraire, elles peuvent entraîner des désordres graves.

Dentiste. — Un médecin-dentiste, attaché à l'École, est, une fois par semaine, à la disposition des élèves. Les soins spéciaux pour lesquels les élèves doivent être conduits chez le médecin-dentiste donnant lieu à des frais qui ne sont engagés que sur l'autorisation adressée au Directeur de l'École, les familles sont invitées à s'entendre, au préalable, avec le dentiste, sur la dépense que ces soins peuvent entraîner. Les parents peuvent conduire leur fils à un dentiste particulier. Ces permissions de sortie s'accordent généralement le jeudi soir.

Bains. — Les élèves prennent des bains de pieds une fois par quinzaine. Les grands bains chauds sont donnés aux frais des familles. En été, les élèves sont conduits, avec l'autorisation des parents, à l'école de natation, où des maîtres nageurs exercent la surveillance, de concert avec les surveillants généraux et les maîtres répétiteurs.

TABLE DES MATIÈRES

BIBLIOTHÈQUE NATIONALE
R.F.

SUPPLÉMENT ET ERRATA

Page 96. — Aux ouvrages en usage dans les divisions de troisième année *ajouter :*
Problèmes de morale, par Pontsevrez, — chez Hachette.
Analyse chimique des sels dissous, par Frécaut, — chez Nony.

Page 153. — Ligne 28. *Au lieu de*, loi du 19 juillet 1889, *lire :*
loi du 30 octobre 1886. Leur traitement est fixé conformément à l'article 15
de la loi du 19 juillet 1889.

Page 204. — Ligne 12. *Au lieu de* 2822, *lire :* 2282.

Page 210. — Ligne 23. *Au lieu de*, Donc 28 pour 100, *lire :*
Donc 82 pour 100 de ces élèves se destinent aux carrières commerciales et
industrielles.

SOMMAIRE DES GRAVURES

15653. — Librairies-Imprimeries réunies, rue Saint-Benoît, 7, Paris. — MOITEROZ, Dr.

15653. — LIBRAIRIES-IMPRIMERIES RÉUNIES, RUE SAINT-BENOIT, 7, PARIS

MOTTEROZ, DIRECTEUR

www.ingramcontent.com/pod-product-compliance
Lightning Source LLC
LaVergne TN
LVHW021946030726
842523LV00001B/297